保育と家庭科

あたたかい子育て社会をつくるために

― 附属資料 ―
「家庭科の幼児とのふれ合い体験学習ガイドブック」

金田　利子
草野　篤子
林　　薫
松本　園子　編

ななみ書房

刊行にあたって

　少子化の背景には，子育てが難しい社会の現状があります。その要因は様々ですが，少子化の進行は子どもが幼い人と関わる経験を奪い，子育ての伝承をはばみ，子育てしにくさを拡大再生産していくでしょう。

　だからこそ，子どもたちが，より幼い子どもと関わり，関わりを愉しみ，いたわり導く経験ができるよう，様々な場を意識的に創り出すことが今，求められています。そのことが，子どもたちに次の世代を育てる力を育て，あたたかい子育て社会をつくり，遠回りのようでも少子化をくいとめる鍵になるのではないでしょうか。

　2004年から2009年までの6年間，白梅学園大学において「家庭科の保育と保育者養成の保育をつなぐ」と題するシンポジウムが6回にわたって開催されました。ここでは上記の問題意識を念頭に，主として家庭科保育分野における幼児とのふれあい活動をめぐって，中高の家庭科教員や幼稚園・保育所の保育者，保育・家庭科教育の研究者が，経験を交流しました。そして，中高生にとって，幼児にとってのふれあいの意義を検討し，その在り方について討論が展開されました。

　本書は，シンポジウムを開催した白梅学園大学の教員・元教員が語り合い，シンポジウムの内容を，広く世に紹介したいと願い，刊行の準備をすすめてきました。

　第1部は，シンポジウムの記録です。本書に先立ち2012年6月，我々は「白梅学園大学家庭科と保育研究会」（代表松本園子）として，冊子『家庭科の保育と保育者養成の保育をつなぐ ― シンポジウムの記録／2004～2009』を作成し，関係各方面に配布しました。第1部は，この冊子を補足修正したものです。

　ただし，シンポジウムのすべてを反映しているわけではありません。まず，シンポジウムにおける報告のうち，何本かは掲載しておりません。その事情については，本書の関係か所で必要に応じ注記しました。

　次に，シンポジウムにおいては，報告の資料としてしばしば実践場面のビデオ映像や，写真が利用されましたが，個人情報保護への配慮が必要であることなどから，本書への掲載はごくわずかに留まっています。しかし，実践の状況は，ことばによる説明のみでも充分お伝えできていると考えます。

　第2部は，編者が，それぞれの立場から保育と家庭科の関わりに関する論文・コラムを執筆し，シンポジウムで討議された課題を深めることをめざしました。

　巻末に，附属資料として，岡野雅子氏他により作成された『家庭科の幼児とのふれ合い体験学習ガイドブック』を転載させていただきました。ふれあい活動の実施に活用していただければ幸いです。

　シンポジストの皆様には，シンポジウムへのご登壇はもちろん，その後の原稿整理等にもご協力いただきました。また，こぶし保育園，白梅保育園の皆様には，本書のためにふれあい活動の写真を提供していただきました。記して感謝申し上げます。

　ななみ書房・長渡晃氏には企画から刊行まで，大変おせわになりました。

　学内における実務は，白梅学園大学大学院博士課程天野美和子さんに協力していただきました。

　本書が，家庭科のみならず，職場体験やボランティア活動など小学生，中高生と乳幼児のふれあい活動に関心をもつ多くの方にお読みいただくことを願っております。

　なお，本書出版に当たっては，白梅学園大学から刊行費助成を得ております。

　　2014年4月

金田利子・草野篤子・林　薫・松本園子

　　（第1部シンポジウムにおける報告者の所属はシンポジウム当時のものを記載しました。
　　　現在の所属については，本書末尾の執筆者一覧に掲載しました。）

もくじ

刊行にあたって
序　家庭科教育における体験的学習の意味
　　　　―中高生と幼児の交流の意義をめぐって　／無藤隆 ……………… 5

第1部　家庭科の保育と保育者養成の保育をつなぐ―シンポジウムの記録

第1回●シンポジウム　「家庭科保育領域の「評価」を考える」

- 今回の課題 …………………………………………………………… 12
　　　　　　　　　　　　　　　　　　　　　　　／金田利子
- 報告1　高校家庭科保育領域における授業展開と評価 …………… 13
　　　　　　　　　　　　　　　　　　　　　　　／羽野みき子
- 報告2　中学校家庭科保育学習の評価はどうあるべきか ………… 21
　　　　　　　　　　　　　　　　　　　　　　　／大内玲子
- コメント　家庭科教育の立場から ………………………………… 25
　　　　　　　　　　　　　　　　　　　　　　　／牧野カツコ

第2回●シンポジウム　「中高生の保育実習を考える」

- 今回の課題 …………………………………………………………… 28
　　　　　　　　　　　　　　　　　　　　　　　／金田利子
- 報告1　幼稚園に小学生のボランティアを受入れた経験 ………… 29
　　　　　　　　　　　　　　　　　　　　　　　／河野富江
- 報告2　保育園に中高生を受入れて ………………………………… 31
　　　　　　　　　　　　　　　　　　　　　　　／小林美貴子
- 報告3　中学生を送り出す家庭科教員の立場から ………………… 35
　　　　　　　　　　　　　　　　　　　　　　　／鎌野育代
- 報告4　高等学校における保育体験学習の意義 …………………… 39
　　　　　　　　　　　　　　　　　　　　　　　／望月一枝
- 報告5　家庭科の保育教育における「幼児とのふれ合い体験」 … 44
　　　　　　　　　　　　　　　　　　　　　　　／伊藤葉子

第3回●シンポジウム　「『親性準備性教育』について考える」

- 今回の課題 …………………………………………………………… 52
　　　　　　　　　　　　　　　　　　　　　　　／金田利子
- 基調提案　中・高生と幼児とのふれ合い体験学習の課題
　　　　　　―共同研究を通して― ………………………………… 53
　　　　　　　　　　　　　　　　　　　　　　　／岡野雅子

- ■ **報告1** 幼稚園に中学生がやってきた …………………………… 60
  /安部富士男
- ■ **報告2** 保育園における中学生の経験 …………………………… 64
  /牧　裕子
- ■ **報告3** 中学校におけるふれ合い学習の成果 …………………… 68
  /岩塚美鈴
- ■ **報告4** 高等学校における園児と共に学ぶ食育 ………………… 74
  /小清水貴子

第4回●シンポジウム「中高生とのふれ合いは乳幼児に何をもたらすか」

- ■ **今回の課題** ………………………………………………………… 82
  /金田利子
- ■ **基調提案** 中高生とのふれ合いは乳幼児に何をもたらすか
  ―研究グループの調査をもとに ……………………… 83
  /倉持清美
- ■ **報告1** かかわりに焦点を当てた中学生と幼児の交流学習 ……… 92
  /阿部睦子
- ■ **報告2** 望ましい交流のありかたと留意点 ……………………… 95
  /井口眞美
- ■ **報告3** 高校生が小学生，幼児とかかわって ………………… 99
  /石島恵美子
- ■ **報告4** 3歳未満児と高校生のかかわり ………………………… 101
  /大山美和子
- ■ **報告5** 異年齢集団保育と小学生，中学生，高校生，大学生のかかわり … 107
  /伊藤亮子

第5回●シンポジウム「親と共にすすめる保育の創造」

- ■ **基調提案** 親と共にすすめる保育の創造
  ―親理解と家族援助のありかたをめぐって ………… 116
  /金田利子
- ■ **報告1** 小学生との交流における事前学習 ……………………… 118
  /金子京子
- ■ **報告2** 大人の立場に共感できるためのプログラム
  ―自分のライフプランを考える ……………………… 121
  /荒井智子
- ■ **報告3** 幼稚園と親のかかわり，親同士のかかわり …………… 124
  /松永輝義
- ■ **報告4** 大人が育つ保育園 ……………………………………… 129
  /市原悟子

- ■ コメント1　家庭科における「家族学習」の課題—固定的概念を崩す …… 135
　　　　　　　　　　　　　　　　　　　　　　　　　　　　　　　　／鈴木敏子
- ■ コメント2　保育者養成における「家族援助論」の視点から ……… 141
　　　　　　　　　　　　　　　　　　　　　　　　　　　　　　　　／土谷みち子

第6回●シンポジウム　「少子化対策急がば廻れ—家庭科と保育実践の結合が鍵」

- ■ 基調提案　次世代育成，子育て，今の親と未来の親が
　　　　　　手を繋ぐことの意義と「ふれ合い体験学習」…………… 148
　　　　　　　　　　　　　　　　　　　　　　　　　　　　　　　　／金田利子
- ■ 報告1　『家庭科の幼児とのふれ合い体験学習ガイドブック』
　　　　　　作成の意図と経過 ……………………………………………… 151
　　　　　　　　　　　　　　　　　／ふれ合い体験学習に関する研究グループ代表・岡野雅子
- ■ 報告2　現在・過去・未来の親が手を繋ぎ，地域に開く
　　　　　　家庭科保育の授業 ……………………………………………… 154
　　　　　　　　　　　　　　　　　　　　　　　　　　　　　　　　／金子京子

第2部　保育と家庭科を考える

論文①　家庭科教育の変遷と「育児」「保育」の位置　／松本園子 …………… 162
- ● はじめに　162
- 第1章　初期教育制度における裁縫・家事 — 明治期前半　162
- 第2章　高等女学校における家事科育児
　　　　　— 明治期後半〜大正期・昭和戦前期　164
- 第3章　戦時体制下の家庭科教育　165
- 第4章　戦後家庭科の出発と育児・保育　167
- 第5章　戦後期家庭科の変化と保育 — 1960年〜80年代　172
- 第6章　家庭科男女共修化と乳幼児ふれ合い活動の重視 — 1990年代〜　173
- ● おわりに　176
- コラム　／草野篤子　178

論文②　家庭科教育における食領域の学びと保育との連携　／林　薫 ……… 179
- ● はじめに　179
- 第1章　子どもの食に対する親の影響　180
- 第2章　親性準備としての学校教育における食教育　183
- 第3章　親性準備世代の現状と保育者の役割　188

おわりに　／金田利子 …………………………………………………………… 191

附属資料　家庭科の幼児とのふれ合い体験学習ガイドブック（全文）　195
執筆者一覧

序

家庭科教育における体験的学習の意味
ー中高生と幼児の交流の意義をめぐってー

　　　　　　　　　　　　　　　　　　　　　　　無藤　隆（白梅学園大学）

　家庭科教育における保育領域の学びの意味を探りたい。特に，中高生が幼稚園・保育所で幼児と交流する機会が増えてきている。その意義を探ることにより，家庭科教育の意味を確認しよう。

あこがれの学び

　子どもが学んでいくとは，今，目の前にある教材について考えたり，活動を進めることで体験したりすることにより可能になる。それは今学ぶということである。

　それに対して，これから学ぶであろうことについて学ぶという現象がある。やってみたいと思うことがイメージとして広がっていくことである。小さな子どもは家庭で親がやっていることを見て，例えば，料理をしたいと思うだろう。それは許されないので，ママゴトをすることになる。ごっこ遊びはあこがれのイメージに支えられた活動なのである。サッカー遊びをしていても，それはテレビで見たり，年上の子どもがやっているのを見て得ている本格的なサッカーのイメージに沿い，それを再現しているつもりだったり，それに近いことをやっている気になって遊んでいるのである。

　幼稚園で年中の子どもが年度が替わり年長になったとたんに，前年度の年長児がやっていたような遊びを始めることがある。それは，見聞きしていた年長の様子から，あんなことをやってみたいというイメージを得ていて，それを実行できるようになったときに始めているのである。そのように，すぐに行動に出なくても，たくさんのイメージでの学びがあり，それはいつかやってみたいというあこがれの学びなのである。

振り返りの学び

　学びは既に行ったことや分かったことを振り返りつつ進むものでもある。つい先ほど行ったことを振り返るのは幼児でもやっている。積み木を積んでいく。次に何を積むか。今までのところを見回して，次を考えるだろう。段ボールで大きな家を作る。どうやって作ってきたかを振り返り，さらなる工夫をしていく。午前中やったことを午後の帰りの集まりの際に報告するなども幼稚園・保育園で増えてきた。振り返り，気づきを確かめ，さらに明日に向けて発展させるためである。

　もっと長い時間を掛けての振り返りとなると，それは同時に自分の成長を見直すことでもある。4月に較べて自分がずいぶんと大きくなったとか，出来ることが増えたと思う。新年度を迎え，自分が進級して，新入生を迎えその初々しさと不安な様子を見ると，成長したことを確認できる。幼児でも小中学生でも高校生や大学生でも起こる心情だ。

幼児はあこがれ，中高生は振り返る

　中高生と幼児の交流活動はまさに幼児にとってあこがれの対象が生まれ，中高生に取っては振り返る体験となる機会である。

　幼児にとって年上の子どもは自分がなってみたい存在であり，またやってみたいことが易々と出来る相手だ。それが自分の前でいろいろなことをやって見せてくれ，また一緒に遊んでくれる。あこがれの念が強まり，またいろいろなことを真似したいと思うことだろう。

　中高生に取って幼児はかつての自分だ。覚えているかどうかは別として確かにその時期を自分は過ぎてきた。しかし，今はそれより遙かに高い成長の段階にある。甘えてきたり，怒ってきたりしても，幼い子どもにムキになっても仕方がない。自分もまた幼い折に大人に対してそのように振る舞わったに違いない。自分の成長のよすがとなるのである。

子どもと大人の間の人に出会う

　幼児にとって中高生は子どもでもないようだが，大人でもないように見える存在だ。親ほどは大人に見えない。親や先生なら，自分を叱ったり，ほめたりする。しつけをするからちょっと怖い。でも，いざという時に頼りになる。

　中高生はまだ親しくない内はとりわけ，自分より大きな存在で，怖いようにも見えるが，しかし，大人と違って叱ったりしないとすぐに分かる。一緒に遊んでくれる。どう相手をしてよいか迷いもするが，面白い人らしいとも思う。

　だから，小中高校生は幼児と大人の間を埋めて，つないでいる存在だ。そこに，子どもと大人の連続性が見えてくる。幼児は小学生になり，中高校生になり，そしてだんだん大人になっていくと分かっていく。

　それはいわば斜めの関係である。子どもと大人の縦の関係ではない。といって，子ども同士の横の関係でもない。少し権威的で，少し友愛的で仲間的でもある。いろいろなことを分かって教えてくれる。といってそう叱りつけはしない。子どもは成長に従い，多様な人間関係に触れていく。こういった斜めの関係が純粋の大人子ども関係や子ども同士の対等な関係以外に増えていくことだろう。

保育を実地に学ぶ

　むろん，特に中高生にとっては実際に幼稚園・保育園に行って，保育のまねごと程度でもするのは保育を実地に学ぶことである。机上ではピンと来ないところを実地の様子を見ることで分かることはたくさんある。幸い，家庭科の教科書では保育や子育てについてある程度の解説が載っているので，それを前もって，あるいは事後に学ぶことで，体験で学んだことを深めることも出来る。

　例えば，保育で子どもは遊ぶとある。では，保育者は一緒に遊べばよいのか。子どもが主役のはずだから，その一緒というのは手伝うということなのか。どの程度リードしてよいのか。それらは本職の保育者にも難しいことだが，多少そのやり方が見えてくるかもしれない。

　そこまでいかなくても，幼児の持つ天真爛漫さと，すぐに応えてくれる率直さと，熱意

に感染しやすい素直さは感じられるに違いない。初めはどうしてよいか戸惑うだろうが，多少人と接するのが苦手な中高生でも数時間数日間滞在すると，どこかで子どもと会話し，一緒に遊ぶ活動に入っていけるようになるものだ。

身体を動かして学ぶ
　体験とは現実の場の中で身体を動かして学ぶことである。それは思春期にある中高生にとって貴重な意味がある。単なる観察実習を超えて自分でやることを通して，何か身体で感じるものがあり，それが心に響くだろう。言葉や理屈以前のところで感じることがその心を揺さぶる。子どもってこういうものかとか，保育とはこうかとか，幼保での仕事はこう進めるのかといったことがいわば身体で腑に落ちる経験をする。
　それは言葉だけでも見ただけでも得られないものである。実際にやってみる。現実の場の中で，実際の子どもを相手に，保育とか子育てに類したことをやってみることで始めて感じ取れることなのである。それは保育という活動においては特に可能となることであり，中高生にとって意義深いことである。
　むろん，その保育とは仕事でもある。中高生がするのは保育という仕事になるようなことではないが，専門の保育者に見習うことでもある。仕事入門であり，子どもと遊ぶとは子どもには楽しくても保育者には楽しさと配慮とが必要なのだし，その陰に計画と熟慮と反省があることも見えてくる。
　さらに，保育者や時に保護者やそして子どもたちという人と接する機会である。中高生の多くは一見社交的でも，どうやって人と接するかにとりわけ気を遣う時期である。初めての相手だと緊張もするだろう。子どもの方は率直であり，初対面でもすぐに話しかけ遊び掛けてくる。中高生は最初は戸惑うだろうが，保育者が誘ったり，設定してくれれば，次第にくつろいで，子どもたちと一緒の活動に入り込むだろう。それは得難い経験になるだろう。

世話（ケア）をする体験
　保育は幼い子どもを世話するという活動だ。それは，広くケア（世話・配慮）の活動の一端である。子どもを育てることが子どものケアの原型であろう。だが，現代社会では保育や介護その他，ケアの活動は多岐に渡って広がっている。保育はそのとっかかりでもある。子どもは明るく元気で，むしろ中高生を誘って遊び出すことも多いので，ケアの経験の始まりとしてやりやすいところである。

親教育の始まり
　その幼い子どもをケアをすることは親教育の始まりでもある。少子化した現代社会で小さな子どもに出会うことは結婚し出産するまでないかもしれない。その意味でも，中高生の時に小さな子どもに出会い世話する経験は貴重である。幼い子どもを養護するとはどういうことか，そこにしつけや教育が入ってくるとかどうやればよいかをほの見える得難い経験となる。

第1部

家庭科の保育と 保育者養成の保育をつなぐ

―シンポジウムの記録―

第1回 シンポジウム　　2004年10月

家庭科保育領域の「評価」を考える

- 今回の課題　　　　　　　　　　　　　　　／金田　利子
- 報告1　高校家庭科保育領域における授業展開と評価
　　　　　　　　　　　　　　　　　　　　　／羽野みき子
- 報告2　中学校家庭科保育学習の評価はどうあるべきか
　　　　　　　　　　　　　　　　　　　　　／大内　玲子
- コメント　　　　　　　　　　　　　　　　／牧野カツコ

■ 今回の課題

金田利子（白梅学園短期大学・教授）

こんにちは。金田です。

いま子どもたちの問題というと本当に大変なことばかりですよね。ついこの間もお父さんが2人の子どもを殺してしまったという事件がありました。

そういう中で，家庭科には子どもたちが「自分たちを知る」ということがあります。小さい子どもとかかわることによって「いのち」というものを知ります。「子どもって何？」ということも知ります。もちろんそれだけでこのような事件が防げるとは思いませんし，いろんな問題が絡んでいますけれども，そういう場があることによって，子どもって大事だな，子どもってかわいいな，子どもってこうなんだなと思う市民が育ってくれることは，国民の普通教育としての家庭科教育の大切な課題だと思っています。

しかし，私自身，本学の前，長年，教員養成の場にいて，家庭科教育における保育に取り組んできた中で，中学・高校の先生方とおつき合いしていて「あれ？」と思うことがいくつかありました。おもちゃをつくって保育園に持っていくのですが，つくったおもちゃを評価しなければならないと思うと，おもちゃの出来ばえのいいものがいい評価になってしまうということがあります。でも，それってどうなのかなと・・・。この大学は長く保育者養成をやってきたので，保育にかかわって仕事をしてきた先生方に，保育者養成の場合はこうですよということを提供していただいて，そこと家庭科教育はどう違いどうかみ合うのか，また新たな保育の評価のあり方も提案しながら討議していけたら参考になることがあるかもしれないと思っています。

もちろん家庭科教育から保育界が学ぶこともたくさんあると思います。保育というのは生活ですから，生活のさまざまなことが学べると思います。今回は第1回目ということでこういう企画にしましたけれども，これから先，家庭科の方が保育界に提供できることをやったらいいかなと思っています。

最初にシンポジストの先生方のご紹介をさせていただきます。お話しする順に，高等学校からは東京都立狛江高等学校の羽野みき子先生，中学校からは東京都大田区立馬込東中学校の大内玲子先生です。どうぞ会場からもたくさんのご発言をお願いいたします。

最後に，全体を聞いたうえで，「家庭科教育の立場から」ということで，家庭科教育学会前会長の牧野カツコ先生にコメントをいただきます。

ぜひ活発な討論をお願いいたします。

注）白梅学園短期大学の花原幹夫先生，師岡章先生にも，保育の側面からお話しいただきましたが，本書は家庭科の保育教育に絞って，その評価の在り方について取り上げることにしましたため，高等学校と中学校の話題提供のみ掲載させていただきました。記して，お二人の先生にお詫びと謝意を申し上げます。

報告1

高等学校家庭科保育領域における授業展開と評価

羽野みき子（東京都立狛江高校教諭）

皆さん，こんにちは。狛江高校の羽野と申します。本日は，「中・高家庭科における『保育』の評価を考える」というテーマでお引き受けしたのですが，あとから送られてきた書類を見ましたら，サブテーマに「おもちゃづくり・あそびと保育実習から」とありました。おもちゃづくりについてはあとから付け加えて申し上げます。

私の学校では1，2年生の必修科目で「家庭総合」を，標準は「4単位」のところ減単ということで，「3単位」でやっております。実は私は指導要領作成にも携わっていて，4単位でやるのは大変だと思っていたのですが，それを3単位でやっていくというのはとても大変で，どこかにしわ寄せがきてしまいます。

もっとも，おもちゃづくりはそれなりに得るものはあると思いますが，「家庭一般」の4単位の時にも時間がかかり過ぎるということでさせておりませんでした。

3年生の自由選択に「保育」・「被服」・「食物」の3つが開講されておりまして，保育は，年度により違いますが大体25名以上，多い年は46名で，その時は23人ずつの2講座に分けて行ったので，その時にはおもちゃづくりをやったこともありました。今日は，先ほど申し上げましたように一般的な保育領域の評価ということでお話しさせていただきます。

●授業の構成と流れについて

必修の「家庭総合」の保育領域，なかでも今回の学習指導要領で強調されましたのは「子どもの発達」です。子どもはどんなふうに発達するのかを高校生がしっかり知るということ，もう一つは，その発達をきちんとわかった上で親として大人としてどう対応していくかという親の役割，それと子どもの人間形成という，この部分が保育領域では特に強調されておりますので，その部分についての実践報告をさせていただこうと思っております。

なお，私は文科省の評価規準・評価方法の研究開発者として2年間担当致しました。家庭総合・家庭基礎全体にわたって評価規準を作成してきたのですが，具体例はやはり保育のほうでやろうということで，保育の評価はなかなか難しいということが現場からも出ておりました。それにも関わっておりましたので，私の実践をずいぶんと使いました。本日，発表させていただくレジュメの中にも，文科省が国立教育政策研究所から出した「評価規準」と似ている部分がたくさんあるかと思います。その点の重複につきましては，私がその部分も担当いたしましたので，同じになっていることをご承知おきください。

今，申し上げましたように，「家庭総合」3単位の中で保育領域は18時間で計画しております。

本日お話しさせていただくのは，イの「親の役割と保育」，その中の（ア）「親の役割と子どもの人間形成」の最初の2時間の授業案が書いてあります。その授業を行なった結果の生徒の記述例，その記述例をもとにしてどんなふうに評価をしたかということをお話しさせていただきたいと思います。

●親の役割に関するビデオ視聴

　まず授業の展開です。「子どもの発達」のところでは1時間ぐらいのビデオを見せられるのですが、「親の役割」となりますとなかなか長いビデオを見せることができません。それで、だいぶ前のNHKの『赤ちゃん、このすばらしき生命』というのと、翌年の『お父さんへ、赤ちゃんからのメッセージ』という中の「お父さんへのメッセージ」のほうの番組をNHKエンタープライズの方と一緒に26分にまとめたものを使っております。

　ビデオは、50分の授業の中で感想も書かせて多少話し合えるように26分にまとめてあり、実際にまだおなかに赤ちゃんがいるご夫婦で、夫が妊娠中の妻にこんな協力をしているとか、そういう場面をたくさん入れて作ったビデオを使っております。そして、子育てをするということはお母さんだけの仕事ではなくて、生まれる前からお父さん・お母さんそれぞれに役割があるということを生徒にわかってほしいということで、目で見てわかるということでビデオを先に見せております。

　そのビデオの視聴記録が別紙1です。これを書かせて1時間が終わります。

　記録用紙の（5）がビデオを視聴しての感想です。（1）、（2）、（3）、（4）は、私がビデオをセットしている間に見せておきますので、こういう観点で見るんだなということを生徒はわかっています。太字で書かれている「関心・意欲・態度」というのはもちろん生徒には示しておりません。今日はわかりやすいようにここに書き加えておきましたが、生徒にはこれがなくて、ビデオで見た内容についてまとめたり、生まれる前から父親・母親が子どもにかかわることの意義ですとか愛着について書いていくということになります。最後の5番だけが、ビデオが終わってから感想をまとめましょうということで、これで1時間が終わります。

　評価について言いますと、もちろん1番の記述からも評価できますが、視聴記録表の（5）で「関心・意欲・態度」を見ます。評価にかかわるとわかっていますので否定的に書く生徒はいませんが、同じビデオを見せても、かなり深く感想を書ける生徒もいますが、大部分の生徒は、「女性ばかりに育児をさせずに男性も協力することはとてもよいことだと思う」ということを書いています。

　NHKで放映されたビデオの中には、胎児に太鼓の音を聞かせて、「お父さんだよ」と声を掛けていくシーンがあって、そういうシーンを見ると、生まれてから「父親だよ」と言うのではなく、妻のおなかの中にいる時から話しかけると父親としての自覚が芽生えるということに気づく生徒もたくさんいるのですが、NHKのビデオをそのまま見せると50分かかってしまいますので、縮小して大事な部分だけを見せました。それでも十分成果は上がっているなというのが、このビデオを見ての感想からもわかります。

●親子関係に関するワークシートを使って

　休み時間を挟んで次の時間は、具体的な事例を通して、親と子の関係とか、親が子どもにどう対応したらいいか考えてほしいということで、別紙2のワークシートを使って行ないます。これは表と裏になっていて、裏面を見せないように生徒には折って渡します。裏は見ないようにと言っておいて、「このような場面であなたが親だったらどのように対応しますか」ということを書かせます。

　その書かせたものがワークシート2です。小学校3年生の次女「ナツコ」がソファでく

【別紙1】VTR視聴記録表

VTR視聴記録表

年　組　番　氏名 ＿＿＿＿＿＿＿

テーマ「赤ちゃんと共に育ち育てる」

（1）ビデオで見た内容についてまとめよう。→関心・意欲・態度

（2）生まれる以前から，父親や母親が子どもにかかわることは，親自身や子どもにとってどのような意味があるかまとめよう。→思考・判断

（3）赤ちゃんの表情や発声などの子どもの発するサインに対して，親はどのように対応していたのかまとめよう。→思考・判断

（4）「愛着」と呼ばれる心の絆は，どのようにして築かれるのか考えてみよう。→知識・理解

（5）VTRを視聴しての感想をまとめよう。→関心・意欲・態度

＜ビデオ視聴記録表（5）から＞

- 最近は父親も育児をするのが当たり前になってきているのが再確認できた。これは両親ともにコミュニケーションが取れるからいいと思った。（男）
- 女性ばかりに育児をさせず，男性も協力していくことはとても良いことだと思った。自分も子どもができたらなるべくサポートできるようにしたい。（男）
- 胎児に話しかけていると赤ちゃんが生まれてから話しかけていた人が分かるなんてすごいと思いました。生まれる前からこういうことをしてあげることが大事だと思う。育児も女性だけに任せずに，男性も育児休暇を取って積極的に育児に参加すべきだと思った。（女）
- 父親も協力して育児に参加していたので驚きました，育児休業法を父親も母親も二人とも活用して協力して育児ができているのは素晴らしいと思いました。赤ちゃんは話したりできないけどちゃんと感情を腕を使って表現していてすごいなあと思いました。母親・父親二人で協力して育てることが子どもにとって大切だと思いました。（女）
- 男性も育児休暇が取れるようになり大変素晴らしい事だと思った。自分にも子どもができたら育児休暇を取りたいと思った。（男）
- 僕は今まで女性が育児をして，男性が働くというイメージを強くもっていたので，育児休暇を取って育児に参加する男性も少なくないことを知って驚いた。出産するのは女性だけれども男性も重要な役割を担っているとことが分かった。（男）

【別紙2】ワークシート1（表面）「親と子の関係を考えよう」

　　　　　　　　　　　　　　　　　　　　　　　　　年　　組　No.　氏名

・次のような場面設定の時，あなたは親としてどのように対応しますか？

> ある休日の午前中，あなたは居間のソファーでくつろいでいました。そこに，次女のナツコ（小学3年生）が「新聞の漫画読ませて！」とやってきました。
> やがて漫画を読み終えると，「ア〜ア，お姉ちゃんなんかいなければいいのになあ〜」と，ため息混じりに言うのが聞こえました。

（1）ナツコのこの言葉を聞いて，あなたはどのようにいいますか（対応しますか）→思考・判断

　　　[   ]

（2）次に，あなたがナツコだったら（1）のように親から言われたらどのように感じますか？
　　　ナツコの気持ちと，親に対するせりふや行動を想像して書いてみましょう。→技能・表現

　　　ナツコの気持ち：
　　　せりふや行動など：

　　　ワークシート2（裏面）「子どもの良き相談者・援助者の在り方を考えよう」

　　　　　　　　　　　　　　　　　　　　　　　　　年　　組　No.　氏名

> ナツコは，新しい自転車が欲しくてたまりません。今乗っている自転車はお姉ちゃんからのお下がりです。友達には一人っ子や妹や弟のいる子が多く，新しい自転車を買ってもらったこどももいます。
> あなたの家には，ナツコに新しい自転車を買ってあげる余裕が無いわけではありませんが，家族の買い物の優先順位を考えると，まだまだ使える自転車なのに・・・・という気持ちがあります。

（3）上記のように，ナツコの要求が分かりました。あなたはこの後，どのようにこの問題を解決しますか？　→知識・理解

　　　[   ]

（4）クラスメートの書いたものを読ませてもらったりして，お互いの意見を交換してみよう。また，親は子どもにどのように接したらよいか考えたこと，感じたことを書いてみよう。
　　　→関心・意欲・態度

　　　[   ]

第1部　家庭科の保育と保育者養成の保育をつなぐ　－シンポジウムの記録－

つろいでいるお父さん，あるいはお母さんのところに，新聞の4コマ漫画を読ませてほしいとやってきます。そして，それを読み終わったら，「アーァ，お姉ちゃんなんかいなければいいのになあ〜」というのが聞こえました。その時，親のあなたはその子に何と言いますかというものです。

　そうすると，そこにもありますが，生徒はいろんなことを書いています。もちろん一人ひとり書くのですが，書き終わったらグループでほかの人がどのようものを書いたのか読ませてタイプで分類しなさいと言います。

　これが，生徒たちが分類したタイプになります。実際には授業ではそこまでしかできませんので，私がそれを受け取り，次の時間までにパソコンで打ち直します。そのまま切り張りしますと自分の書いたものが字でわかるのでとても嫌がるのです。自分の書いたものを見られたり言葉で言うのは嫌だけれど，ほかの人が書いたものは食い入るように見ます。ちょっと矛盾していると思いますが，今の生徒は，メールなどはするけれど，わりと上っ面のつき合いが多くて，自分が本当に考えていることをあまり正直に言わないのですね。でも，教師にはわりとしっかり書いてきますので，それをパソコンで打ち直してあげると，「まだ読み終わってないの？」時間がもったいないなと思うほどじっくり読んでいます。

　これは生徒が分類したものです。分類は一応，統一しました。今回の次女の言葉については2つのタイプに分類できるということで，聞き咎めるというような批判的な言葉も入っていますが，子どもの言葉にそのまま対応して，「そんなこと言っちゃいけないよ」とか，「お姉ちゃんだって同じこと思っているかもしれないよ」とか，生徒はこれを聞いて怖いとか言っていましたが，本当に正直に自分が考えた言葉がそのまま出ているように思います。

　それともう一つは，「お姉ちゃんなんかいなければいいのに」というのはあまりいい言葉ではありませんよね，表現としては。でも，それを受け止めて対応するということで，これは生徒の言葉ですけれども，「悲しくなるけれど，何か問題があるのかもしれないから，どうしてそう言ったのか聞いてみる」とか，単純に「どうしてそんなふうに思うの？」と，そこに括弧して「責めずにたずねる」とか。そんなふうに，たった一言かもしれませんが，子どもの言葉にきちんと対応している様子が読み取れる回答がたくさんありました。

　それについて「思考・判断」ということで評価をしてあります。評価の全体にわたってはこのあとでご説明したいと思いますが，授業の流れだけを先にご説明します。

　(2) のほうも一応発表させますが，(1) が大体出終わったところで，折られている裏面を見てごらんなさいと指示します。そこには「ナツコ」という女の子がなぜ「お姉ちゃんなんかいなければいいのに」と言ったのかの理由が書いてあります。自分はいつもお姉ちゃんのお下がりで，お下がりだとあまりきれいではないので新しい自転車が欲しかったのです。一人っ子だったり，兄や姉だったら，新しい自転車が使えるのにという，そういう子どもの要求がそこに隠れていたということがわかったわけです。

　ただ，経済状態等を考えると，新しい自転車をホイホイと買ってあげられるような状態ではないというふうに条件設定しまして，「この後，あなたはこの問題にどのように対応しますか」という設問になっています。

その設問に対する答え（3）も生徒が3つに分けています。1つは条件付きで子どもの要求を受け入れるというものです。その中には，自転車は我慢させるけれども，次女が欲しがっているほかのものを買ってあげたり，好きな食べ物のお店に連れていってあげる，括弧して（お姉ちゃんは連れていかない。「ナツコ」だけ）とか。やっぱり高校生の発想だなと思うのですが，あるいはこういう経験がある子もたくさんいるのです。「欲しいものがあって，いつも我慢しなさいと言われていたけれど，やっぱり我慢できないので，それだったらこういうことが考えられる」とか，その下に書いてありますが，「お姉ちゃんのお下がりがイヤなのはよくわかる，自分もそうだったから。でも，クリスマスやお誕生日にお姉ちゃんより高いものをねだったら買ってあげるぞ。ワクワクドキドキだな」と言いながら，ビックリマークが2つも3つも付いている。これは男の子だったのですが，父親になったつもりで楽しみながらやっている様子がよくわかるのではないかと思います。
　それに対して2つ目の対応ですが，「子どもの要求を聞き入れながら，一緒に対応する」ということで，「ちょっと手を入れて改造する」とか，「親子で一緒に磨いてきれいにする」とか，あるいは「ちょっと部品を取り換えて，世界に一つしかない格好いい自転車にしよう」というような対応が出ています。
　この2つ目の対応「子どもの要求を聞き入れながら一緒に対応する」の一番下，これが一番評判がよかったものです。これを生徒が発表した時に拍手が起こりました。それまでは「アレンジしよう」とか，「ちょっと変えてきれいにピカピカにしよう」だけだったんですが，最後のこれは，「今度それに乗って一緒にサイクリングに行こうね」というのが入っていました。ここまではなかなか想像できない生徒が多くて，これを発表した時に思わず拍手がクラスの中で起こりまして，生徒ってやっぱりいい感性をしているなと思いました。
　拍手をもらった生徒は，それがすごくうれしくて，そのあともこういうワークシートをやる時に子どもの気持ちになって，どうしたら子どもが，我慢はさせられたんだけれど親と一緒に磨く時間を楽しんだり，その次に出てくるものを楽しみにできるのかというようなことまで想像がどんどん深まっていく様子が，この子自身にも見られました。この答えが出たクラスについては，その後の「子どもの気持ちをどう受け止めるか」という時に，もう一つ突っ込んだ対応を考える生徒が多くなったということも事実としてありました。
　3番目が，子どもの要求はわかるけれども「うちは今そういう状態じゃない」と，親の要求を一方的に子どもに受け入れさせるというもので，「年季が入っていてカッコいいよ」とか，これは子どもには通じないんじゃないかと生徒も言っていましたが，「ある程度使いこなした自転車のほうが使いやすいんだ」とか，これはちょっと屁理屈になるかなと言いながら書いていたり，「いつも子どもの要求に従っていてはだめなので我慢することも教える」とか，「物の大切さも今の環境問題ともかかわらせて大事なことなんじゃないか」と答えているものが3番のところです。
（4）のところは，私がパソコンできれいに打った今のものを見て，次の時間に，「こういう対応をされると子どもはこういうふうに思っちゃうよね」とか，「こういう対応だと子どもはきっとこうなるね」というような感想をたくさん書いたものです。それが5ページ目ですけれども，「授業を終えて」という

ところです。

　クラス全体で，初めはグループですけれども，発表をし終わって，私のほうでほとんどの子の対応の仕方をプリントアウトしていきますと，生徒は感心したり，批判したり，噴き出したりしながら，結論として，親は子どもの言うことを受け止めてじっくり聞いてあげることが大切だ。忙しさもあるとは思うけれど，子どもの言った言葉の表面だけを聞いて，つい批判的に，あるいはこうあるべきだという「べき論」を言ってしまいがちだし，自分もそういうふうに対応されてきたけれども，子どもには子どもの思考回路があって，じっくり聞いてあげることが大切だということがわかった。

　また，「あなたはこういうふうに思っていたのね。こうだったんだね」というふうに子どもの気持ちを受け止め，言葉にして，子どもの気持ちを理解しているよということをまず知らせる。そのあとに親としての意見とか考えを伝えることの大切さがわかったというふうに，

　また，親の気持ちをすぐ言わないで，子どもの気持ちを受け止めてから親の考えを言うことによって，子どもも親の気持ちを思いやれるようになるのではないかというように，自分に戻していく。「自分が親になったらこうしたい」だけではなく，今は育てられている子どもなので，親の気持ちを理解することも大事だということに気づいてくれることも，全部ではありませんが，何人かの生徒がそういうことを書いたり，意見交換していて，私が思っていた以上に柔軟な対応を考えることができて，とても楽しい授業になっています。

●評価の方法について

　それで一応2時間の授業が終わって，「評価の方法」です。これは先ほど申し上げましたが文科省でやった評価規準の抜粋です。一応評価の方法は4観点，「関心・意欲・態度」「思考・判断」「技能・表現」「知識・理解」とございますので，その中から関係する部分をピックアップしたものです。

　多少は直してありますが，例えば「関心・意欲・態度」でしたら，ビデオの視聴記録表ですと，関心・意欲・態度が2カ所，1番目と5番目にありますが，その部分では「乳幼児と親のかかわりについて，具体的に読みとった内容がきちんと記述され，自分の問題として捉えている」ならAということで，「十分考えられている。関心・意欲・態度が十分表れている」と評価します。

　ワークシートのほうは，「親の立場と子どもの立場の両方に立って解決策を具体的に示してある」がAという評価になります。A・B・Cと3段階で評価して点数化をするということで，あとはお読みいただければわかるのではないかと思います。

●評価の難しさ

　最後に，2年間文科省の評価方法の研究開発をする中で，自分のこれまでの実践例を使って4観点で評価する方法を考えてみました。これができ上がったのが4月で，2学期後半から3学期にかけて保育領域を行ないますので，実際にこの4観点での評価はこれからなのです。

　ただ，ワークシートと先ほどの視聴記録表はだいぶ前から使っているので，観点別ではなく，普通に3段階でA・B・Cという形で評価をしています。今回お示ししたのは2つの例だけですが，いろいろケーススタディを

やって，年度によって変わったりしているのですが，生徒のケーススタディの中で，親としてどう対応するかという時に，やはり生徒は自分が育てられた時のことを思い出して，親がやったような対応を書きます。

その一例を申し上げますと，小学校3年生の男の子の詩だったと思います。うろ覚えですが，テストを返してもらった，100点だった。家へ帰って見せた，お父さんはこういうことをした，お母さんはこういうことをした，という詩です。

その「お父さんは」「お母さんは」というところを全部伏せて，男女いますので，それぞれ自分がお父さんだったら，お母さんだったらどうするか書かせたんです。それで発表してみてと言ってもなかなか発表しないので，じゃあ，誰さん，誰さんと言って当てたのですが，そうするとほとんどの子が「がんばったね。次もがんばろうね」とか「やればできるんだね」と言うのです。

そういう答えが多い中で，時どきは「さすが俺の子だ」と言って爆笑を誘った男の子もいますが，今まで挙がった対応策ではない人はいますかと言ったら2人ほどがパッと手を挙げたんです。何と言ったかというと，「100点は何人いたの？」と言ったというのです。そうしたら，クラス中がドヨドヨとして，「ひどい」とか，「えーっ！」と。もう一人の生徒は，「平均点は何点だったの？」と言ったと発表しました。そうしたら，やっぱりドヨドヨとしたのですが，その2人は「だって私，いつもそう言われてたもん」と言ったのです。

中高生というのはちょうど親を批判する時期ですが，授業で教師が親を批判することはできませんので，「そうだったんだ。あなたはそんな時どう思った？」と言ったら，「それが普通だと思っていました。みんなそういうふうに言われるものだと思っていました」と言ったのです。

そういうのを聞いてしまうと，こういうケーススタディをする中で生徒が書いたものを評価することの難しさを感じます。どう評価したらいいのか。そういう時には，その子の育ちとか，もちろんあなたはB評価よとかC評価よとは言いませんが，それを評価をすることの疑問とかジレンマを感じます。

ただ，ケーススタディも，これからやる学習に興味・関心を抱かせるためにやる場合と，学習の最後のまとめとしてどこまで理解されているのかということでケーススタディをさせる場合がございます。どこの場でするかで当然評価の仕方は違ってくると思います。

先ほどの自転車の件も，テスト問題としてやったことがあります。授業が終わったテスト問題にした時には，やはりきちんと受け止めてくれて，改造まではいかなくても，「子どもと一緒に，子どもの様子を聞きながら親の様子も伝えて解決をしていく」という答えをした子が多かったので，どちらにでも使えるとは思いますが，評価となると特に保育の場合は難しいところがあるなと思いながら，いつも授業をしています。

●絵本作成と評価

最後に，おもちゃづくりに関することですが，私のところでも，3年生の自由選択で手づくり絵本を，布の絵本か仕掛け絵本のどちらかをつくりなさいといってやらせています。大体2時間続きで6回，12時間程度を使ってつくらせて，それを保育園に持っていかせてプレゼンテーションをさせているのですが，その評価もなかなか難しくて頭を痛めています。

製作前には対象児の年齢に応じて仕掛け絵

本や布の絵本の狙いを書かせたり，製作時には意欲的に取り組んでいるかとかいうことを評価し，完成時には実際にでき上がったものの工夫ですとか創造性などを評価するのですが，そのほかに保育園に持っていった段階で子どもの反応を見たうえでの自己評価をもう一度書かせます。

保育園でのプレゼンテーション時の保育士のアドバイスがとてもいいのです。「とてもよくできているけれど，子どもは乱暴に扱うから，これだと腕がもげちゃう」とか，自分がやってみせた後で保育士さんが「ちょっと貸してくれない？」と言ってもう一回やってくださったりします。

「そうしたらまるで違った」と言ってちょっとガックリしたりもしていますが，でも保育士からとてもいいアドバイスを受けて，「こ こをもうちょっと直してから提出させてください」と言ってくる生徒もいます。

自己満足に終わらず，実際に子どもたちに見せてプレゼンテーションさせる意味はそんなところにあるのかなと思いますが，評価については，先ほどから繰り返し申し上げておりますが難しくて，今日のサブタイトルにあります「おもちゃづくりをどのように評価するのか」というご提案を，ぜひ参考にさせていただきたいと思っています。

早口で，大雑把で申し訳ありません。これで終わらせていただきます。

■ **報告2**

中学校家庭科保育学習の評価はどうあるべきか
大内玲子（東京都大田区立馬込東中学校教諭）

今日は自分の実践がこうですという提案ではなく，あとで皆さまにいろいろご意見やご指導をいただきたいということでここに座らせていただいております。

先ほど金田先生から児童虐待の話がございましたが，今はそういうことも多く，犯罪の低年齢化ということで教育力の低下が言われています。だからこそ，家庭科での能力育成が今日強く叫ばれ，改訂された新しい指導要領にもそういうことが盛り込まれているのかなと思います。

その能力というのは，私自身今まで「未来の親教育」のほうに偏って保育教育をやっていたのではないかという反省がありますが，これからは他者を理解することで自分を理解できるということで「他者理解の能力の育成」，そこから「自己教育力の育成」。この2つは国民すべてに必要な教育だということを金田先生がお書きになっていますが，本当にそうだなと，改めて感じました。

特に今は，未来の親教育というところに観点を置いても，結婚するかどうかわからない，子どもを産むかどうかわからない時代です。そうなった時には，やはりこの他者理解の能力の育成，自己教育力の育成というところが，これからの家庭科で大きく求められていく内容なのかなと思いました。

●指導内容の移り変わり

この話をお受けしてから，指導内容の移り

変わりということで指導書を紐解いてみました。手元にあった3冊だけですし，もし捉え方が違っていましたら，後で教えていただきたいと思いますが，昭和56年は「知る・考える・できる・態度」「幼児の心身の発達」幼児の生活で「遊び・衣・食生活・生活習慣」「幼児の発達と環境」。平成5年になりまして，「関心・意欲・態度，創意工夫，技能，知識・理解」というのが評価の観点だと思います。それが，「幼児と私」とちょっと変わってきます。「幼児の心身の発達」「幼児の生活」はそんなに変わっていない。そして「保育と環境」。平成14年になると，最近ですけれども，「生活や技術への関心・意欲・態度」「生活を工夫し創造する能力」「生活の技能」「生活や技術についての知識・理解」ということで，必修と選択に分かれました。ここで「幼児のいる施設を訪問」というのが入ってきますので，これは取らなければどの子も学ぶことができないということになるのでしょうか。

これは現行の評価ですが，お手元の資料には少し詳しく載っています。これは（2）と（5）の評価規準をそのまま載せさせていただきました。「生活の技能」ですので，ここにたぶん「おもちゃ」とか「おやつづくり」というのが入ってくるのですね。そして（5）の評価規準のほうに，幼児とどのように関われるかというところが具体的な展開として入ってくると思います。

今までも「意欲・態度」とか「創造する能力」，「技術についての知識・理解」というのはわりと取りやすかったのですが，今回はこの「生活の技能」の（5）のほうの「幼児の生活と幼児との触れ合いの評価規準」の中の「生活の技能」というところ，どんなふうに幼児との触れ合いができるかという，ここが大きな課題なのかなと思います。

●実態調査から

これは，私がかかわったのではなくお借りしたものですが，「家族と家庭生活の実態調査」というのがあります。72名の家庭科の先生にアンケートをとった結果です。これは簡単にまとめたものですが，履修学年は3年が多くなっています。保育実習は約半数が実施しています。実施学年は3年が圧倒的に多くて，85％という数字が出ています。保育実習の実施は，教科の中で実施が58％，総合の中で21％，選択では12％という内訳です。

保育実習の形態は，園に行くというのが91％，来てもらうというのが8％。保育実習実施のねらいは，幼児との交流，他者への理解の深化ということを現場の先生は考えて保育実習を組んでおられるようです。

実施時間は2時間が多くて58％，1時間が27％，午前中が9％。時期は2学期が43％，3学期が35％。保育実習の内容は触れ合いが中心でした。また保育実習をしない学校もありまして，その理由としては時間の不足を挙げています。これはあとの課題のところでまたお話ししたいと思います。

この実態調査から，最初に申し上げましたとおり，やはりいま大きく家庭科に求められているのは「他者への理解」なのかなということで，そういうことを目的として先生方はおやりになっているわけですが，現実はなかなかそういう能力を育成することができない。それがこのアンケート結果に見られる先生方の悩みのようです。

私も夏休みに大田区の20人近い先生にアンケートをとらせていただきました。28校あって，そのうちの8校は講師の先生なのでご意見をお聞きすることができなかったのですが，どんなところで，どういう評価で，ど

ういうものを取っていますかとお聞きしたのですが，このような形になりました。

「生活の技能」のところが製作したおもちゃで，おもちゃの安全性とか，対象児に合っているかとか，おやつづくりとか，自己評価記録とかいうことです。保育実習でも，幼児とのかかわり方というのがなかなかむつかしく，ここには載っていますが，現実にはどうしたらいいのかというところが悩みの種のようです。

最後の「どんなところを疑問点とか課題に思っていますか」という問いに対しては，「実習の様子をどう評価したらよいか悩んでいます」という声が圧倒的でした。それから技能の評価で，現場の皆さんは技能の評価をおもちゃの出来ばえでとるのはおかしいと思っていらっしゃる方が多いんですね。でも，じゃあ，どうやってとるのか。実習をすべての学校ができるかというと現実にはできない。このところはすごく大きな課題かなと思います。それから授業数ですが，3年生では大体が隔週で技術が1時間，次の週は家庭科が1時間という計画だと思いますが，深く掘り下げた授業ができないということで悩んでいるというお答えも出ています。

●総合学習での体験学習と評価の在り方

私の中学校は総合学習で実施していまして，1年から3年までの3年間体験学習ができます。今年は1学期が2年，2学期が3年，3学期が1年ということで実施していますが，どの学年も1日かけて体験に行きます。ですから本当にゆっくり触れ合うことができるのですが，残念ながら私は経験が少ないものですから，これをうまく自分の教科に結びつけて評価してあげることができていません。

実習のまとめはレポート，壁新聞，個人新聞などでまとめています。それで評価していくのですが，興味・関心のところはとれるのですが，技能となると，どうなのかなというのが現実です。

●幼稚園での実習

訪問施設は保育園，幼稚園，学童保育，高齢者施設といろいろあります。これは，幼稚園に自分たちがつくった塗り絵を持っていき，子どもたちに塗らせてみて，幼児がどんな反応をするか，男の子はどんな色づかいをするのか見ているところです。丁寧に塗るのは女の子だと思っていたけれど男の子も結構丁寧に塗るのだなとか，色々なことをこの子は書いています。

これも塗り絵です。この子は一緒に絵を描いています。この男の子は普段から親戚の小さな子と遊んでいるので，スムーズに入っていけて，本当に楽しそうに塗っておりました。これは幼稚園です。すごく暑い日だったのでプール遊びをしています。積極的にかかわっている子もいれば，後ろの女の子はこわごわ様子を見ながら参加しています。

これも幼稚園です。年長さんだと思うのですが，男の子が行くとすごく喜んで，飛びついてきて，こんな感じです。

これは私が回りながらデジカメで記録を撮ったのですが，泣いている子がいたので，「ほら，泣いている子がいるから，ちゃんと見てあげたら」と言ったら，「俺たちが泣きたいよ」というような感じで，初めての経験なのでどうしていいかわからない。それでもまとわりついてくる子どもを，楽しそうに，うれしそうに体験したようでした。

これは，お弁当の時にお茶を配ったのです。この時は自分たちが作った絵本ではなく，学

校にある絵本の中から，何歳児向けならこれがいいかなと対象年齢を考えて選び，練習をして読んでいる様子です。子どもたちは静かに聞いてくれて，この2人とも感激して帰ってきました。

この子は自分で魚釣りゲームを作り，帰り支度をしている慌ただしい中，一緒に遊んで好評だったようです。

これは帰りです。幼稚園はみんな早いですから一緒に楽しく混じって，この子はピースなどしていますけれども，楽しそうな様子がよくわかると思います。

●絵本の製作

これは私が必修の中で作らせている絵本です。出来上がっている白い絵本の中に自分で絵を描いていくのですが，これは出来ばえからいくと非常にいいほうで，「絵は上手」という評価です。ただし，中身が格調高くて幼児には向かないかなと思う部分もあります。ですから，こういうのを作らせると，生徒は「絵の上手な子は得だよね」とか，「丁寧なほうがいいんだよね」とか，そこにこだわるんですが，そこはポイントを最初に説明するようにしています。

これもそうです。これも色鉛筆ですが，すごく丁寧に色を塗っている。中がこうなっていて本当に時間をかけて描いているのですが，これは子どもが見ることはなかったので，子どもの評価はとれませんでしたが，少し難しいかなという内容でした。

●生徒の学びをどう評価するか

これは2年生の感想文です。一人っ子で人間関係をとるのが難しい女の子が書いた文です。少しトラブルがあるとパニック障害になってしまい，泣いたりその場からいなくな

る生徒なのですが，この子は1歳児を担当したんですね。おもちゃは大変だろうから手遊びを考えていったらということで，「げんこつやまのたぬきさん」とかそういうのを私と練習していって遊んだ感想です。

「何を考えているのかわかりにくいし，飽きやすいし，熱中しやすい。しかし，それを打ち消すのがかわいらしさでした。愛らしく，一種の本能ともいうべき感動が私に出てきました。お母さんもこんな気持ちなのかなということで……」と。

ただ，こういう文だと，技能の評価をどう取るのかすごく悩むのですね。評価というところに持っていくと，素直に「ああ，この子はよく勉強してきたな。心で学んできたな」という，それで終わらないんですね。特に3年生になりますと5，4，3，2，1の評価をきちんと付けて高校のほうに行きますので，ものすごく悩みます。

下の文も一人っ子の生徒で，この子も人間関係がうまくいかなくて，小学校では不登校になっていました。「体験を通してわかったことは，とても疲れるということです。小さい子の場合は好奇心が強いので，危ない行動を起こさないか見ていなければなりません。体力や判断力がないととてもできない仕事……」と。

この仕事というのは先生のことだと思いますが，先生も含めて，この生徒は他者を理解してきたなということがわかります。これからまた皆さんにいろいろとご指導していただかなくてはならないのですが，これをどんなふうに評価してあげたらいいのかというところが悩みです。

それで，ちょっとずれるかもしれませんが，先ほどの大田区の先生の悩みで言いますと，やはり一番のポイントは，技能の評価を

どう捉えるか，技能というものをどういうふうに捉えるかだと思うのです。技術・家庭科ということで中学校は技術とセットになっていて，どうしても技の部分になりがちです。観点のところも，おもちゃの製作をした時に，どうしても早くできた，きれいにできたか，だけが評価につながってしまうのではないかと思います。

まだまだたくさん課題があるなということで，今日はおもちゃづくりの評価も含めて勉強させていただきたいと思っています。つたない発表でしたけれども，どうぞよろしくお願いいたします。ありがとうございました。

■ コメント

家庭科教育の立場から

牧野カツコ（お茶の水女子大学大学院教授）

皆さま，こんにちは。まずこのテーマのシンポジウムを計画してくださったことに謝意を表したいと思います。保育者養成の大学教育で家庭科の保育とつなげようという試みは非常に大切なことだと思います。

最初にお二人の家庭科の先生のお話を伺い，いかに保育の場での評価にご苦労していらっしゃるかよくわかりました。初めにシンポジウムのテーマを伺った時大変素晴らしい企画であると感動したのですが，サブタイトルに「保育の評価を考える」と付いていたので，初めからずいぶん狭い問題に限定してしまうのが，残念に思えました。今日のそれぞれの先生方のご報告も「評価の方法」ということを中心に話をされていました。

第1回目ですから，まず高校の家庭科では「こういう保育の実践をしています」中学校では「こんな保育教育をやっています」というような保育教育の実態をまずご報告いただいて，そこから大学の保育者養成教育との共通点や課題を検討していくのではないかなと実は思っていました。今回，評価ということに限定されたので，大学の保育教育とのつながりをどのようにコメントをするのがよいか，少々とまどっています。

実を言うと評価というのは目標が達成されたかどうかを評定することなんですね。ですから評価について述べるには，まず「保育教育の目標」を考えなくてはいけないということです。評価の方法のご苦労をうかがう前に，学校教育での保育領域の目標について，もう少しお話しいただけたらよかったと思いました。最後に本学の師岡先生が保育実習の目標をたいへん細かに挙げておられました。専門機関として教育の目標を掲げ，それに対する細かな評定をしていかれるというのは非常に大事なことで，基本的なことをお示しいただいたと思います。

お話にもありましたように，大学で行っている専門家の養成と普通教育としての中学校，高等学校での家庭科の教育の目標というのは大きく違ってきますよね。お二人の家庭科の先生が出してくださいました，いわゆる文部科学省が出している評価規準ですが，これはそれぞれの学校が自分で目標をつくり，それに対して達成できたかどうかを評価するためのものです。この目標の立て方自体，国が細かに画一的に設定することはやめるという考え方になっているわけです。今は評価の時代になりまして，あらゆる場所で評価がお

こなわれています。学校自体，評価されますし，これからは学校の授業も評価されていくでしょう。それによって教育を受ける側の親が小学校を選ぶとか，中学校，高校を選ぶという時代になりました。つまり何よりも目標をまず明確に示して，目標をどの程度達成したかが大切な時代になっているといえます。

　家庭科の保育領域の学習でも，まずは生徒にこんなことを達成してほしいという教師の願いや希望，教育目標を大切にして欲しいと思いました。そして，子どもや保育を学ぶことで生徒や学生が生き生きとしたり，成長したりする素晴らしさを，家庭科も大学の保育科も共有し，学び合いたいと思います。

第2回 シンポジウム　2005年10月

中高生の保育実習を考える

- 今回の課題　　　　　　　　　　　　　　　　　　　　／金田　利子
- 報告1　幼稚園に小学生のボランティアを受入れた経験
　　　　　　　　　　　　　　　　　　　　　　　　　／河野　富江
- 報告2　保育園に中高生を受入れて
　　　　　　　　　　　　　　　　　　　　　　　　　／小林美貴子
- 報告3　中学生を送り出す家庭科教員の立場から
　　　　　　　　　　　　　　　　　　　　　　　　　／鎌野　育代
- 報告4　高等学校における保育体験学習の意義
　　　　　　　　　　　　　　　　　　　　　　　　　／望月　一枝
- 報告5　家庭科の保育教育における「幼児とのふれあい体験」
　　　　　　　　　　　　　　　　　　　　　　　　　／伊藤　葉子

■ 今回の課題

金田利子（白梅学園大学教授）

評価を中心に行なった昨年度のシンポジウムは好評でしたが，その際，会場から「来年度は是非，実習を受ける側との交流を持ちたい」という家庭科教員や一般参加者からの要望が強く出され，それは企画者の意図とも一致しました。そこで，今年度は「中高生の保育実習を考える」というテーマで行うことにした次第です。

学習指導要領においても乳幼児とのふれ合いが大切にされてきていますが，それは男女ともに，良い親になるための道筋としているようです。しかし，本シンポジウムのコーディネーターとしては，乳幼児とのかかわりの意義は，本来親になるかならないかに関わりなく，全ての市民が，育てられている子ども時代から多世代の間で自己を深く捉え，異世代と発展的に関わる力を育てるところにあるのではないかと捉えてきました。その力は結果的には親になったときにも生かせるものでありますが，決してそれが目的ではないと考えてきました。

実際，忙しい毎日の保育現場の中で中高生を受け入れるには，その意義を園として重要視しておられるからこそ実行して下さるのだと思います。一方送り出す方も，乳幼児とのふれ合いを中高生の育ちに欠かせない活動として位置づけて居られるからこそ，今日の学校体制の中での様々な困難をひとつひとつ解決して実現してきているものと思います。

また昨今では，家庭科教育としてだけではなく総合学習・進路を考える上での職場体験・ボランティアなど様々な形で中高生が乳幼児と関わる取り組みがなされてきています。これらと家庭科教育との関わりについて整理することも家庭科の保育の課題になってきています。おそらく乳幼児の教育・保育機関としては，その区別を意識するよりは「中高生と乳幼児とのかかわりの場を設ける」という一点で受け入れて下さっているように推察できます。また，これまで中高生が自分の拠点を離れて幼稚園・保育園に出かける実践が多かったのですが，今回は，中高生が幼児を迎えるときにはどの様に様子が変化するのかという点にも視点を置いた報告が用意されています。

さらに，今年度は中高生自身にもシンポジウムに加わって発言してもらうように企画しました。この春高校を卒業したばかりの，数ヶ月前まで高校生であった二人の白梅学園大学子ども学部の1年生にお願いしました。二人は，狛江高校（昨年シンポジストとして報告していただいた羽野先生が家庭科を担当されている高校）の卒業生です。ここにも昨年とのつながりを意識してみました。

以上のような趣旨のもとに，今年度は白梅学園の実習生を引き受けてくださるなどの関係深い幼稚園，保育園から一園ずつ報告をお願いし，家庭科教育の実践からの提案とあわせて，元高校生の意見も踏まえて，それぞれの立場や状況の相互理解と，今日の中高生と乳幼児のかかわりの意義の共通理解を深め，改善点を見出だしていきたいと願って企画しました。

報告1

幼稚園に小学生のボランティアを受け入れた経験

河野富江（江戸川区・新小岩幼稚園前園長）

河野でございます。私のテーマは「小・中・高ボランティアにおける受け入れ側に立って」となっています。

●幼稚園児と小学生ボランティアとのかかわり

私たちの江戸川区では，小学生がボランティアとして老人ホームなど方々へ行っていまして，その一環として幼稚園に来ています。きょうはボランティアという立場から考えてみました。つまり小学6年生の子が来るわけですが，6年生の子と幼稚園児という異年齢の関係でどういう効果が出るのか出ないのかというあたりを観点に持ちました。

ボランティアという言葉ですが，筑波大の門脇厚司先生が『子どもの社会力』という本を出していらっしゃいます。そこには「子どもの社会力というのは，社会をつくり，つくった社会を運営しつつ，その社会を絶えずつくり変えていくために必要な資質や能力を育てる」とあります。やはり「社会を一緒につくっていく」というところで接点ができるのではないかと思います。

ただ，私はいつも大きい子は小さい子に遊びを伝達してもらいたいと思っています。ところが，小学生にはほとんど遊びがないんですね。今は「すくすくスクール」などといってやっと遊びが始まりましたが，小学生から入れ込む遊びがほとんどない。幼稚園では保育者が懸命になって昔やっていた遊びを出しているのですが，そういう状態で，やはり相互関係でしょうか。

●幼児が相手を理解する力

今，社会は便利さを求めています。ことに若いお母さんは便利なものや美しいものに惹かれてすぐそちらへ行ってしまいます。ほとんどのお母さんが携帯を持って幼稚園に来ていますが，それほど流行には早くなじむ方たちなので，合理化で一番欠けることは何かというと，先ほどの本の中には「複数の他の人間との間の相互行動が必要である。相互行為とは互いに相手に対して働きかけ，同時に相手も働きかけるという行為のやりとりがなされることが必要だ」ということが書いてあります。

それで幼稚園児の一番幼い子，2歳，3歳の子が他のことを理解し他を受け入れていくものかどうか知りたいと思いました。それでまずお母さんと子どもに対話をしてもらいました。なるべく長く対話をするようにしてもらうと，子どもは自分の考えていることを率直に言葉に出すことが始まります。そうしますと，2歳児の終わり，3歳児の初めごろには，パパは男でママは女だと分かるようになります。例えばお風呂に入るときはママと入るんだとか男女差が分かるようになります。つまりある程度「男か女か」という分類が始まるわけです。

また，お母さんが食べさせたいと思って料理をしたら，その子が「まずい」と言った。そのときお母さんが「どうして食べないの，どうして食べないの」と，食べてもらいたいことを子どもに強く要求した。そうしたら，子どもは「おいしいよ」と言い換えたというのです。そのお母さんは，もうこのころから相手の顔や表情を見て相手に合わせようとする気持ちがあるのかと驚いていましたが，そ

ういうように表情を読み取れるようにもなってきます。

　自立の面でも,「もう3歳になったからおくつがはけるんだよ」と,あるときは「もう」と言うけれど,お母さんにやってもらいたいときは「まだ3歳だからトイレに一緒に行って」というふうに,「もう」と「まだ」の使い分けをしています。それから飼育やなにかもできるようになる。前にやったことを記憶していて,そして「今度はどうしようか」ということも考えられるようになる。

　こういうふうに2点が考えられるようになると,他の刺激も十分受け入れられるのではないかと思います。それで異年齢の交流,6年生と幼稚園児ですから非常に年齢が離れていて,果たしてどういう理解のし合いができるのかと思いましたが,一応3歳児ならそれなりの理解,受け止めはできるのではないかと考えたわけです。

●3,4歳児が5歳児の行動を見る

　一つの実験として,うちの幼稚園では15日に運動会があるのですが,運動会の前にリハーサルをやります。いわゆる練習というのはほとんどしないのですが,リハーサルだけはやるのです。リハーサルのときにはお母さんに放送係をお願いします。職員は当日子どもにかかるものですから放送係はできないので,やるものもまだ十分にはできていないけれども,きちんと放送して形を整えるのです。そのときに5歳児がやっているのを,3歳,4歳はよく見える場所に腰を掛けてずっと見るようにしています。自分の番が来たらやりますが,とにかくそろってやるところをまず見る。練習ではなく「見せる」。そこに重点を置いてやっています。

　そうしますと,そのリハーサルで非常に効果が出るのです。1回目と2回目で子どもたちはまるで違います。そのくらいの年齢の違いだと子どもは非常によく見ます。「座っていなくてはだめよ。」と言わなくても,じっと見てくれます。1時間半ぐらいですが,3歳児でも非常によく見ている。結局,3歳,4歳は5歳児のやることを一つのサンプルとして持つことができる。それだけ他意識というか他への意識が発達していたら,そういう交流会もたぶん効果があるのではないかと思います。

●小学生受け入れの効果

　私どもでは小学生のボランティアを4年間受けてきましたが,月に1回ずつですから年間を通して10回ぐらい来ます。同じ子が1クラスに2人ずつ入って小さい子と触れてくれるわけですが,これはそのときの感想をぶつけたものです。

　1番は園児にとってはどういう効果があったか。2番は小学生にとってはどうだったのか。3番はその活動をやってどれだけ子どもたちの身についたかです。小学生は幼稚園児にどういう文化を伝えてくれたのか,幼稚園児はそれをどのように受け止めてくれたのか,そういうことが教育現場としては知りたいわけです。

　それから4番目が問題点で反省点です。幼稚園児は好奇心が強いので喜んで迎えるのですが,肝心の小学生のほうに何をどういうふうにやっていくかという準備態勢がなければ子どもと触れられないわけです。お話ししてあげてちょうだいと言っても,お話を用意していないとか,手づくりの紙芝居を見せてくれると幼稚園の子はとても喜ぶので,私たちはそういうものを希望として持つのですが,小学生は触れるためにはそれだけの準備が要

るということは学んでいないわけです。

　小学校のほうも，ボランティア活動ですとそういう準備をほとんどしてくださらないわけです。ですから，子どもは来てから「先生，何か紙芝居貸して」と言ったり，自分がやれるものを要求したりしながら，なんとか1時間半，一緒に遊んで帰ってくれる。

　ただ，付いてきた小学校の先生は，担任ではなかったのですが，「学校にいるときと幼稚園にいるときでは小学生の顔つきがずいぶん違う。」と言われます。どういうふうに違うのか伺ったら，学校の授業のときはショボンとしているけれど，幼稚園に来ると生き生きと動いていると。すべてではないのですが，ある子どもはそういう動き方をして「ずいぶん違うんですね。」とおっしゃっていたのを耳にしました。

　そういうのを聞くと，幼稚園がボランティアとして受けてもいいのかなと思いました。今度は初めて中学校からもやはりボランティアでという希望が来ていますので，中学生はどういうふうに受けていったらいいのか，きょうは勉強させていただきたいと思っております。よろしくお願いします。

■ 報告2

保育園に中高生を受け入れて

小林美貴子（こぶし保育園主任保育士）

　よろしくお願いします。保育園からです。私どもの保育園は小平市にある私立の保育園ですが，中学・小学校の子どもたちが来るようになったのは2002年くらいからでしょうか。卒園児が「暇ができたから」と言いながらよく来てくれて，日ごろからそういう子どもたちがいたものですから，学校から依頼を受けたときも，あまり固くならずに気軽に受けてしまったという経緯があります。

●こぶし保育園における中高生の受け入れ

　最初に，こぶし保育園ではどんなふうに子どもたちの保育実習を受け入れようとしているかというあたりに触れておきたいと思います。異世代の交流体験は乳幼児にとっても必要ではないかと思っています。先ほど幼稚園の園長先生もお話しくださいましたが，子どもにとっては私たち大人とは違った憧れの対象になるし，目指す対象になります。

　では中学校・高校の子どもたちに何を望むかといいますと，乳幼児と交流を重ねることによって自分の育ちと重ねて見てもらえたらという願いがあります。また保育園とか保育士の仕事を知ってもらい，将来の働く場，職場を選ぶ際の素材にしてもらってもいいかなと，そんなことも考えながら受け入れております。

　どのぐらい受け入れているかですが，2003年度は中学生が9人，高校生が21人，全部で30人でしたが，1人が何日も来ているので，延べ日数としては54日でした。2004年度は中学生が11人，高校生が16人で合計27人，延べ日数が67日になりました。少しずつ増えています。今年は高校生が夏に9人ほど来まして，延べ日数27日でまだ全体の数字は見えないのですが，中学生が11月に来る予定になっております。大体そういう内容です。

　中学生は全員が学校からの依頼です。高校生は，社会福祉協議会を通じてボランティ

として申し込んで来る人と，個人で申し込んで来る人がいて，個人の中には1回学校から来て，そのあとまた体験したいからと申し込まれる人，特に3月ぐらいになって将来の展望が見えてきたときに，気持ちが楽になりながら再び来てくれるという人がいます。あとは学校とかいろいろですが，学校が一番多いです。

● 中学生・高校生の感想

実際に中学生，高校生の保育実習を受け入れてみてどうだったかですが，うちの保育園では最後の日に皆さんに感想を書いてもらっていますので，そこからいくつか拾ってみました。これは全部，生徒たちの本当の声です。まず，実際に子どもと触れて，発達を知ったということが一番多く挙げられています。「赤ちゃんや小さい子はただ泣くだけだと思っていたけれど，自分の気持ちをちゃんと持っていて，相手に伝えようとしているのがよく分かった」とか，「2歳児の子どもたちがなんであんなに同じ本を読むのか不思議に思った」とか。「もういっかい，もういっかい」と言いますよね。

あと，このぐらいのときというのは，月齢の高い子と低い子では数カ月しか変わらないのにすごく発達の差が大きいですよね。「ほんの何カ月かがすごく大きいんだなと感じた」とか，3歳のクラスでも「自分の意見もはっきり言えるし，しっかりしていると感じた。将来しっかりした大人になるんだろうなと思った」とか，4歳でも，「3歳児より自我が発達していて，けんかが多かった」等と，保育士のような読みとりができるなと思って感心しました。それから一番印象に残ったのは，「仲間に入れてと言わないと仲間に入れないこと」と。社会性の芽生えもしっかり読みとっているんですね。

それから，どの年齢に入っても共通して感じたこととして，例えば2歳児だったら「自分のことは自分でしっかりやっているのが印象的だった」とか，「思っていたより大きくて自分の意思も強かった」とかです。2歳児は自我が育ってきますが，やはりこのことに気がつくんですね。3歳児でも，「思っていたより大きくていろいろなことができてびっくりした」と。日ごろ抱いている3歳児像とは違ったのだと思います。それで4歳になると，「自分で何でもできてしまうんだな。何を手伝っていいか分からなかった」と書いていました。

全体的にあったのが，「2～3歳児は4～5歳児に比べるとまだ幼い感じがするけれど，自分でできることは自分でしたいというやる気がすごくあって……」，そのあとが素晴らしいと思ったのですが，「がんばって成長しているんだなと感じた」と。こういうところで私たち保育士も励まされるのですが，こういうふうに書いてくれるということは，生徒たちも子どもたちからすごい刺激をもらっているんだなということが読みとれます。

それから，「どの子も想像していたよりしっかりしていたし，やさしい子ばかりで，とても楽しかった」と。やはり「やさしい」ということを，形だけではなく，いろいろなかかわりの中で感じとれたようです。また，「子どもの手は小さいけれど，大きなやさしさ，可能性，強さを持っている気がした」とか，「子どもは本当は率直で，正直で，素直で，積極的で，見ていてすごく安心した」ということも書いてくれました。

自分を知ったという内容としては，「早い段階から一人でいろいろこなすので，自分の

中学生が職場体験

こぶし保育園

男の子は、お兄さんに大喜び 3歳児

おしゃべりしたり、甘えたり 4歳児

給食を一緒に食べました 4歳児・5歳児合同

- 3歳児クラスは，お兄さんたちに大喜び，泥んこ水遊びをしたり押し相撲をしたり，体をいっぱい使って全力で遊んでいました。中学生もいっしょに泥んこになって，本気で子どもたちにかかわっていました。年の近いお兄さんたちは，保育士さんとはまたちがった親しみを覚えるようです。中学生たちは，子どもたちへの力加減に戸惑いながらも，上手に遊び相手を務めていました。

- 給食の時間は，4歳児と5歳児クラスが合同で食事をしました。中学生が配膳をするのを子どもたちもお手伝いしたり，中学生とおしゃべりをしながら食事をいただき，いつもと違う給食の時間を楽しく過ごしていました。中学生も自分の役割に緊張しつつもしっかりと子どもたちにかかわっていました。

- 4歳児クラスでは，中学生と仲良くなった子どもたちが，お姉さんたちと打ち解けて遊ぶ様子が見られました。女子学生と顔を寄せ合っておしゃべりをしたり，両手をつないで何して遊ぼうかと相談したり，会話が弾んでいました。また，お姉さんにおんぶをしてもらったり，甘えて抱っこをせがんだり，スキンシップを求めてくる子もいました。中学生は，慣れないことに驚きつつも，小さな兄弟のような子どもたちが懐いてくるのを快く感じているようでした。

（写真・文：天野美和子）

小さいころを思い返してみると恥ずかしくなる」「自分の4～5歳のときと重ねてみて，自分もこのぐらいやっていたし，やたら手伝ってもらうのが嫌で，自分なりに行動していたな。甘やかし過ぎるのはいけないんだなと思いながらかかわった」「自分もこんな感じだったのかな。そういえば私もこういうことをやったな」と，自分のことを思い出したということがいっぱい書かれていました。

それと体験を通して気がついたこととしては，「分からないことはちゃんと聞かないとだめだなということが今一番思うこと」と，活動への反省をあげていました。また「家に帰ってからも子どもたちのことばっかり考えていた」という生徒も何人かいました。「子どもたちと接するのにこんなに頭を使ったことはなかった」そうです。

それと，私たちの手助けになりたいと思って，「気がついたら自分から動いていて自分でもびっくりした」と，自分を発見した喜びもあげられていました。それから中学生が書いてくれてすごいなと思ったのですが，「先生よりは近くて，自分たちと少し遠い，そんな存在になれたと思う」とありましたが，体験活動の中でこそ実感できたのではないかと思いました。こういう読みとりが中学生でできるんですね。私たちが教えられました。

●保育士の立場から

次に私たち保育士の立場からですが，保育士に聞いてみました。私はオリエンテーションはしますが，実際の保育現場でかかわるのは担任の保育士たちなので，保育士たちに聞いてみました。こぶし保育園の場合は，一人の生徒をいろいろなクラスに入れないで，何日来ても同じクラスに入れるようにしています。その目的は子どもと深くかかわって子どもを知ってほしいからで，保育者養成校の実習で来る場合でもそうしています。そういうふうにしている中で，1日目は戸惑っている子が多く，2日目からはかかわれているかなということなので，やはり続けていいんだなと思っています。

それから，「望んで来るせいか，やる気があるのか，子どもとすごく積極的にかかわろうとしている」ということです。また中学生はお兄さん・お姉さんぶって，やっていることが必死でとても真剣でかわいいけれど，高校生になると助手っぽくなるそうです。あと保育士が希望していることですが，ここで経験しながら保育士になりたいという希望が固まってくれるといいな，ということも考えたりするそうです。

●子どもたちはどんなふうに感じているか

では，保育園の子どもたちはどんなふうに感じているかというと，本を読んでもらったりしてうれしいそうです。それと，担任の先生がちょっといないときに遊んでくれたり，先生の代わりになってくれてとてもうれしいと言っています。保育園の子どもたちにとってもとても温かい存在になっているようです。

●再訪問生徒の感想

こういう内容ですが，次に先ほども言ったように保育実習でかかわった子たちが再度訪問してくることがあるので，それを読んでみます。去年は2人いて，ふたりとも夏に1回来て次に3月に来てくれたのですが，半年の間の子どもの成長ぶりにびっくりしていました。それから，「保育士になって子どもたちを育ててあげたいと思っていましたが，逆に子どもたちから教わることがとても多くて，

私が育ててもらう側になりそうです」と, こういうふうに書いてくれました。また,「子どもたちといるとすごく癒される。こっちが元気をもらった。子どもってすごい元気を持っているんだなと思う」と, あとから手紙もくれました。

保育園というのは赤ちゃんからいます。赤ちゃんがいることによって, 生徒たちはすごく癒されるんですね。本当に乳幼児というのはいろんなことにひたむきに立ち向かいますよね。そういうひたむきに取り組む姿を見て励まされるようです。それは保育士も同じですが, 生徒もそうだそうです。

保育園の側から見ますと, 生徒たちに来てもらうことによって, 保育園での子育ての輪が広がることを実感しています。保育園は「共育て」の拠点になっているんだなと, こういう実践を通して改めて感じております。こういうことが世代をつなげることになるのかなということを最後のまとめにさせてもらいたいと思います。子育ちの輪がもっともっと広がってくれるとうれしいなと思っております。どうもありがとうございました。

報告3

中学生を送り出す家庭科教員の立場から

鎌野育代（千葉市立椿森中学校教諭）

千葉の公立椿森中学校から参りました鎌野と申します。よろしくお願いいたします。今日のシンポジウムには幼稚園・保育園の先生が多数いらっしゃるかなと考えておりまして, 分かりきった内容もあるかもしれませんがお聞きください。

●中学校における幼児とのふれ合い体験学習

まず中学校における幼児とのふれ合い体験学習ですが, 学校教育においては, 家庭科に限らずさまざまな機会を通して行なわれています。大きくは, 家庭科の学習, 総合的な学習, そして進路学習・キャリア教育など職業体験の角度から幼稚園や保育園での体験的な学習が行なわれています。

●中学生の現状

次に, 現在の中学生をめぐる問題ということですが, 私の思うところでは, 人間関係づくりが非常に下手な生徒が増えているのではないかと感じております。これに関しては多くの原因があるとは思いますが, 少子化や遊びの変化が大きく影響しているのではないかと思います。

遊びについては, 集団遊びから少人数・個人遊びへの変化, それから友達と一緒に遊んではいても, 友達とではなくコンピュータゲームとか, 遊びも大きく変わってきていることが原因しているのではないかと考えています。

実際に生徒と触れ合っていて, 10年ぐらい前の子どもと比較してみると, 友達とのコミュニケーションがうまくとれないことで, 周囲の目を気にしすぎるほど気にしてしまう。そして自分に自信が持てない。そんな不安な気持ちから, いま問題になっているいじめや不登校といった二次的な問題に発展しているのではないでしょうか。

さらに新聞にもよく出ていますけれども

「家庭の教育力の低下」といった問題もあって，基本的なしつけができていないというか，授業でもきちんと座っていられない等，社会性が未発達な子どもが増えていると言われています。最近の子どもの問題行動の特徴としては，自己中心的な価値観を持って相手に対する罪の意識や規範意識が低下しているとか，コミュニケーション能力や自己表現力が低く，対人関係がうまく結べないということが指摘されています。

私の勤務する中学校は，外国籍の生徒が多いことで，特に両親やおうちの人とのコミュニケーションがうまくとれません。親への連絡も子どもを通してするという状況で言葉の問題も大きいのです。心に問題を抱えている生徒も多く，学校の範疇だけでは対応し切れない問題も多く現れているのが現状です。

● 幼稚園，保育園に行く（第１回交流）

しかし，そのような生徒だからこそ，細心の注意と準備をして幼児とのふれ合い学習をぜひ進めたいと考えておりまして，地域の幼稚園や保育園の協力を得ながら生徒を連れていっているような状態です。

生徒の中には暴力行為や万引きなどいろいろな問題を抱えた生徒もいますが，幼児の前では本当にいいお兄ちゃんに変身して，家庭科学習のねらいとともに，子どもの健全育成という視点からも，児童・生徒の心を刺激する交流体験は大切なのではないかと考えています。

先ほど，ただ子どもと触れ合えばいいのかというお話がありましたが，私の考えているところでは，家庭科として保育園もしくは幼稚園に行く場合，自分なりの目標や課題を持って幼稚園に行くことが大きいと思います。ある程度幼児について勉強して，例えば一斉学習でビデオを見たりして幼児への関心を少しずつ高めていきながら，自分が実際に子どもと触れ合ったときにどんなことができるかということを，事前に自分の中に持って幼稚園に行くようにしています。

実際に行くと自分が考えていたものと違う。先ほども出ましたが，触れ合うことで自分の考えていた幼児のイメージが違うというのが分かる。そこで子どもたちはハッと刺激を受けて，そこから学習意欲が上がっていくのではないかなと思います。

私の場合は，帰ってきてから，ふれ合い学習をもう一度振り返る時間を１時間取ります。振り返る時間を取ることで，体験ではさっと流れていったものがまた自分の中で映像化され，体験がさらに輝きを増すというのでしょうか，振り返って言葉にすることで気がついたり，友達の話を聞いて「そういうこともあったね」という気づきがあったり，前後の１時間というのは家庭科学習の中でふれ合い学習をする上で一つ大きな意味があるのではないかと考えています。

● 中学校に園児を招待する（第２回交流）

今回は，先ほどもお話ししましたように，中学校のほうに幼稚園児を招待し，調理室でフルーツ白玉と飲み物をつくるという実習を行いました。先ほどから何度も言っていますが，やはり２回触れ合うことの意味があって，１回目はただ行ってしまったという部分もあるのですが，２回目になると生徒は自分なりに努力目標というか，「あれができなかったから，あそこをがんばるぞ」というものをある程度持つので，２回目の意義というのをすごく強く感じています。

そのとき２回目も遊びの場合と，２回目は遊びではなく幼児と一緒におやつの調理をす

るという実習を行なっていますが，この実践を報告する機会をいただき，それぞれのふれ合い学習での生徒の学びをまとめることができましたので，今回はそれを紹介したいと思います。

枠組みとしては，「1回目は遊びで2回目も遊び」「1回目は遊びで2回目が調理実習」という2つのパターンで行ないました。ふれ合い学習1回目の生徒の変容ですが，ここは2つ挙げることができて，一つは「幼児は助けてあげることがいいとは限らない」です。ふれ合いの前には，多くの生徒は困っていたら手助けすることは幼児のためになるだろうと考えています。しかし実習後には，「本当に困っている子だけ手助けをする。何でもかんでも手助けするのはその子のためにはならない」と答えています。

●あそびのふれ合い学習から学んだこと

もう一つは，幼児とのふれ合いには全体のバランスも必要ということで，ふれ合い学習前には，幼児と手をつないだり抱っこしたり肩車をする活動は幼児を楽しませることができるだろうと考えていたけれど，ふれ合い学習後には，順番を守らない子がいて逆にけんかになってしまったとか，一人にやると周りの子がみんなやりたがるのに時間の関係で全員にできなくなってしまうというように，全体のバランスを考えると，単に幼児の喜ぶ姿だけで判断できないという点に気づく生徒もいました。

次に，幼児と遊ぶふれ合い学習を2回経験した生徒たちということで，3つ挙げることができました。まず自分から幼児とのかかわり合いをスタートさせるということで，ここで実際に生徒が語ったことは，「幼児は自分たちの世界をつくって遊んでいるから，幼児の世界へ自分から入っていかなければだめだなと思った」とか，「遊びになっていない遊びもなぜか2日目はやってみた」というようなものでした。つまり2回目のふれ合い学習では，中学生のほうから幼児への働きかけをする，もしくは幼児の世界へ自分を変化させ，入ろうとする姿勢が現れるということが分かりました。

2つ目は「いい意味で遠慮をしなくてもいい存在」ということです。「幼児とのふれ合い学習の中では，時には怒ることも大切だし，注意することも大切なんだ」とか，「そこまで甘やかすことはしなくていい。時にはクールさも必要だ」というふうに，幼児といってもしっかりと自分というものを持った存在で，幼児に自己中心的であったりわがままな言動があった場合は，注意をしたり，いけないと教えたりといった，幼児より少し上の立場に立って判断し行動することの重要性に気づいていくことが分かりました。

最後に「幼児から自分がどう見られているかを意識した」です。ここでの実際の生徒の言葉としては，「みんなが自分の真似をするからやはり下手なことはできない」「あまりふざけ過ぎてだめな人だなと思われないように意識した」でした。2回にわたる幼児とのかかわりを通して，幼児の前では自分の立場を考えた言動を心掛けたり，幼児との関係性の中で自分を知り，自分で自分をコントロールする生徒もいることが分かりました。

●調理のふれ合い学習における生徒の気づき

最後に，2回目のふれ合い学習で幼児と一緒に調理実習にした場合の生徒の気づきとしては4つ挙げることができました。

1つ目は「中学生が幼児を引っ張る」ということです。「幼児と一緒に遊ぶふれ合い学

習では幼児にやりたいことをやらせてあげて，こっちが引っ張られるみたいな感じで，調理のふれ合い学習のほうは，こっちが教えて子どもを引っ張るみたいな感じ」とありました。調理のふれ合い学習には，幼児と遊ぶふれ合い学習にはない，中学生が一つ高い場所から幼児を目標に向かって前進させる学びがあることに気づいた生徒もいることが分かりました。

2つ目は「幼児の次の行動を引き出すための言葉かけを工夫する」です。ここで生徒が語ったことは，幼児との会話の中で言葉かけをやさしく，ゆっくり，笑顔で，語尾を工夫したとか，幼児が「やりたい，やりたい」を連発したときに，「お兄さんはこうしてくれるとうれしいな」といったような声かけをしたということです。幼児は何でも自分でやりたがって自分が全く見えないものですが，中学生はそんな幼児をうまくまとめて，動かすための言葉かけを工夫して実践していることが分かりました。

3つ目は「幼児に対して自然に我慢することに慣れてくる」で，自分たちが我慢しないと言うことを聞いてくれないから我慢ができる，我慢に慣れる，我慢が身についてくると。「つくり笑いのプロフェッショナルになれる感じだ」と面接で答えた生徒もいます。つまり幼児との調理実習のふれ合い学習では，中学生が我慢をしなくてはいけない場面が非常に多く，その我慢に時間とともに自然に慣れていく生徒もいるということです。

最後は「子どもの目線に立って自分の目標を修正していく」で，これについて生徒が語ったことは，「幼児がいくら散らかしても，幼児のすごく楽しそうな様子を見ていたら楽しくなってきて，この際アバウトでいこうという気持ちになった」とありました。幼児と調理実習をしていく中で，自分の目標を少しずつ幼児の目線に合った目標へ修正していく生徒もいました。この修正がスムーズにできた生徒は，「幼児との調理実習を心から楽しむことができた」という感想を持ち，逆にこの修正がうまくできなかった生徒は，実習後「幼児に振り回されて自分の調理実習を邪魔された」と感じていることも分かりました。

以上のことから，1回のふれ合い学習で，生徒は幼児への興味・関心を高めるだけでなく，幼児と手をつないだり抱っこをしたり，直接体を触れ合うことから関係づくりをしていくことが効果的であることを学びます。また，集団の中で幼児とかかわるという点では，公平に触れ合うことの難しさや，安易に手助けをすることの幼児にもたらす影響について考えた生徒もいました。

そして，ふれ合い学習を2回することで，生徒たちは幼児に慣れ，リラックスした気持ちから，さらに積極的にかかわろうとし，幼児への教育的な配慮を少しずつ磨いていくことも分かりました。自分たちは幼児からどう見られているかを意識している生徒がいたことからも，体験を通して，自分たちは幼児にとって教育的存在であることを学ぶこともできているのではないかと思います。

幼児との調理実習については，幼児と遊ぶふれ合い学習にはない，調理という生活の営みが含まれていることが大きな特徴だと思います。実生活では，特に子育てをしている方は分かると思いますが，子育て中はいろいろなことが絡み合ってイライラする場面もあると思います。調理実習の中には同じような場面が存在していて，幼児と一緒に調理実習をすることは，そんな親の複雑な立場をイメージしながら，リアルな生活の現実を自分に結びつけて幼児とのふれ合い学習を体験できる

のではないかと思います。

　実際に幼児との調理実習では本当に大変だったという印象が多くて，もう子どもはいらないというような感想を持った子もいました。「もういい」という感じですが，ただ，「どっちがためになった？」と質問をすると，やはり調理実習のほうがためになったと答えます。「どっちが楽しかった？」というと，ほとんどの生徒が幼児と遊ぶほうが楽しかったと答えます。ただ，これは調理実習をすることが良かった，悪かった，子どもが欲しくなくなったことがいい，悪いではなく，それだけ深くいろいろな現実というか子どもの本当の姿を見ることができたということではないかと思っております。

　最後に，そういった複雑な活動の中で親的な行動が自然にできる自分に驚いたり，自分の知らない自分との出会いに気づく生徒もいて，インタビューには「自分の裏に秘められた力の存在に気づいて，自分の知らないものが分かった」というように言葉にした生徒もいます。

　幼児と中学生が一つの教室で一緒に調理実習をしている空間には，言葉では表現し切れない何ともいえない和やかな雰囲気があります。そこではやはり，おやつというもの，それから調理実習というものの魅力，それを強く感じました。この幼児期の調理実習というのは非常に大変ですが，今後とも引き続き取り組んでいきたいというふうに考えています。以上です。ありがとうございました。

■ 報告4

高等学校における保育体験学習の意義

望月一枝　（茗溪学園中学校・高等学校）

　茗溪学園の望月です。

●高校におけるふれ合い体験学習の現状

　まず，高校における幼児とのふれ合い体験学習の現状です。これには家庭科の学習に入れている幼児とのふれ合い体験学習のほかに，総合的な学習としてのボランティア体験，そして職業体験とあり，これは中学校でもやっております。

　初めにお断りしておきたいのは，私の学校は私立の中高一貫で中等教育の実験学校に位置づけられていますので，学習指導要領を中核にしながらも，それより広げた授業が許されています。ですから，私が報告することが全部の中学や高校でされているということではないと言うことです。

●高校生をめぐるさまざまな問題

　これは高校生というよりは中学生で私が一番感じている点ですが，生徒が消費社会と学校と家庭というトライアングル型の成長をしているという点です。これまで生徒は学校と家庭を往復しながら成長する振り子型の成長でした。ところが，消費社会が入ってきたことで，学校も家庭も知らない世界を彼らは持っている。その事例をお話ししましょう。これは生徒がつくったプレゼンテーションの一つなのですが，見てください。

　大学生は知っているかもしれませんが，これは「蟲娘」というコンピュータゲームだそうです。音が出るといいのですが，うまく出ないのでよく分からないと思いますが，とに

かくやかましくて，画像が素早く変化する世界であることが分かります。

これも音が出るともっと面白いのですが，このゲームは相当がんばっても2つぐらい撃ち落とすのが普通なのだそうです。ところがこの子どもは間断なくすごいスピードで打ち落としている。この映像を流しますと生徒は「すげえ」と言います。これだけどんどん落とせるということは，相当メディアとの接触時間が長い子どもだということが分かります。メディアとの接触時間については，日経新聞に，1年間にメディアとの接触時間が4年生で2,200時間，学校の授業より長くゲームやコンピュータやテレビと接触していると報道されています。

● 高校で保育体験学習をすることの意義

こういう生活世界で生きている子どもたちが，高校で保育体験学習をすることの意義についてお話ししたいと思います。高校家庭科の目標ですが，最後のところを見ていただくと，「男女が協力して家庭や地域の生活を創造する能力と実践的な態度を育てる」ということが挙げられています。その内容ですが，「人の一生を生涯発達の視点で捉える」というところがとても大事な点だと思います。そして，「男女が相互に協力して家族の一員としての役割を果たし，家庭を築くことの重要性について認識させる」というのが学習指導要領の内容です。

私自身が保育体験学習をしながら考えたことは，家庭を築くことの重要性というよりは，一番初めの目標の「家庭と地域の生活を築くことの重要性について認識させる」ことのほうが現実的ではないかと思っています。それはどういうことかというのはあとでお話しします。

● 生徒の現状

まず生徒の現状ですが，幼児との接触体験が全くない生徒がいます。それから体が開かれていない生徒がいます。一番衝撃的だったのは，今までやった中でたった1人ですが，幼児との接触を一切拒否したのです。そのときの拒否の仕方が，ちょっとやってみますと，本当にびっくりしましたが，こういうふうでした。（片手を自分の口にあて，片手を拒否するように相手に向け，片足をあげる姿勢）今やったような形でずっといて，初めは周りの子も，「あの子，何やってるの」という感じで笑っていたんですね。ほかの子はちゃんとやっているわけです。保育士さんが気にして，あまり反応をしない幼児と言ったら失礼ですが，そういう幼児を連れてきて，この子とだったら相手となり，何とかできるんじゃないかということで近くに寄せていくのですが，それでも彼女はずっとそのままなのです。全体が活動していますから目立ってしまうんですね。そこで椅子を持ってきてくださったのですが，その椅子にも座ることができなくて，結局1時間中，片足を上げて，片手で自分の頬をこういうふうにして，一切拒否という感じでずっとこうしていました。

私はそのとき本当に不安になりました。この生徒は帰ってからどういう反応をするのだろうと心配でした。もちろん教室に戻ってきているかどうかも心配でした，歩いて帰ってくるものですから。それで教室に帰ってから，「どうしたの？」と聞いたら，「自分でも分からないんです」と言うのです。

あとで彼女の体験を聞いたら，「なるほどな」という背景がありました。今回のビデオの中にも体が開かれていない生徒が出てきますが，やはり体の開かれていないというのは，生育過程にいろいろなことがあり，幼児や人

に対して体が閉じているのだと思います。

　それから人との関係を取り結ぶのが苦手な生徒もいます。先ほどのゲームの世界に生きている映像は，中学生が私の授業で「ゲームにおける今の子どもの現状」ということでプレゼンテーションしてくれたものですが，その生徒も非常に頭がよくて，授業には良く反応するのですが，友達はそういうオタク仲間で，授業の中では対話ができません。独話というか自分だけの言葉しか持っていなくて，人と人が言葉を交わし合うことができないのです。

　また，幼児は世話をしてあげる対象だと考えている生徒がいます。だから，自分たちが世話をしてあげるんだと考えて出掛けていくわけです。

　さらに，子育ては親がするものだ，特に母親がするものだと思い込んでいる生徒もいます。保育園に行くというと，「保育園ってかわいそうなところだよね。親に育ててもらえない人が行くんだよね」という発想を持ちます。

●保育園実習の目的
　私たちの保育園実習の目的は，幼児と触れて，幼児のやわらかさや活力を味わうことだと思っています。それから，幼児と向き合いながら先ほどの閉じていた自分の体をほぐしていく。幼児との関係の中で人との関係を取り結べる自分の能力に気づいていくのです。先ほど保育園の主任の先生がおっしゃってくださったように，固かった子の顔がだんだん変わっていく，子どもと出会いながら今までの自分から変身していくというか。つまりレジュメにも書きましたが，鎧をかぶっているんですね。それを脱いでいくというか，攻撃的な自分，暴力的な自分，防衛的な自分から変わっていく。目の前の幼児と向き合う中で自分の能力に気づいていく。お世話をするんだと考えていた生徒は，幼児を育てながら自分が育っていく関係，これは生涯発達の視点でも多少あると思っていますし，共生の視点でもあると思いますが，それを実感するということにあると思います。

　そして幼児が育つ場の理解。自分の学校空間に流れる空気と保育園の空気が全然違うんですね。私も初めに言われました，「茗渓学園の先生ってあまり表情が豊かじゃないよね」と。「保育園の先生はすごく表情が豊かで，生き生きしている」というのです。そこに流れている空気によって，人の表情が異なることを言い当てていると思いました。

　そういう意味で，歩いてちょっとのところに全く別の空間がある。幼児が育つ仲間がいて，ゆったりと流れる時間がある。学校の中では「早く」，「早く」という感じだけれど，そうではない時間が流れて，そして空間がある。生徒たちがこういうことを体感しながら自分の秘めた力や他者の存在に気づいていく。さらに，子育てにおける親，家族，社会の果たす役割，特に地域社会の果たす役割に気づく。つまり，幼児の生活と福祉について理解することを，この保育園の体験学習の中で気づくことを学習のねらいとして位置づけています。

●中学生の保育園実習前の学び
　さて，保育園に行く前に生徒たちはどんな勉強をするかですが，これは私の勤務する学校が，中等教育の実験学校だからこそできるのですが，中学3年生は「人間の成長・発達を学ぶ」ということで，4月から10月まで，死から青年期までを学びます。死といいますのは，『ダギーへの手紙』という，がん

で死ななければいけない13歳の子の絵本があるのですが、そのダギーが「なぜ、人は死ななければならないの」と聞いてきたことに対して、手紙を書こうということから始めます。つぎに、「赤ちゃんが生まれる」、「幼児期」について、それから「絵本の読み聞かせ」ということで、実際に自分の好きな絵本を持ってきて、仲間を幼稚園生に見立てて3ページだけ読んでみるという実践をやっています。つぎに、『3歳・言葉と自我』『4歳と仲間』（さくらんぼ坊やシリーズ）というビデオを見ながら、その両方を比較しながら、子どもたちがどのように成長しているのかを映像から読み取り観察します。

つぎの「おもちゃから考える」というのは、おもちゃの歴史をずっと出していって、特に1970年代からどんなおもちゃが出てきたか考えていくことを通して子どもがどのような文化に囲まれて成長していっているかを考察する。「少年・少女期」は、映画『スタンド・バイ・ミー』を見て、議論します。最後に、「子どもについての調査」を入れ、自分たちの興味関心からテーマを選び、発表・討論をします。ビデオの『レッジョ・エミリア市の挑戦』を見て、子どもが育つ空間について考えます。振り返りは、ポートフォリオとアルバムづくりです。自分が好きなテーマ「なりたかった職業」「好きなテレビ番組」などを立てて、そのテーマで自分の子ども期を描きます。こういう学びをしています。

●高校1年生の保育体験実習前の学び

次に、高校1年生の「家庭総合」での保育体験実習前の学びとしては、「人の一生と発達」、「子どもの発達と保育」、「福祉」、「高齢者の生活と福祉」にかかわることを横断的に学びます。教科書のこれらの目次と、自分が興味・関心を持ったことと、新聞の3点が交差する新聞記事を切り抜かせます。つまり、教科書の学習指導要領の中身と新聞記事にある社会で起こっている出来事、そして生徒の興味・関心をつなぐという学習です。このようにして選んだ記事名と目次と生徒の名前を一覧にします。そして、さらにテーマを練り上げ、探求するグループを編成し、調査・発表・討論をしていきます。

このほとんどが1学期の授業です。そして夏休みに、「仕事と子育てのインタビュー調査」、「楽しかったこと」、「困難だったこと」、そして「困難だったことの解決方法」として、例えば海外の制度などにも触れながら、どういう政策やアクセスがあれば問題が解決できるのかということにつないでいく。それらの学習の中での「保育体験学習」となります。

●体験後の変容

体験しましたら、次にどうするかということで、ちょっと前までは、「自分をどう発見したか」、「子どもをどう発見したか」、「環境をどう見たか」という3項目で書かせていたのですが、そうではなくて、知らない人に自分が体験したことを物語るように書いてみましょうということで文章を書いてもらうようにしました。これをナラティブと言います。その中で出てきたのは、「昔の自分を思い出した」とか、「相手と目線を合わせること、心をつなぎ合わせることだ」とか、「やさしくなった自分」とか、「弟に厳しすぎた自分だったなと感じた」とか、「幼児はこちらをしっかり見ている」とか、「幼児もいずれは高校生になり大人になるんだな」とか、「小さいけれど生きているんだな」とか、「自分を抑えて幼児のことを考えた」とか、先ほどの中学の発表でもありましたが、やはり同じ

ようなことが出ています。

それから「幼児が教えてくれた」「幼児は意外と体が柔らか」「コミュニケーションが親密さをつくり出す」，それから「社会的な子どもの問題への関心の深まりを感じた」とか。「コミュニケーションが親密さをつくり出す」と書いてくれた子は，どちらかというとコミュニケーションが苦手で私にしかしゃべれないという子なのですが，自分を励ましているような，つまり「行動すれば仲よくなれるんだ」ということを実感したのだと思います。

●体験の意義を深めるための実習後の学び

体験の意義を深めるためには，中学3年と高校1年の学びの中に保育体験をきちんと位置づけることが大事ではないかと思っています。先ほど言いました家庭科の目標である「男女が協力して家庭と地域社会をつくり出す能力」ということを考えていくと，保育体験学習の事前学習と事後学習が必要ではないかと思いました。

また，大人へのインタビュー調査を通して，男女が共に理解を深める。大人も子どもも共に育て・育つ場であるということ。それから，実習を出来事として物語ることで，いわゆる体験を経験にしていく。体験は単なるやったことがあるということですが，経験は応用可能な知恵を持っています。経験には言葉が必要だと思いますので，自分で体験を物語として書いてみる。

そして書いてみたもので交流する。これは，ほかの人が書いたものでいいなと思うものを私が一つ読んで，あなたはどうだったのという形で聞いてみると，自分が体験したことをもうちょっと違うふうに語れるようになるので，そういう中で男女が協力して家庭や地域の生活を創造する能力と，実践的な態度を育てるボディをつくる。つまり頭で考えるだけではなく，体も含めてつくっていくのが家庭科の保育体験実習の意味ではないかと思います。

実は，私が「さくらんぼ坊や」というビデオを生徒に見せましたら，同じような保育園がすぐ近くにあるよと生徒に紹介されて，まつぼっくり保育園との交流が始まったのですが，そこから地域と学校との関係がどんどん深まっていきました。

ＮＨＫで放送されたときは，まつぼっくり関係者も茗渓の関係者も，メディアの力なのでしょうけれども見てくれて，こういうことをやっているんだということで，中学の入試のときにも「あれ，やりますか」と生徒に聞かれたりして，結構知られているんだなとうれしくなりました。

今はうちの学校の家庭科というと保育園実習みたいに，一つのシンボルになっているようです。よく家庭科というと調理実習と裁縫みたいなイメージが強いですが，「茗渓はすごく大事なことをやってくれているね」という形で親たちも理解してくれているというか，あまり難しいことを言わなくても実際の映像の中でそれが伝わっていくというか。

もう一回確認しますと，保育体験学習をただやりっ放しにしないで，それをどういうふうにデザインするかということでは，中学では人間の成長・発達を深く学んでいき，高校ではそれを社会の中で……。社会科の先生には叱られるかもしれませんが，社会科はどちらかというと単に制度だけですが，家庭科の場合はその向こうに人が見えるというか，インタビュー調査もしていますが，例えば育児休暇がこれだと取りづらいとか，そういう話を聞きながら育児休暇について勉強すると

うことで，自分の将来と結びつけながら，そして子どもを持とうと持つまいとみんなが子どもを育てていくことが大事で，それにはそういう時間と空間と仲間が必要なんだということの理解が広がっていくのではないかなと思っています。以上です。ありがとうございました。

■ **報告5**

家庭科の保育教育における「幼児とのふれ合い体験」
　　伊藤葉子（千葉大学教育学部准教授）

　伊藤でございます。「まとめに代えて」ということでお話ししたいと思います。

●ふれ合い体験の教育的効果

　今日お話しするふれ合い体験については，希望している生徒が行く職業体験と全員が行く家庭科の保育の2つがありますが，全員が行くほうの教育的効果に焦点を当ててお話ししたいと思います。

　というのは，これからはそちらが保育体験学習のベースになっていくと思うからです。職業として選ぶとか，興味があるから行くということも意義がありますが，自分からは行こうとしない生徒も含んで，今の若者たちを連れて，ふれ合うという体験をさせていくことが大切だと考えています。

　興味を持っていないように見える生徒を連れていくことには，「高校は何をやっているのか，ちゃんと教育してから連れて来てほしい」とか，「中学では何も教えていないんじゃないか」という批判も聞きます。ただし，目の前の子どもの教育をすればいいという時期から，「そういう子どもも，隣の学校の子どももみんなで教育しようよ」というような，各教育機関が連携して育てていかなければいけない時代に入り，いろいろな生徒を受け入れて体験させるような時期になっていると思います。

●家庭科の変遷

　せっかくですから，私のほうで，家庭科の変遷について，少しまとめをしていきたいと思います。家庭科というのは，時代とともに変遷してきた教科です。ここには高校の先生もいらっしゃいますが，例えば昭和26年の中学校指導要領には「幼い家族の世話」というのがありました。この時期には，自分の家族の世話をするということが指導要領の中にきちんと明示されていたのです。それから時が経ち，見方によっては今の中学生をめぐる状況は激変したと言えます。

　また，この時期には，中学生に対し，女子の天職ということで「正しい保育」という言葉が示されています。そして高校では，「結婚の準備」「出産を待つ」という，もうすぐ母親になるんだからという前提があった時代でした。昭和31年のを見ると，面白いのですが，一番下に「配偶者の選択」というのがあって，どういう人を選ぶかというのがあるのです。

　家庭科は女子だけしかやらない科目でしたから，「金持ちなだけではだめで健康でなければならない」とか（笑），驚くほど詳しく書いてあります。もう一つ，遺伝のことを調べろということも書いてあって，そういう意味では，優秀な子孫を産み出すことが女性の役目だったわけですね。それが学習指導要領

の中にも色濃く出ていました。そういうことを先生方にご理解いただきたいと思います。

その後，家庭科は女子のためだけの教科から男女が共に学ぶ教科へと変わりました。ただ，それは平成元年の公示なので，それから15年しか経っていないわけです。そして生徒たちの生活現実は，さっき言ったように激変して今に至っています。

もう少し詳しく言いますと，「母性」という言葉から，最近では「親性」という言葉が出てくるようになりました。いま見たように，家庭科においては「良妻賢母教育」から母性重視の「母親準備教育」となり，今は平成元年公示の男女共修実施を受けて，男女生徒に対する「親になるための教育」というものが保育・教育の基盤になっています。

もう一つ，今までは人間は成長すれば自然に親になるものだと思われていました。先ほど「若いお母さん」という言葉が出ましたが，親としての素質が備わっているので，子どもを産めば特別なことはしなくても親になれると思われていたわけです。しかし，そうではなくて，それは小さいときから少しずつ育てていかなければいけないのではないかという考え方が出てきました。つまり昔は単に子育ての技術的なものを教えれば十分で，資質的なものはすでに備わっていると思われていたのです。

さらに，保育は「性の教育」も担っていまして，昔は純潔教育だったんですね。それがジェンダーとかセクシャリティという言葉が入ってきました。子育ての技術だけではなく，「子どもが好き」という気持ちのほうを大切にしましょうということも加わって，最後には子育て支援をする社会の一員を育成するという現段階になるということで，2つの流れがあるわけです。

●学校教育の役割

では，家庭科の保育教育において「幼児とのふれ合い体験」をどう捉えるか。皆さんから，すでにいろいろな話が出ましたので，私のほうでまとめてみたいと思います。

まず，現実の生徒の実態は非常に深刻であるということです。だからこそ学校教育の役割が変わってきているのです。家庭や地域の中で「子どもが育つ過程」を間接的に学ぶ機会がなくなってしまいました。子どもに接したり，世話をする中で，知識的な面では，「子どもってこういうふうに大きくなるんだ」「〇歳ぐらいの子はこういう言葉を発するのか」等，技術的な面では，「こういうときには手を差し伸べてあげるといいな」「こういうときには手を差し伸べなくていいのか」等，体験から知識や技術を身につけることもできなくなってしまった。

では，それをどこでやるかということになりますが，それが学校になってきたということです。いま言ったようなことは少子化とか自立の遅れに関連しています。高校の先生方はよくご存じと思いますが，高校というのは，現代においては，すぐに大人になって親になる時期ではなくなっているわけです。大学という段階があったり…。今は大学にも行かない働きもしない層が多くなってきていますが，どちらにしても自立は遅れています。

つまり，こういう機会を学校教育が与えなければいけなくなった。だから，ふれ合い体験の必要性がいろいろな形で出てきているのです。そうしますと，さっき言ったように「親になる教育」というのは家庭科が担ってきたのだから，家庭科がやらなければいけないということになります。教育課程の中で親になる教育が明文化されているのは家庭科だけなのです。

家庭科がやる場合，親になることをどういうふうに教えるか。特に，きょうは家庭科の先生も多いので，私が，みなさんに考えていただきたいことは，親になることだけが人間の正しい生き方で，だから学校で保育教育をするんだ，だから子育ての知識・技術をちゃんと教えなければいけないんだという，これでいいのかということです。

なぜなら，今は多様な生き方が選択できる時代です。私自身は子どもが何人もおりますので，親になるということは素晴らしいことで，苦労も多いけれどそれだけ実りもあると思っているし，それを教師として伝えていくことは必要だとは思っています。ただし，教育課程のなかで，それを刷り込んでいいのかというには，別の問題だと考えています。

なぜならば，さっき言ったように，以前の家庭科という教科は母性とか良妻賢母という価値観を刷り込んできた歴史を持っており，その時代は，それが必要とされていたのでしょうが，それがなくなったからといって，男女に立派な親になりなさい，親になることだけが正しい生き方なのだよというふうに刷り込んでいいのかということが問題となってくるわけです。

● 「親性」について

今から話すのは私の考えです。私は「親性」という言葉を使っています。これは，母性とか父性を否定しているわけではありません。母性とか父性という用語の使い方には議論があり，このなかには，男が父性で女が母性なのかということに関する議論があります。いや，そうではないんだ，男の人でも母性的なところもあるという意見も出てきて，母性的なものと父性的なものを，みんなが分けて持つべきかどうかという議論も出てきています。

そして，結局，父性的とか母性的と言葉を分けてまで，どっちがどっちかということを議論しなくても，母性的なもの父性的なもの全部合わせたものを「親性」にして，それをみんなが持っていくべきではないかと考えたほうがいいのではないか，そのほうがごちゃごちゃしないのではないかという流れが出てきました。

ほかにも「育児性」とか「養護性」という言葉もあります。これは研究者間の議論なので細かすぎるかもしれませんが…。大切なことは，いま言ったように，親になることの意味が変容しているので，親にならない生き方も容認しなくてはいけないということです。家庭科の授業で「私は親にならないつもりです」と言われて，それはけしからんというような授業展開は学校の中ではできないということです。

それから，子育てにおける親役割ですが，これも変わってきています。母性とか父性とか，そういう言葉もいま検討されてきています。そうなってくると，中高生から「親性」の資質—知識や技術だけでなくもっと根本的なものを育てなくてはいけないのではないか，そういう視点を持つことが大事ではないかと思っています。私はこれを「親性準備性」と呼んで，研究を進めています。

親性とはどんなことか，親性準備性とはどういうことか，ですが，ここでは「次世代の再生産と育成のための資質」とします。先ほど学生さんがおっしゃったので私はとても感動したのですが，大人になるということは，まさに次世代の再生産と育成を担える人間になるということです。親になるだけではないのです。親にならなくても，やはりこれを持っていなくてはいけないということです。

ここでいう親性というものは，今までは父性とか母性という「性役割」のなかで捉えられていました。「血縁」に閉じられて捉られていました。つまり，実際に親になった人間が持っているものだと言われていたということです。また，「世代」という枠組みでみると，大人という世代になるまでに身につけるものであると考えてきました。

言い換えれば，親性を捉える観点として，「性役割」とか「血縁」とか「世代」が挙げられます。養護性という言葉はこれらの枠組みを全て脱却したものとされています。例えば，小学校6年生の子が小さい子をかわいがる気持ち，ペットをかわいがる気持ち，そういうものも全部含めて，養護性という考え方で捉えるということです。

私も「性役割」「血縁」の2つの枠組みはなくてもいいと思っています。つまり，自分の子どもでなくても…ということです。さっきのふれ合い体験で，「自分の子（学校の生徒）だけを」ではなく，「ほかの子ども（他の学校段階の子どもたち）でも」と言いましたが，同様のことです。あと「性役割」も，男性だから，子育てをしなくてもいいということにはならないと思いますので，この枠組みで閉じるのもおかしいと考えています。

だけど，「世代」という枠組みはあると私は思っています。大きくなるということは親世代になるということです。例えば小学校6年生の子が幼稚園生をかわいがるということと，共通していることもあるけれど，子育てを担う親世代になるために備えるべきものとはちょっと異なっている。なぜならば，親世代になって，社会の一員として子育てを担うには，ジェンダー平等意識とか，地域との連携とか，市民としての自覚とか，そういうものが必要だからです。

だから，親性は，小さい子どもがペットをかわいがるのとは違ったものだと思います。もちろん，そのかわいがる気持ちは大切で，それを成長の過程で親性に変えていくことが必要です。それを，「親性準備性」というように考えています。中高生の発達段階では，特に中学生では，ほかの人に対する受容性と思いやりを持つための資質がその基盤になると思っています。それが，他のことを学んでいったり，他の認識とつながっていくことによって親世代になっていくと考えます。

●ふれ合い体験で親性準備性を育む

家庭科における幼児とのふれ合い体験の捉え直しですが，いま私がお話ししたことから考えれば，親になるためだけの教育ではなくて，親世代をつくるための教育でないといけませんね。だから，どんな子どもでも，例えば「私は結婚しないわ」と言っている子も，「私は親になる気は全然ないのよ」と言っている子もやらなくてはいけないということになるし，そこに家庭科で全員の生徒に必修として保育を教える意義があるのだと私は考えています。

ですから，目標は，知識・技術を身につけること，子どもの発達や生活を知ること，子どもとうまく関われることだけではなく，それを通して，ほかの人に対する受容性と思いやりを持つ個人であるための資質を育て，最後には，将来，たとえ親にならないとしても親世代の一員となるための資質の基盤をつくるということになります。知識と技術を身につけることだけではなく，その先にこの目標があるんだという見方を持って授業を組み立てていくことが必要だと思います。

さきほど，幼児と全然かかわらない生徒がいることに関する話がありましたが，私は結

論からいうと，容認すべきだと思っています。2年間にわたる詳細なデータの分析からそう考えているのです。学校で保育の授業をしても全然興味を持たないとか，もともと人との社会性のスキルのレベルが低くて，保育所に行っても，なかなか幼児とかかわれなかったという生徒がいれば，一般的には，それは容認できませんよね。

　でも，私は，それでもいいと思っています。子どもとふれ合うことによって，その場ではできなかったけれど，誰にも言葉では伝えなかったかもしれないけれど，何か自分のことをちょっと違って捉えることができる場面があったとしたら，そこからつなげていく。単に幼児とうまく関われるという目先のことではなく，親性を育むという目標は，ずっと先にあるのだから。もちろん，保育学習に積極的に取り組んで，幼児とかかわるなかで親性を高めていくような道筋が一番望ましいのですけれど，多様な生徒がいる中で，教師は，いろいろな教育の道筋があるんだと考えることが大切だと思うわけです。

●ふれ合い体験に否定的な生徒は

　それで，今の事例に関する研究についてですが，きょうは時間がないので詳しく言えませんが，体験を否定的に思っていた数人の生徒を「N（Negative）群」と付けて15秒に1回チェックするというビデオを使った分析をやりました。

　2年間にわたって，高校で4校，中学校は8クラス分，こういう子たちを追ったのですが，この子たちに共通していたことは，前半はほとんどかかわれないということです。本当に何もしない。それからお見せしているグラフ全体の相互交渉の時間がものすごく少ない。一番下に書いてあるのは「N群」をさらに分けたものです。N群の中でも最後には「よかったと思った」という子（「NP群」）と，「やはり嫌だった，つまらなかった」という子（「NN群」）の2つに分かれるのです。その2つとも共通の特徴はもっています。前半はほとんどかかわりがなくて，全体の相互交渉の時間はどちらも少なかった。平均値から見ると圧倒的に少ない。

　私はビデオを回すために，自分が張りついて観察していたので詳細に見て知っていたのですが，あとで一緒にいっていた担任の先生に聞いたら，この「NN群」と「NP群」の見分けがつかないようで，同じように「かかわらなかった生徒」という印象を持っていました。「結構ボーッとしていたよね」等と。でも，あとで細かく聞いてみたら，気持ちが変わった子がいたのです。その子のデータを起こしてみたら，やはり幼児をすごくよく見ていた。ボーッとはしていたけれど，幼児の様子を見ていた。自分の友達がかかわっているのを見ていたのです。

　あるとき，近づいていった場面がありました。近づいたあと何もできずに，じっとそばで座っていたり，なんとなく近くに立っていたりして，一定の距離の空間にとどまっていた。ところが，あるとき，幼児とその生徒の間の空間がぐっと縮まるときがあるのです，このときに一番起こりやすいのは同じことをするという行動です。ぜひこれは参考にしていただきたいと思いますが，積み木をやっている幼児からちょっと離れたところに座って，一人で積み木をやってみるとか。これは，その後のかかわりにつながる可能性の高い行動です。

　実は保育園や幼稚園の詳細な観察調査でも同じ結果が出ていました。なかなか仲間の輪に入れない子どもがなんらかのかかわりをも

つための最も成功率の高いパターンがこれなのです。見ていて，そして近づいていって，ある程度の距離の中にとどまったまま同じ行動をする。そのとき，ふっと空気が割れるようにして仲間に入る瞬間が生まれるのです。これが一番成功率の高い方法です。

　こういう経験をもつことのできる生徒たちがいます。友だちが少ない，授業以外では誰とも話すことができないとか，そういう子です。担任の先生は，その生徒のことを，ほとんど幼児とかかわれなかったとおっしゃったけれど，よく見たらこういうふうにしていて，子どもとかかわる瞬間をもっていました。これが，楽しかったという気持ちにつながったのでしょう。

●自己効力感＝「できるかもしれない」と　思うこと

　私は今日，「自己効力感」という言葉を提案したいと思います。自己効力感というのは「できる」ということではなく，「できるかもしれない」と思うことです。いま言った行動を分析しますと，観察から，近づいて，とどまって，相互交渉が始まるのですが，最後のほうにある「体験はなかなかよかった」「子どものことをちょっと好きになったかもしれない」という，「ＮＰ群」になるまでの分析をしてみました。

　まず，見ている間に，さっき言ったように「自分もこうだったな」と思ったり，あと結構泣いている子のそばに行って見ていたりしているんです。「なぜ泣いているのかな。悲しいのかな」とか。一応，感情とか要求を見取ろうとしているわけです。そうすると，「自分って結構共感できるじゃないか」と。誰にも言っていないけれど，心の中で密かに共感しているわけですね。

　それで，さっき言ったように，視界内にとどまって同じような行動をするときにふっと，例えば同じように積み木を積んでいると，子どもから積み木を手渡されることがあるんですね，無言のままですけれど。そういうことが起こったあとに，何か役に立つ自分を見つける。役に立ったと自分なりに思うわけです。

　つまり，子どもと接することによって未来への自分を信じる気持ちになる。今はできないけれど，もしかしたら次はできるかもしれないと思うこと，これが「自己効力感」です。これが，こちらのほう（「ＮＰ群」）になることと関係していると思われます。

　では，「新しい自分を発見させる」とはどういうことかというと，例えば，生徒は何もしなかった，見ていただけだった。でも，「泣いていた子を見てどう思った？」と聞くと，「あの子はほかの子に何かを取られて泣いていたんだよ」と答えた。「すごくいいことを見てきたね」と言うと，そのときに体験が違う次元に位置づくのです。

　「あなたは何もしていなかったね」と言うのではなく，「そんなことを見てきたんだ，すごいじゃない」と言うと，その体験がその子の中で違う次元になる。教師はどうしても「できたこと」「今できたかどうか」を見てしまいます。そうではない見方をしていただきたいと思います。

　もう一つは，これは教育全般に言えることですが，実際にできることは大切ですが，今はできない子もいるわけです。できないことに絶望しているわけです。だけど「できるかもしれない」と思うチャンスを与えていくことが大事だと思います。相互交渉においては「共感性」と「援助性」の結びつきが強いということがデータの分析で分かっています。

だから，事前準備するときには，こういう場面が生まれるようにしたらいいと思います。

例えばおもちゃをつくるときも，さっきの望月先生のところではみんながおそろいの簡単なおもちゃをつくると言っていましたが，それで遊んで，子どもが面白いと言ったとすると，その子は役に立ったと思います。喜ばせたと思うわけです。これが布でつくった立派なおもちゃを持っていけとか言われると，その時点でそういう子は脱落してしまいます。喜ばせるチャンスがないことになります。

私の友人の，いわゆる指導のたいへんな高校に勤めている先生は，生徒たちに，ひたすら『赤ずきんちゃん』の絵本を読ませて，「オオカミだぞー」とか，そういう練習をさせて連れていきました。それで「オオカミだぞー」と言ったらすごくウケたんですね。そうしたらその子はすごくうれしかったと。今までにそんなことは一度もなかったんですね。

布でつくった絵本も面白いけれど，高校で単位がなかなか取れないような生徒が「オオカミだぞー」と言ったら，子どもたちが「キャーッ」と言って面白がった。何のために行くかは，さっき言ったように，それぞれの生徒によってレベルが違うわけです。何でもできる子，子どもともすぐかかわれる子と，全然できない子を全員連れていくとしたら，それぞれの目の高さで何か自分を発見させてやることが大事だと思います。

先ほどの質問ですが，私は鎌野先生とずっとやっていまして，先ほどの調理実習も私の大学の学生がサポートしています。それで先生がどんな苦労をされたかというと，例えば向こうの保護者向けにお手紙をちゃんと出すとか，幼稚園の先生と何回も話し合いを行なうとか，アレルゲンがないか事前に調査してから食べ物を用意するとか，用具はこんなものを使いますけれどどうですかと幼稚園の先生に事前に聞くとか，そういうふうに安全面の配慮は万全にしていくということが大切だと思います。

第3回 シンポジウム　2006年10月

『親性準備性教育』について考える

- 今回の課題　　　　　　　　　　　　　　　　　　　／金田　利子
- 基調提案　中・高生と幼児とのふれ合い体験学習の課題
　　　　　　—共同研究を通して—　　　　　　　／岡野　雅子
- 報告1　幼稚園に中学生がやってきた
　　　　　　　　　　　　　　　　　　　　　　　／安部富士男
- 報告2　保育園における中学生の経験
　　　　　　　　　　　　　　　　　　　　　　　／牧　　裕子
- 報告3　中学校におけるふれ合い学習の成果
　　　　　　　　　　　　　　　　　　　　　　　／岩塚　美鈴
- 報告4　高等学校における園児と共に学ぶ食育
　　　　　　　　　　　　　　　　　　　　　　　／小清水貴子

● 今回の課題

金田利子（白梅学園大学教授）

　今回は，ふれ合い教育の意義を深めてみたいと考え，次のようなテーマとねらいで行なうことといたしました。

　その視点を「親性準備性教育──育てられている時代に育てることを学ぶ」の意義について考えるところにおきました。親準備教育と親性準備性教育は表現は似たところがありますが，本質は大きく異なります。親性とは親になってもならなくても，全ての大人が，幼い子どもを，責任を持って慈しもうとする思想・能力を指します。

　今日子育てが大変しにくい社会になってきています。そうした中で保育者養成のカリキュラム自体の中にも「家族援助論」が入り，親・家族の支援も保育者の役割になってきています。家庭科教育の保育教育では，上のような意味での「親性」を持つことを大事と考えられてきています。そして「親性」の基盤となる「親性準備性」を育成することに力を注いでいます。

　幼児たちは赤ちゃんを世話する世話遊びが今も好きです。そこにどんな時代的変化があるのでしょうか。中高生は「親性準備性」教育の一環として幼児に関わります。その幼児たちの遊びには今日の親の姿が反映されています。そして比較的近い将来「親」になりうる候補は今日の中高生です。今年は，園における幼児と親の姿について保育の現場から学びつつ，中高生が幼児とふれ合う実践の「効果」について，男女共同参画社会の中で新しい親性準備性教育のあり方を求めている家庭科教育の実践と，中高生までを見通しさらに生涯発達の出発点としての乳幼児保育の実践との接点を究めていきたいと考え，以下のような企画を致しました。中高生にとって，乳幼児にとって，よりよい次世代育成を目指す社会にとって，それぞれどのような意味があるか，またさらなる課題は何か，十分に意見を交換し合おうではありませんか。

　折しも，こうしたことをテーマに，日本学術振興会の科学研究助成を得て，共同研究（岡野，伊藤，倉持，金田）がはじめられたところです。その科研グループの代表でもあります信州大学の岡野雅子氏に基調講演をお願いすることができました。

　また，実践報告は，乳幼児の保育実践においては，幼稚園からは長年自然の中で動植物とともにある生活と遊びを大切にした実践で著名で，かつ中高生を積極的に受け入れてこられた経験の豊富な安部富士男氏（横浜安部幼稚園園長）に，保育園からは，常に働く父母の立場に立ち，子どもの思いに寄り添った保育の実践に長い実績をもち，家庭科の先生と協力しつつ地域の中高生の受け入れにも積極的に関わってこられた牧裕子氏（所沢あかね保育園園長）におひきうけいただくことができました。

　中学校・高等学校の実践からは先の共同研究の中で，これはよくやって居られるなと，驚かされた実践に出会ったのですが，そうした実践者の方から中高お一人ずつご報告をお願いすることができました。

　以上のように，今年もまたいっそう充実した内容が期待できます。

■ 基調提案

中・高生の幼児とのふれ合い体験学習の課題 －共同研究を通して－

岡野雅子（信州大学教授）

信州大学の岡野でございます。よろしくお願いいたします。

この研究は，平成18年度科学研究費補助金をいただきまして，研究に取り掛かったところでございます。共同研究のメンバーは私，岡野と，千葉大学の伊藤葉子先生，東京学芸大学の倉持清美先生，白梅学園大学の金田利子先生でございます。それでは始めさせていただきます。

●『学習指導要領』における家庭科の保育領域

まず，家庭科における保育教育について見てみることから始めたいと思います。戦後の学校教育において，教科の中で保育教育を担ってきたのは家庭科であります。したがって，家庭科教員の試行錯誤の努力の中で，幼児とのふれ合い体験学習の授業が積み重ねられて参りました。

家庭科の保育領域は，『学習指導要領』の中でどのように位置づけられているかについてここで確認をしておきたいと思います。中学校では技術・家庭科という教科であります。家庭科について見てみますと，現在の『学習指導要領』の一つ前の『学習指導要領』（平成元年3月告示）では，家庭生活，食物，被服，住居，保育となっております。このように，保育は5つの領域の中の1つとして位置づけられておりま

す。現在の『学習指導要領』（平成10年12月告示）では，家庭分野は大きく2つにくくり直されることになりました。「生活の自立と衣食住」と「家族と家庭生活」ということになり，保育は「家族と家庭生活」の中のかなり大きな部分を占めるものとして位置づけられることになりました。

次に，高等学校の家庭科について見てみますと，一つ前の平成元年3月に告示されたものでは，このような構成（表1）になっております。なお，普通教育の「家庭科」という教科には「家庭一般」「生活技術」「生活一般」の3つの科目がございます。最も多くの生徒が履修していた「家庭一般」を例にとりますと，「乳幼児の保育と親の役割」というのが保育領域に当たります。

表1 『高等学校学習指導要領』（平成元年3月文部省告示）の家庭科「家庭一般」の内容構成

1　目標：衣食住、家族、保育などに関する基礎的・基本的な知識と技術を家庭経営の立場から総合的、体験的に習得させ、家庭生活の充実向上を図る能力と態度を育てる。
2　内容：
　(1)　家族と家庭生活
　(2)　家庭経済と消費
　(3)　衣生活の設計と被服製作
　(4)　食生活の設計と調理
　(5)　住生活の設計と住居の管理
　(6)　乳幼児の保育と親の役割
　　ア　青年期の生き方と結婚
　　イ　母性の健康と生命の誕生
　　ウ　乳幼児の保育
　　エ　子供の人間形成と親の役割
　(7)　ホームプロジェクトの実践と学校家庭クラブ活動

表2　『高等学校学習指導要領』（平成11年3月文部省告示）の家庭科「家庭基礎」の内容構成

```
1  目標：人の一生と家族・福祉，衣食住，
    消費衣生活などに関する基礎
    的・基本的な知識と技術を習得
    させ，家庭生活の充実向上を図
    る能力と実践的な態度を育て
    る。
2  内容：
  (1) 人の一生と家族・福祉
        人の一生を生涯発達の視点でとら
      え，家族や家庭生活の在り方，乳幼
      児と高齢者の生活と福祉について理
      解させ，男女が相互に協力して，家
      族の一員としての役割を果たし家庭
      を築くことの重要性について認識さ
      せる。
    ア　生涯発達と家族
    イ　乳幼児の発達と保育・福祉
    ウ　高齢者の生活と福祉
  (2) 家族の生活と健康
  (3) 消費生活と環境
  (4) ホームプロジェクトと学校家庭クラ
      ブ活動
```

　平成11年3月に告示されたものは，このようになりました（表2）。これが現行の『学習指導要領』（その後，『中学校学習指導要領』は平成20年3月に，『高等学校学習指導要領』は平成21年3月に，それぞれ改訂され文部科学省告示として発表されている）ですが，こちらも大きくくくり直されて，従来の衣食住という領域は「家族の生活と健康」という位置づけになりました。平成11年の告示では家庭科は「家庭基礎」「家庭総合」「生活技術」の3科目がございますが，「家庭基礎」を例にとりますと，保育領域は「人の一生と家族・福祉」の中の重要な領域として位置づけられております。「人の一生と家族・福祉」の中の「乳幼児の発達と保育・福祉」には次のように書かれています。「乳幼児の心身の発達と生活，親の役割と保育及び子どもの福祉について理解させ，子どもを生み育てることの意義を考えさせるとともに，子どもの健全な発達のために，親や家族及び社会の果たす役割が重要であることを認識させる。」

　このように見て参りますと，家庭科は従来より衣食住の占める割合が大きかったわけですが，新しい『学習指導要領』では，保育領域の充実が図られていることがよく分かります。さらに，内容の取り扱いという箇所では，「学校や地域の実態等に応じて，学校家庭クラブ活動等との関連を図り，乳幼児や高齢者との触れ合いや交流などの実践的な活動を取り入れるよう努めること。」と書かれており，保育体験学習に取り組むように努めることが明記されることになりました。

● 教育行政における
　親性準備性教育への言及

　ところで，親性準備性教育とは一体何でしょうか。これに関連することは今までどのようなものがあったのかについて見てみたいと思います。昭和59年から当時の中曽根内閣の下で臨時教育審議会が開かれましたが，昭和61年4月にその第二次答申が発表されております。その中に「親となるための教育」という用語が用いられております。それまでにも同様なことは指摘されておりましたけれども，ここでこの「親

となるための教育」という言葉が使われたことから，その後一層，この重要性についての認識が高まるようになりました。

近年では，平成12年4月に「少子化と教育」というタイトルの中央教育審議会報告が発表されております。そこでは次のように書かれております。

家庭の在り方を考え，家庭生活は男女が協力して築くものであることや子どもの成長発達に果たす親の役割などについて理解を深める学習は，従前から「家庭科」，「技術・家庭科」がその中心的役割を担っている。特に，高等学校段階においては，平成6年度から「家庭科」が男女必修となり，すべての生徒が，男女がお互いに協力して家庭を築き，子どもを産み育てることの意義などを学習できるようになっている。「家庭科」，「技術・家庭科」におけるこれらの学習を今後一層充実するためには，すべての高等学校で保育体験学習を推進するなど，幼稚園，保育所，児童館等での保育体験学習を充実するとともに，乳幼児を持つ地域の人々を学校に招いて具体的・実践的な授業を行うなどの指導方法の工夫改善が必要である。（中略）各学校において，子育ての大切さ，親の役割，更には地域の一員としての近隣の子どもとのかかわり方等について考えさせる「子育て理解教育」という視点を持って，これらの学習を教育課程全体の中で適切に位置付け，教育活動の展開を図ることが求められている。

つまり，先ほど申し上げました学校教育の中で，保育教育を担ってきたのは家庭科であるということをしっかりと押さえた上で，今後，保育教育をさらに充実していく

ことが必要であることを明確に述べております。最近では，平成16年12月には「新々エンゼルプラン」が発表されております。これはその後，「子ども・子育て応援プラン」という名前が付けられておりますが，これは平成16年4月に閣議決定されました，少子化社会対策大綱に基づく重点施策の具体的実施計画であります。

そこには重点課題として4つが挙げられておりまして，その1つに「生命の大切さ，家庭の役割等についての理解」というのがあります。それは「これから親になる人が皆，乳幼児期の子どもとふれ合う機会や子どもや家庭の大切さを考える機会を持つことができるようにする。」というものであります。そして，その具体的施策として「乳幼児とふれ合う機会の拡大」「生命の大切さや家庭の役割等に関する学校教育の充実」などが挙げられております。

●親性準備性教育がなぜ必要か

このように，教育行政の中での言及を見てきたわけですが，ここで改めて親性準備性とは何かについて押さえておきたいと思います。親性というのは「次世代の再生産と育成のための資質」と定義することができます。この親性が形成されるプロセスにおいて段階的に形成される資質が親性準備性であります。なお，これは伊藤葉子先生の研究（2006）より引用させていただきました。

それでは，なぜ親性準備性教育が必要なのかということについて考えてみますと，次世代を健全に育てるということは，例え親になるという人生の選択を行わない場合

であっても、市民として、あるいは国民として、一人の大人として、果たすべき責務であると言えます。この資質については親性、あるいは次世代育成性と最近では呼ぶようになりましたが、他にも育児性とかいろいろ、研究者によって言う場合があります。親性は我が子に対する親というような、我が子と親とを対にして考えるような視点であるという印象が強いという面があります。それから、次世代育成性というのも視点が広くて焦点が曖昧になる恐れがあるという意味合いから、養護性という言葉を用いる場合も多くなっております。

　それでは、養護性というのはどのように定義付けられるかということですが、養護性に関する研究者であるアメリカのフォーゲルとメルソン（Forgel,A. & Melson,G.H. 1989）によれば、「養護性とは相手の正常で健全な発達のために用いられる共感性と技術」のことであります。そして、フォーゲルとメルソンの意見では、その対象は赤ん坊や子どもに限定されるわけではなくて、病人や高齢者やさらにはペットですとか、自然界の動物や植物を育てることもその対象になり得るとされております。

● ふれ合い体験を行うことの意味

　ところで、中学生・高校生にとってふれ合い体験を行うことによる、幼児と身近に接することの意味について考えてみますと、生徒というのは今まで子どもの側にいた自分ですが、それとは別の、いま自分の目の前にいる幼児は養護する必要のあるものであります。それは中学生・高校生の生徒にとっては、新たな視点をもつことが必要となります。すなわち、それまでは当たり前であった自分の被養護性、つまり養護される側にいた自分、親や先輩世代によって自分は守られてきたということ、守られてきた自分に気付くことであり、それと共に自分のこれからを展望した時に、今度は自分自身が養護性をもたなければならないということについての気づきを促します。このように親性を身に付けるということは大人になるための、あるいは大人であるということの必要な条件の一つであると言えます。したがって、青年期という発達段階にある中学生・高校生にとって、親性準備性を身に付けるということは、重要な教育課題の一つであるということが分かります。

● ふれ合い体験学習の現状

　次に幼児とのふれ合い体験学習の現状について見てみたいと思います。平成18年3月に文部科学省と厚生労働省の合同発表による「乳幼児と年長児童の交流状況調査報告書」が発表されております。これはかなり大規模に行われた全国調査であります。先ほどの子ども・子育て応援プラン等に書かれている施策の一環として現状を把握するということで全国調査が行われたわけです。

　その報告書によりますと、2004年度には中学校で32.8％、高等学校で26.4％が幼児とのふれ合い体験学習を実施しております。2005年度には、中学校で35.2％、高等学校で28.6％が実施しております。ここ数年間でかなり多くの中学校・高等学校で実施されるようになったと思います。

そのふれ合い体験学習の位置づけですが，大きく3つに分類することができるようであります。まず，家庭科の中で実施する。次に，職場体験学習として実施する。この職場体験学習は，総合的な学習に位置づけられる場合が多いようであります。それから，ボランティア活動として実施する。このボランティア活動は，学校の教科外活動という位置づけの場合と，生徒個人の学外活動としてという場合があるようであります。学校種別ではどうなっているかと言いますと，中学校で実施された場合の65.1％は家庭科で行われており，高等学校の場合は58％が家庭科で行われております。

　このような結果から，改めて次のように考えます。家庭科は冒頭に申し上げましたように，保育に関する知識や技術を中学校および高等学校において一環して教えてきたという役割を担っております。それと同時にその実績も有しております。そのため，家庭科は幼児とのふれ合い体験学習についての優れたカリキュラムの開発に対して主導権をもつことができると考えます。したがいまして，幼児とのふれ合い体験学習には，現在様々な位置づけがあるわけですが，家庭科が基軸となって主導していくということが相応しいと我々は考えております。

●ふれ合い体験学習の課題
　　－関係者へのインタビューから
　次に，幼児とのふれ合い体験学習の課題について見てみます。まず中学校・高等学校の教員へのインタビューの結果から見ていきます。なお，これは我々の研究グループが今年8月〜9月に実施いたしました調査の一部であります。色々なご意見を伺うことができましたが，その中からいくつかをご紹介いたします。

　中学校・高校の先生へのインタビューの中からですが，「幼稚園・保育所には2回行きたいと思っている。しかし学校の事情でそれは難しい。」「幼稚園・保育所との日程調整に苦労する。」「幼児の生活習慣について生徒が学習できるようにしたいのだが，そのためには2時間という時間は短すぎる。」「学校と園との意図が違うと大変苦労する。」「現在の勤務校では実施できない。その理由は，生徒の実態や園との地理的な距離，園の方針との相違や園からの苦情，園に引率していく教員の増員や授業時間のやりくり等があってクリアすべきことがあまりにも多い。」

　また，職場体験学習と比較した意見として，「職場体験学習で行った場合には，生徒は保育者を見ていて幼児の発達を見ることが弱くなる。」「職場体験学習は中学2年生で行い，全員が参加するわけではない。したがって，3年生の家庭科の体験学習に繋げることが難しい。」等のご意見を伺うことができました。

　一方，幼稚園・保育所の保育者の先生へのインタビュー結果を見てみますと，「幼児達は中学生，高校生が来るのを大変楽しみにしている。」「生徒が帰る時には，テラスに幼児が皆並んで見送っている。」「中学・高校の生徒達にはオリエンテーションをしている。子どもの扱い方について，例えば上から立ったまま子どもに話しかけないとか，子どもをいきり立たせるようなことは

しないとかの注意をしている。」また，「地域の学校なので中学生・高校生の中にはこの園の卒業生がいて，その点は受け入れやすい。」「来たいという時期が複数の学校で重なることがあって，そういう場合には断ることもある。」「子どもにとってそんなにたくさんの生徒を受け入れることはできない。中学生・高校生の中には幼児とかかわることができない生徒や，これはどうかと思うような生徒がいるが，そのような生徒にはその場で伝えるようにしている。」

また，中学生や高校生が来ると幼児が興奮して困るのではないですか？という我々の質問に対しては，「幼児は中学生が来ると興奮するけれども，その興奮を引きずっている子どもはそんなにはいない。子どもは遊ぶことで発散している。」との答でした。「中学生が来ると子ども達はとても喜んで生徒について回っている。」つまり，子ども達は中学生がとても好きだということです。「子ども達のそういう様子を見ると，いつもと違う面を見ることができる。」「中学生や高校生が来ても，園の保育を変えることはしない，普段と変わらない。」「中学生・高校生が来て困ったということは，特に無い。」ということでした。

「中学生・高校生には自分が幼かった時に楽しかったなと思うことを思い出して，子ども達にしてあげなさいと言っている。特別なことをしなくてもいいから，億劫がらずにすればいいと指導している。」「うちの園では中学生が不安にならないように，1つのクラスに2人ずつ入れるようにしている。」このような意見を伺うことができました。

●カリキュラム開発の必要性

さて，幼児とのふれ合い体験学習について見てきたわけですが，現在はふれ合い体験学習を整理して，より一層の教育効果を上げるためのカリキュラムの開発を目指す時期にきているのではないかと私達の研究グループでは考えております。そのための必須事項としては，中学生・高校生にとって教育効果があるというだけではなくて，幼児の側にとっても教育効果をもたらすものであること。すなわち，生徒も幼児も共に学び合い，互恵的な関係を構築するためのあり方の解明が求められているということであります。そのためには，幼児とのふれ合い体験学習に対して，多角的な視点からの総合的な検討を行うことが必要であります。そして，それによって幼児とのふれ合い体験学習に対する理論性と実践性を備えた知見が得られるのではないかと期待されます。また，優れたカリキュラムの開発により，バラツキのある現状が改善されて，質的に向上することが期待されます。

さらに，学校教育における教科と教科外活動との連携を視野に入れたカリキュラムの開発を行うことにより，学校における教育活動のモデルを提示することができるのではないかと考えます。学校における教科と教科外活動との連携というのは，今日的な課題の一つでもあります。

●幼児とのふれ合い体験学習の豊かさ，
　その先にあるもの

最後に，幼児とのふれ合い体験学習の豊かさのその先にあるもの，つまり，幼児とのふれ合い体験学習は，生徒にとって情意

的な面の効果が大きいという研究報告は数多くありますが，その体験の豊かさのその先にあるものについて展望してみたいと思います。すなわち，幼児とのふれ合い体験学習は幼児とふれ合うというだけで満足して良しとするのではなく，そこに留まらずにさらにそれを通して，人間の発達に対する理解を深めることを目指したいと考えます。

　この，人間の発達を学ぶということは，学校教育の教科の中では家庭科の保育領域以外に，今のところ見当たりません。人間は赤ん坊として生まれて，乳児期，幼児期，児童期，青年期を経て大人になっていきます。そして，高齢期を迎えてその後死に至るというプロセスが人間の生涯発達であります。

　人間の生涯発達を学ぶということは，いま青年期にいる中学生・高校生にとって，自己理解を促すと共に，それを通して他者理解へと導くことになります。昨今は，人間関係の形成，あるいは人間関係の調整が苦手な生徒が増える中で，人間の発達を学ぶことは，極めて今日的な教育課題であると考えております。そして，人間は生活の中で，生活を通して，生活の中の家族とのかかわり，あるいは物とのかかわりという中で，日々発達していきます。したがって，人間の発達を学ぶということは，生活を科学することが基本的命題である家庭科教育において行うことが最もふさわしいと考えます。

　以上でございます。ありがとうございました。

※本共同研究の成果として，以下の4つの学会誌掲載論文がある。

①倉持清美・伊藤葉子・岡野雅子・金田利子（2009）「保育現場における中・高校生のふれ合い体験の実施状況と受け止めかた」日本家政学会誌　60(9)　817-823

②伊藤葉子・倉持清美・岡野雅子・金田利子（2010）「中・高・大学生の幼児への共感的応答性の発達とその影響要因」日本家政学会誌　61(3)　129-136

③岡野雅子・伊藤葉子・倉持清美・金田利子（2011）「家庭科の幼児とのふれ合い体験と保育施設での職場体験学習の効果の比較」日本家庭科教育学会誌　54(1)　31-39.

④岡野雅子・伊藤葉子・倉持清美・金田利子（2012)）「中・高生の家庭科における『幼児とのふれ合い体験』を含む保育学習の効果—幼児への関心・イメージ・知識・共感的応答性の変化とその関連—」日本家政学会誌　63(4)　175-184.

報告1

幼稚園に中学生がやってきた

安部富士男（横浜市　安部幼稚園園長）

ただ今ご紹介いただきましたが、安部幼稚園の経営者と園長を兼ねております。この白梅学園短期大学の専攻科にも幼児教育の講座でずっと来ておりました。私が今日、皆さんに提起したいと思っていることは、中学生や高校生が幼稚園や保育園を訪ねることを通して、人生を学ぶと言いますか、人間理解を深めるということです。幼稚園の子どもにとっても中学生や高校生にとってもそれぞれが発達のテーマを掴むというようなことがとても大事だという風に私は考えています。

中学校または高校から幼稚園、保育園に生徒を連れて体験学習に来られる学校の数はまだ少ない段階だと思います。実は、私が20年ぐらい前に近くの芹が谷中学という中学、私の幼稚園は横浜市港南区の芹が谷にありますけれども、その芹が谷中学の家庭科の教師から問いかけがあって中学生を受け入れることになったわけです。その最初のやり取りを皆さんに紹介しながら、今日のテーマの意味を考えてみたいと思います。

●体験学習の始まり

まず、今から20年ぐらい前に、中学校の家庭科の先生から電話がありました。「すみません。安部幼稚園で中学生を受け入れて下さいませんか。中学生に紙芝居や絵本を作らせてその紙芝居や絵本を持って中学生が幼稚園を訪ねる。そういう時間を作って下さいませんか。」という問いかけをいただきました。そこで私はその家庭科の先生に「一度会ってゆっくり話さない？　電話だけで実務的に処理してしまうのではなくてゆっくり話さない？」という風に言って。そうしたら、家庭科の先生が都合をつけて園を訪ねて下さいました。私が園を案内しながら話し合ったことは、やはり中学校や高校の生徒さん達が安部幼稚園に来て子ども達と遊ぶ、その遊ぶことを通して中学生が幼い子ども達が作る世界の美しさとか幼い子どもの優しさとかそういったことを実感する、そういう場にふさわしいのはどういう営みを幼稚園で展開している時だろうかという話をしました。

幼稚園の保育というのは自由な場面で子ども達が思い思いに遊び仕事に取り組んでいる場があります。それから、そこでの発見や感動に繋げて多様な課業的活動に取り組む場もあります。それから長期間に亘って共通のテーマで特定集団が取り組む活動、いわばプロジェクト学習に近いような活動があります。それら3つが相互に結び合って幼稚園の保育の構造を成しているわけですけれども、その保育の構造の中で1番どういう時間帯にどういう活動場面に中学生や高校生が私の園に来てくれるのが望ましいかということを、園庭を一緒に歩きながら話し合いました。

●それぞれが主体的に学ぶ場にしたい

その時に電話で先生が紙芝居や絵本を中学生に作らせてそれを持ってきて幼稚園の子ども達に読み聞かせをする。それはそれとしてとても大事な営みだけれど、やはり1番大事なことは幼稚園を訪ねてきた中学生がかけがえのない体験をするということと幼稚園の子ども達が中学生と出会うことによってかけがえのない体験をする。つまり、幼稚園の子どもにとっても中学生にとっても、それからその両者の関わりを見つめる教師達にとって

もそれぞれが主体的に学ぶことのできるような場として交流の場を作りたいという話をしました。

さらに私はこんな話をしました。幼稚園も学校教育法に定められた学校なんですね。スクールという言葉を語源辞典で調べてみますと，余暇の中で論議する場となっています。余暇という言葉を語源辞典で調べると救われること安らぐこととなっています。つまり，スクールというのは学校であれ，幼稚園，保育園であれ子ども達1人1人が安らぐことのできる居場所があって，その居場所を拠点に自分の興味関心の世界を広げ自分の課題を発見する。それらの課題を仲間との交わりの中で伝え合う中から学ぶ課題を発見していく。そういう場が学校なんだ。

●自由場面に来てほしい

そういう場を幼稚園の子どもも中学校の生徒達も共に共有するようなことができる場としては，やはり自由場面での遊び仕事の場が1番適切ではないか。つまり自由場面における遊び仕事の場で，子ども達と共に自由に遊んだり自由に仕事に取り組む中で中学生，高校生も子どもから学ぶ。子ども達も中学生や高校生と共に遊ぶ中でかけがえのない体験をする。そういう意味で私は中学校の先生には自由場面に来て欲しいという話をしました。それが1つなんです。

それからもう1つは自由場面での幼児とのふれ合いの中で，中学生は子どもの世界の面白さや美しさに感動するだろう。子どもの優しさに感動するだろう。その子どもの世界の面白さとか美しさというのは，子どもの遊びの世界の中には物語性と課題性と共同性がある。つまり子ども達はヤギならヤギの世話をする時も仲間と助け合ってヤギの世話をする

わけです。ある子は餌を作る，ある子は水を換える，ある子は牧場の掃除をする，ある子は小屋の掃除をする，ある子はヤギを連れて森の中を散歩する。ヤギ係りが15人いれば15人それぞれの姿で自分の選んだ仕事に取り掛かっている。つまり，15人いれば15通りの関わりでいいわけですが，それは可愛いヤギの世話をするという願いでは一致している。これが共同性。

それからもう1つは，ヤギの赤ちゃんが丈夫に育って欲しいという願いがある。お母さんも元気にヤギの赤ちゃんの世話をして欲しいという願いがある。そういう願いからその仕事が生まれる。これが課題性じゃないかと思います。私の幼稚園は園庭の片隅に雑木に覆われた丘があります。ヤギの赤ちゃんと一緒に丘の中を駆け回って散歩させる，運動させる。その中には物語性がある。

そういうやはり課題性とか共同性とか物語性がおりなして展開される姿を見て中学生は感動する。その中でお兄さんやお姉さんに手伝ってもらったり，仕事が終わった後，お兄さんやお姉さんが肩車して森の中を駆け回ったり森の中でかくれんぼしたり，それからお兄さんに手伝ってもらって木登りをしたり。そういう中で面白い体験をする。それが2つです。

それから3つ目に，やはり中学生は幼い子ども達が色々なものを生活の中で見つめている。先ほど言った共同性とか課題性とか物語性がつむぎ合って豊かになる生活ができているというのは，実は幼い子ども達が3歳は3歳，4歳は4歳，5歳は5歳なりに色々見つめている。例えばヤギの赤ちゃんのことにしても大づかみに見たり細やかに見たり前後左右から見たり，それから1週間前と比較してみたり，1週間，2週間後を想像してみた

り，疑問を持ってみたり課題を持ってみたりする。そういう幼い子ども達が見つめる力を豊かに自由な遊びや仕事の中で身につけていく。そこから出てくる子ども達の言葉とか仕草，それに中学生が感動する。そのことがやはりすごく大事なことではないだろうか。

そういう生きる面白さと言いますか，生きる楽しさというのはやはり子ども達の園生活の中に課題性や共同性や物語性が豊かにつむぎ合って存在するということを体で感じて生きることの面白さを中学生は実感していくんだろうと。そのように先生に話したわけです。

●幼稚園に中学生がやってきた

そうしたら，もう20年近く前になりますけれども，中学生が安部幼稚園にやってきました。その頃芹が谷中学には学年で200人以上いましたから，200人一気に来られても困りますので，1クラスずつやってきてもらうようにしましたけれども，そのクラスの子ども達の中に皆が体操着を着てやってきているのに，1人の女の子が地べたにスカートの裾がつくような長いスカートを履いてマニキュアをしてイヤリングしてやってきました。その女の子がフェンスに肩肘を付いて，このガキどもというような雰囲気で子ども達を見ていました。

そこに子ども，子どもは素敵ですよね。大人だったら避けていくような，彼女のところに子どもは「お姉ちゃん遊ぼう」って寄って行くんです。そうするとその子は「うるせえな」って言うんです。そうするとまた別の子が寄ってきて「お姉ちゃん遊ぼう」って言うんです。「うるせえな」。そして，そのうちサッカーをやっていた子どもが「お姉ちゃんサッカーやろうぜ」って言ったのです。「うるせえって，さっきから言ってるだろう」ってお姉ちゃんは怒るのです。確かにさっきからそうは言っているけれど，やってきた子どもにとっては初めての体験なのです。

でもサッカーやってた子どもがお姉ちゃんの手を引っ張って離さない。そうしたら後ろに子どもが回ってお尻を押すわけです。その時に，お姉ちゃんがカッカとする。その時にサッカーボールが目の前に吹っ飛んできた。お姉ちゃんは腹が立っていたわけですから，腹立ち紛れに力を込めてサッカーボールを蹴飛ばした。蹴飛ばしたボールがサッカーゴールの中に飛び込みました。そうしたら，子ども達が皆お姉ちゃんを囲んで，「お姉ちゃん，マラドーナみたいだ」って絶叫したんです。そしてお姉ちゃんはぐいぐい引っ張られていく。またボールが来たらお姉ちゃんは腹を立てているから蹴飛ばして，またゴールに入ると，ますます子ども達は感動して，「お姉ちゃんはすごい」，子どもに褒められてあんなに嫌がっていたお姉ちゃんも手を引かれながらボールを蹴るんです。そのうち誰も手を引かなくてもボールを蹴り始めた途端に，私のところは下は土ですから霜どけでつるつる。滑ってスカートが落下傘のように開いたと思った途端にお姉ちゃんは引っくり返ったんです。

そうしたら，サッカーをやっていた子ども達はサッカーを止めてお姉ちゃんの周りにいきます。ある子どもなんか引っくり返ったお姉ちゃんのおでこに手を当てて「お姉ちゃん大丈夫？」って，引っくり返った途端に熱が出るわけではない。でも，自分が熱出た時に，お母さんがおでこに手を当ててくれるから手を当てた。そうしたら他の子は「安部幼稚園は怪我をしたり熱が出たら事務ちゃんのところに行くんだよ。」事務が看護婦代わりをしています。そして「事務ちゃん呼んでくる」っ

て1人が吹っ飛んで事務室にむかったら，お姉さんは大人が来られちゃ困ったと思ったんでしょう。立ち上がって「呼びに行かなくったっていいよ」と言いました。

　立ち上がった途端にスカートが泥だらけでしょう。子ども達はポケットからハンカチを出してスカートを拭いた。それから，ちり紙を出して拭いたりした。そして拭いてもらった後でお姉ちゃんはスロープを登ってヤギの牧場に行きました。ヤギの牧場はさっき言ったように，子ども達がヤギの係り活動をしているのを見て，しばらくしてスロープを降りようとした途端，ヤギ係りがまた滑るぞって怒鳴ったのです。落ち葉が落ちている方を歩けって。お姉ちゃんは後ろから怒鳴られて，坂を下りようと思ったが立ち止まって，落ち葉が落ちているところがあるので，そこをそっと歩いて下りた。

●中学生の感想文
　そして，そのお姉ちゃんは帰って感想文を書いた。2～3日後に家庭科の教師が電話越しにすごく興奮した口調で，「園長先生。未だかつて感想文なんか書いたことのないあの子が書きました。読んで下さい」って言うのです。それで2～3日後に感想文を持ってきました。見たら安部幼稚園の子ども達は乱暴なガキばかりだと思った。でも，あれで結構優しい。私だって大きくなったら幼稚園の先生にならなれるかもしれない。

　私はその感想文を見て嬉しかった。あんなに人生を斜に見て，そして大人達や子どもを侮蔑しているようなあの女性が，私だって幼稚園の先生になれるかもしれないっていう実感を持ったというのにすごく私は感動しました。それから「先生，これも見て下さい」と。そうしたら，安部幼稚園に来て面白かったのは幼稚園の庭に森があるからだ。これからは全ての学校，小学校も中学校も高校も校庭に森を作るべきだ。これは幼児の意見表明ですよね。そういうことが感想文に書いてある。それからこんな感想文もありました。ある子は，木に抱きついているのです。なぜあの子はさっきからずっと抱きついているのだろうとその中学生が寄って行ったら，「お姉ちゃん，この木触ってごらん，暖かいよ」冬だから木の幹冷たい。冷たいんじゃないかと思ったけれども，しばらく触ってるうちに木に温かみを感じた。そして，幼稚園の子どもはすごい。冬だって木が生きているということを私に教えてくれた。そういう感想文を見せてくれました。

●ふれ合い体験の意義
　つまり，このふれ合い体験というのは中学生や高校生にとって人間に対する人間の優しさ，そういう優しさを実感する。そして，自分の人生に展望を持つ，夢を持つ，そして例えば真冬であっても冷たい木だって生きているんだということを幼い子どもから教えられる。そういう学びの体験が存分に保障されている。

　ということは同時に幼稚園の子ども達にとっては中学生というのは元気ですから，木なんかにもどんどん登るわけですから，とっても面白い体験になっているわけです。つまりふれ合い体験が幼児にとっても中学生にとっても共に人生を学ぶ体験の場になるということが大事だという風に思っております。

■ **報告2**

保育園における中学生の経験

牧 裕子（所沢市 あかね保育園園長）

　私は所沢にあります，あかね保育園の園長の牧と申します。

　毎年，白梅大学からは実習生が大勢来ています。今年も4名ほど来ていまして，ちょうど白梅大学の学生さんの実習中に中学生の家庭科の授業があります。その日の実習ノートにこう書いてありました。

　大学2年生の実習生のノートに，「今日は中学生が家庭科の授業で体験学習に来ていました。その中学生達を見ていると，つい昨日までの自分を思い出したような気がします。今，自分は大学生になって実習に来ているけれども，この間まではあの中学生のようにしか幼児を見られなかったと思うし，幼児と接することができなかったように思う。でも，大学に入って2年目で，まだ保育のことも分からないけれども，やっぱりあの中学生と自分は違うと思った」という風に書いてありまして，すごく中学生を客観的に見ている目がとても可愛らしくも思いました。実習中であっても，中学生が家庭科の授業として保育園に入ることが私どもの園ではあります。

　私どもの保育園は埼玉県所沢のかなり市の中心から外れているところにあります。保育園の中には森もありませんし，山羊もおりません。ウサギが二羽いるだけですけれども，それでも東京等に比べたら保育園の周辺には緑がいっぱいあって，トトロの森が保育園の散歩道からすぐ見えるところにあります。と言いましても実際には子ども達が名付けて，あそこがオオトトロの森とか，ここがチイトロの森と名付けているのですが，遠くの森がオオトトロの森になったり近くの森がチイトトロになったりして，園の周りにある自然で遊んでいるような地域にあります。

●**保育現場で中学生の体験を受け入れる事について**

　そういう私どもの保育園で，中学校の家庭科の生徒さんを2年生全員を1年間に何回かに分けて受け入れております。先ほど，私は岡野先生の講義をお聞きしまして，なるほど，こういうことだったのかということを改めて理解でき，また今後家庭科の授業として受け入れていく時のいろいろな工夫もしてみたいなという風に感じたところでありました。今日は中学校の家庭科の先生もお見えになって下さっていて，一緒にこれからまた考えられるといいなと思っています。中学校の先生は本当に保育園にお世話になりますと言って，いつも遠慮がちにいらして下さるんですが，私達は迷惑とかそういうことは全然考えていません。

　また私どもの園は0歳からおりますので，中学生を受け入れた日はどういう保育をして，子ども達がどんな風に中学生を受け入れ，たった2時間ちょっとですが，それをどんな楽しい時間にしていくのかということを，その日の保育の課題にしております。

　幼児は特に前日から明日は中学校のお兄さん，お姉さんが来るというのを分かっております。ですから，朝からわくわくして待っています。中学生が9時前に来るんですが，ホールに1回集まります。その時はもう皆部屋から出て，お兄さん達の前に行ったり，わざと背中を叩いたり，まとわり付いたりして私が「皆，お兄さん達が行くからお部屋に入って待っていて」って言わないと始まらないぐら

い子ども達も楽しみにしております。

　中学生は，最初は何かちょっと場違いなところに来たような顔をしていたり，照れているのだと思うのです。本当は来たくなかったんだというような顔をしていたりしているんですが，実際もう部屋に入った途端，中学生の顔が変わります。私は子ども達に人間が好きな子に育って欲しいというのを保育園の保育のベースに置いております。保育園の子ども達は友達が大好き，大人も大好き，そういう人間大好きな子に育てたい。そういう意味で，実習等も受身ではなくて，お互いにそれを通して何を育てるかということを考えながら保育をしているところです。

●受け入れの方法
　中学生を受け入れるに当たりまして，私どもは，0歳のクラスは人見知りなどもあるため一応入らないようにしているんですが，1歳児，2歳児，3歳児，4歳児，5歳児，一時保育室，この6つのところに1クラスが分かれて入るという風になっております。それで約2時間ちょっと，それぞれのクラスはお天気がよければ散歩と行くクラスや，または園庭でルールのある遊びとか砂場遊びとかという風にそれぞれのクラスで相談しながら行っております。

　乳児はお天気がよければほとんど散歩なんですが，この散歩の時に中学生は1人が1人の子と手を繋ぎます。私達はどの子と繋ぎなさいとかそういうことはもちろん言ってないんですが，子どもの方がすっと寄って行きます。そして，1歳児の子どもでもお兄さん，お姉さんと手を繋ぎながら散歩に行って抱っこもしてもらったりして散歩から帰ってきた時には本当に中学生もいい顔をしています。保育園の園児が，自分のことを丸ごと受け止めてくれるお兄さんやお姉さんに甘えた楽しい散歩っていう表情で保育園に戻り，幼児等もドッジボールをやったり，こおり鬼とか，そんな遊びを，中学生も汗を流しながら子どもと一緒に駆け回ったりもしております。

●保育園の子どもたちの反応
　そんな時，私は保育園の子ども達をみますと，やっぱり本当に中学生が大好きです。先ほど岡野先生のところでも出されておりましたけれども，子ども達は，大人と違う，でも子どもともちょっと違う，何か自分に近い，とは思ってないと思うんですが，あの中学生の持っている発達的な，ちょうど大人でもなく子どもでもなくという思春期の子ども達と幼児というのがこんなに上手くやれるものなのかなということを，私など見ていて感じたりもします。

　子ども達は，私どもの園がちょうど中学校の学区内にありまして，通学路にもなっているものですから，中学生が帰りに保育園の子ども達のところに顔を出したり，ちょうど夕方の散歩に行っている時に行き会うと両方で手をこんなに振って交流しているのを見ると，やっぱり関わり合いを持つことは有意義だと思います。それは中学生だけではなくて乳幼児にとっても，自分のことを大好きなお兄さんやお姉さんが地域の中にたくさんいると。保育園は地域の中で地域と一緒に保育していくという性格が強いものですから，大変有意義なことではないかなという風に私は思っております。

●継続性があるとよいが
　しかし，この中学生を受け入れている活動の中で，私は常々いくつかのことで疑問というか課題ということを感じております。

まず一番最初に、私どもの園で受け入れているのも、今はだいたい9時から11時半という感じになったのですが、これは私どもが受け入れるに当たってはこの時間帯でこういう活動をしたいからということで学校側にお願いしました。家庭科の先生はきっと大変だったと思うのですが、いろいろな他の授業とやりくりをしてそこに時間をまとめて下さいました。そして、まとまった時間子ども達と触れ合うことができるようになった。それは本当によかったという風に思っています。

しかし、本来はもう少し継続性があると大変いいなと思うのです。例えば職場体験授業なんかでは、これは3年生になると9時から4時とかという風に2日間持てるんです。また、他の中学では3日間半日というような形で持っている学校もあるのです。それは家庭科の授業ではないのですが、そういう風に継続性があると子どもと関わるということに中学生が癒されるだけではなくて、中学生が子どもをすごくよくみるようになるんです。先ほど岡野先生が、子どもの発達より保育士の動きをよく見ているということを出されました。確かに最初はうまくかかわれなくて緊張していますが、時間が経つと緊張もほぐれてくるのです。ですから、もう少し継続されたりすると、子どもの発達、取り分け乳児から幼児までこんな風に子どもって違うとか育つということが分かるような取り組みができたら本当にいいなという風に思っております。しかし現状では中々そういうことが困難のようであります。

ただ、中学校の方では多分、私どもの園に来る前に一定の授業の中で先生の方から保育についての授業があると思うのです。そして、終わってからもまたこれを感想文に書いたり、そして尚、その後、保育園の子ども達が好きなおもちゃを、家庭科の授業の中で、手作りで作って、後半になってプレゼントに来て下さるという活動があります。ですから中学校の家庭科の中では保育園に来るというだけではなくて、それを通しておもちゃ作りまで発展させているということが分かります。

でも、受ける保育園側の方は、やっぱりあの日の2時間ちょっとでは短いなと思ってしまいます。例えば作ったおもちゃで半日遊ぶとか、または私どもはクッキング保育なんかも活発にやっているものですから、幼児のそういうクッキング保育や食育みたいなところで、もっと中学生が一緒にやれると楽しいなとか、様々なそういう計画が発展させられるといいなという風に思っておりますが、現状ではまだ課題となって実現できていません。

そういうことができることによって、私はもっともっと地域にある乳幼児の施設の保育園とか幼稚園と中学校との、子ども達の授業としての活動だけではなく、先ほどから岡野先生の提起や金田先生の提起にもありましたように、子ども自身が幼い子ども達に対する慈しみの心と言いましょうか優しい気持ちや、成人になり大人になった時にも弱者に対する思いやりみたいなものに繋がっていくのではないかと思います。そうなると、もう少し内容や時間について私達が工夫しなければいけないのかなという風に思ったりもしています。

●ふれ合い体験は残る

しかし、来る中学生にとっては1年にたった2時間半程度。そして3年生では職場体験で、職場体験の方は全員じゃないものですから、希望する子どもだけが2日から3日間ぐらい来ます。でもそのことが子どもにとっていろいろな意味で残るものになっていると

いうことを感じております。

　例えば、大学生や短大生の保育実習で来る学生から、「先生、覚えていませんか？私は中学の時にここの保育園で実習しました。あの時から保育士になりたいと思っていました」というようなことを聞くと、私達の方が、胸が熱くなってきます。今、私どもの園では本当に中学生を迎える時に保育者がもっともっときちんとしなくてはいけないと思っています。「あの子達はもしかしたら未来の保育士かもしれない。そして、将来親になってまたここに預ける人になるかもしれない。ずっとずっとどこかで関わり合っていく中学生なんだという風に思っていかなければいけないね」等と職員の中でも話し合われております。

　特に、感動的なのは、ここ3年ぐらいこの中学校の卒業生の男の子達が4〜5人で毎年3月と12月にお手伝いに来るのです。この中学生たちは家庭科と3年生の職場体験でも来た子ども達ですが、その時に「これからも来ていいですか？」って言って帰りました。でもまさか翌年から毎年来るという風に思ってなかったんですが、保育園に来まして、だいたい来るのがいつも2時頃なんです。それから3時頃まで砂場のおもちゃを片付けてくれたり、おもちゃを綺麗に洗って下さったりして、そして子どもと一緒におやつを食べて4時過ぎに帰る、今は高校生になった男の子達もおります。

　去年は私が電灯の掃除を頼んだら、割っちゃったとかそういうおまけもたまにはあります。でも本当に何と言うか、「今時の中学生は----」って言われることがいっぱいありますが、私はそういう、たった何時間かのふれ合いだけれども、子どもを通して中学生の中に、今時の中学生などと言えないいいものが育っているということを感じています。そして、子ども達は皆卒園していって、そのお兄さん、お姉さんを知らない子だって今はいるわけですが、子ども達はそのお兄さん、男の子だけですが、お兄さん達が来ると、「遊びに来てくれたの？」と言って本当にまとわりついて遊んでおります。

　私は、中学生の家庭科の時にも必ず始まる前に、「こういうことはしないで下さい。」と伝えます。「子どもがお兄さんやお姉さんに、十分自分の気持ちを表現できないから、たたいたり、キックしたりするけれど愛情表現ですよ。」と話をします。そして帰る時にも必ず皆集まってもらって、中学生のお子さんに、今年でしたら乳幼児は自己中心的であること。自分のやりたいことや嫌なこともはっきり言います。皆さんも自分のやりたいことや何かを見つけながら自己評価を高く持って自信を持って欲しいという話を数分ですがして、中学生を送り出します。帰る時はもうちょっと保育園にいたいなという表情です。家庭科の先生は、「次は○○の授業ですから急いで帰りましょう」。保育園からすぐのところではあるのですが、わざとのろのろして、帰るのが嫌だなというような顔をしている中学生も見ながら、でもやっぱりこういう出会いが幼児にも職員にも中学生にもいろんなものを育ててくれているのだなということを感じます。

　なお、来る中学生は地域に住んでいる子ども達です。その子ども達のほとんどは家に帰って今日、保育園に行ったことなど話さないかもしれませんが、でも中学生と関わることが私達保育園が地域と深く関わるということにもつながっているのかなという風に感じております。以上で終わらせていただきます。

報告3

中学校におけるふれ合い学習の成果

岩塚美鈴　(高山市立　東山中学校教諭)

　飛騨高山から参りました岩塚と言います。これから我が高山市立東山中学校で行っている幼児とのふれ合い体験学習を通しての実践について話させていただきます。本当にごく普通のつたない実践ですが最後までお付き合い下さい。一番上に乗っているのは，飛騨のさるぼぼでお守りなどでちょっと所々に入れてみましたので一緒に飛騨の味を味わいながら聞いて下さい。よろしくお願いします。

●家庭科での取り組み

　家庭科では，保育学習に限らず，つながりと広がりを大切に学習課程を組んでいます。つながりとは，全園児から，家庭から，広がりは家庭へ，自分の生活へということです。子ども達は，物質面では不自由なく生活を送っていますが，人と関わることが苦手な子が多いと感じます。

　これは，家庭や地域の人間関係の希薄さ，核家族化，少子化傾向がその原因の1つとなっているのではないでしょうか。地域社会，家庭で自然と行われていた家庭生活における大切なことが困難になってきた今，ふれ合いの体験を通して，現在，そして未来の自分に生きて働く力を付けたいと授業や活動を仕組みました。

　資料の年間指導計画は，岐阜県で作っている家庭科の年間指導計画を基に我が校の実態に合わせたものです。幼児とのふれ合い学習は，興味，関心，課題を持ち活動を通して気付き学ぶ。そこに新たな課題が生まれ主体的な活動へとつながります。そして，活動を通して自分を見つめ，これからの自分を考えていくという17時間で構成しました。

●幼児の発達についての学習

　幼児の心身の発達については，2年生で学習しています。保育園で幼児とどう触れ合うのか，何を学ぶのか1人1人課題を持たせました。課題の内容は大きく分けて5つでした。

　1つ目は「幼児の特徴を知る」です。これは，幼児の特徴を掴む中で自分が保育園，幼稚園の頃の生活を知りたいという願いもあります。

　2つ目は「どのような言葉の特徴があるか」です。これは普段仲間にも言い過ぎてしまうことがあり，仲間にさえ言葉の掛け方が難しい。どんどん話し掛けて幼児への言葉の掛け方を掴みたい。小さい頃，お母さんが使っていた言葉で話し掛けてみて受け取り方を学びたいという願いがあります。

　3つ目は「どのような遊びが好きか」です。これは自分も小さい頃よく遊んだけど，年齢によって遊び方も違うと思う。遊びからその年齢での成長について考えたいという願いがあります。

　4つ目は「どうやって接すればいいのか」です。あまり小さい子と関わらない生徒の不安が課題となりました。

　5つ目は「どのように学びどんな考え方をするのか」です。これは自分達との違い，幼児期の大切さを行動から学びたいという願いがあります。

●第1回ふれ合い学習

　自分は未満児，年少，年中，年長のどのクラスと触れ合うのかを決めて第1回目のふれ合い学習をしました。保育園の自由遊びの時

【資料】

家族と家庭生活分野 『幼児とのふれあい』ユニット構造図（全17時間）　　　　　　　　高山市立東山中学校

前ユニットについて
・幼児の成長には，家族やまわりの生活環境が深く関わっていることを理解している。
・幼児は，遊びを通して，いろいろなことを学んでいくことを理解している。

学習前の生徒の意識
・幼児は，どのような能力をどのようにして身に付けるのかを幼児と遊びを通してふれあう中で学びたい。
・幼児とどのように遊んだり，関わったりすればよいのだろうか。これからどのようにかかわっていくとよいのだろうか。

（ユニットのねらい）
○課題をもって幼児とふれあったり，幼児の喜ぶものをつくったりする活動を通して，幼児とのかかわり方を知る。
○幼児の心身の発達の特徴を考え，幼児とのふれあいやかかわり方の工夫ができる。
○これからの自分についてかんがえることができる。

貫く課題：幼児をより理解し、ふれあうことができる力をつけよう！

①ふれあい学習をしよう
幼児とのふれあい学習に関心を持ち，課題を見つけることができる。

②③幼児とふれあおう
自分の課題にそって，幼児を観察したり，遊んだりすることができる。

⑥おもちゃはどんな役割があるのだろう
おもちゃの役割を知る。

⑤もっとふれあうにはどうしたらよいだろう
主体的にふれあうにはどうしたらよいか考え，今後の学習課題を持つ。

④ふれあい学習の交流をしよう
気づいたことや学んだことを交流し，まとめることができる。

⑦おもちゃづくりの計画を立てよう
幼児の心身の発達を促すおもちゃを考え，計画を立てることができる。

⑧⑨⑩⑪おもちゃをつくろう
進んで材料を用意し，安全・丈夫・発達をキーワードに幼児が喜ぶおもちゃを工夫してつくることができる。

家庭で，自分が幼児期に使ったおもちゃやその遊び方について思い出したり，家の人に聞いたりしてくる。

⑫ふれあい学習の計画を立てよう
おもちゃをつかって幼児と主体的に楽しく遊ぼうという気持ちを持つ。

⑬⑭幼児と楽しくふれあおう
おもちゃをつかって，幼児と主体的に楽しく遊ぶことができる。

⑯⑰これからの自分を考えよう
幼児にとってよりよい環境をつくるためには現在，将来どんなことができるか，また，自分はどうあるべきかを考え，これからの自分に生かしていこうとする意欲を持つ。

新聞記事を切り抜いたり，ニュースをメモしたりしておく。

⑮ふれあい学習のまとめをしよう
ふれあいを振り返り，幼児への理解や愛情を深める。

技術科HPづくり

| 関心・意欲を育てる授業 | 創意工夫を高める授業 | 生活の技術を身に付ける授業 | 知識・理解を深める授業 |

学習後の生徒の意識
・幼児とふれあう中で，自分がたよりにされたことがとてもうれしかった。
・自分にも幼児期があり，家庭や周りの人との関わりの中で成長して今の自分があるのだな。
・幼児の心身の発達，年齢や個における違いをよく理解して，ふれあい方やかかわり方を考えていくことが大切。
・よりよい自分になっていきたい。

間に行きました。天気がよくて外で全園児が自由遊びをしたので、当初の対象ではない子と触れ合う子もいました。「保育園のグランドってこんなに狭かったのかな。わあ、小さい。」と自分の成長を感じていました。

　初めはどう話し掛けたらよいのだろう、どうやって遊べばいいのだろうといっぱい話し掛けてくる幼児にどう関わっていいか分からずに、中学生同士立ったまま傍観という生徒もいました。そのうちに園児から「お姉ちゃん遊ぼう」、「お兄ちゃんこれやって」等と声を掛けてもらい徐々に関わり合いを持つことができました。関わっていく中で、こういうことが楽しいんだな、次々と遊びが変わるんだなということに気付きました。ブランコで遊んでいる生徒は先ほど傍観していた生徒ですが、幼児に誘われ楽しそうに遊んでいました。目線を合わせて話を聞いたり幼い子を抱いて話し掛ける姿も徐々に多く見られました。幼児に触れて小さい子って柔らかいなと肌で感じていました。そして、自分もこうだったんやなと自分の成長を感じていました。

　遊んでいく中で笑顔で話すことが大事、目線を合わせることが大事、スキンシップが大事ということを心と身体で学びました。でも、振り返ってみると、幼児からの働きかけに答えるだけだったことに気付きました。もっと自分から話し掛けたり関わったりしたいという意欲が湧きました。

　授業でそれぞれの生徒が関わった幼児との会話や遊び、幼児の様子を観点に交流し合い、年齢による違い、子による違いを確認し合いました。その中でこうするとよかったよ等のアドバイスもありました。そして、もっと触れ合いたい、そのためには幼児の喜ぶ遊びを考えよう、おもちゃを作ろうと次の活動につながりました。

●生徒たちのおもちゃ作り、その過程と成果

　おもちゃ作りに当たって、このおもちゃで幼児とどのように触れ合うのか、幼児にこのおもちゃを通してどんなことを身に付けさせたいのか、幼児との遊びを通して自分はどんなことを学びたいのかという観点で自分の課題を持たせました。その中の幾つかを紹介します。

　1つ目として、幼児には1人で魚釣りをやるのではなく皆と仲良く楽しくやる力を付けてもらいたい。そして幼児の立場になっておもちゃを作ったり遊んだりしたい。

　2つ目として、幼児にゲームのルールを覚えてもらって社会性を付けてもらいたい。そして、自分はこれから幼児と触れ合う機会があると思うので幼児の気持ちが分かるようにしたい。

　3つ目、おもちゃで遊ぶ時は幼児の安全に気を付けながら触れ合いたい。幼児には遊びを通して集中力を身に付けてもらいたい。自分はこれから幼児と関わっていく上で大切なことは何かを学びたい。

　4つ目としまして、缶を倒すゲームを通して集中力や筋力を付けたい。この遊びを通して幼児の表情の変化から喜びや悲しみ、考えていることを読み取れるようにしたい。

　5つ目、幼児と触れ合いながら決まりを守ることや皆で遊ぶことの楽しさを教えたい。幼児達にとって自分はどういう存在で、どうあるべきかを学ぶ等という課題を持ちました。

　今、安全、丈夫、発達をキーワードにおもちゃ作りをしています。課題別、作りたいもの別のグループを作って製作中です。「どんな色がいいかな」、「小さい子が好きそうな絵にしよう」、「ほらこうして釣れたら楽しいんじゃない？」等と幼児の喜ぶ姿を想像しなが

ら，おもちゃやゲームを作っている生徒達はとても優しい笑顔でそして夢中で真剣です。これは昨年のおもちゃ作りの様子です。丈夫にするために細かく縫わないと等，色々な工夫が見られました。そして，それらの工夫は発達，丈夫，安全。そして主体的な活動につながりました。自分が小さかった頃のことを思い出したり，「こうしたら？」等と教えあったりしながら，製作中の生徒達の意識はおもちゃを使って幼児達と遊ぶことにありました。

●第2回ふれ合い学習－おもちゃを持って
　出来上がったおもちゃ，考えた遊びを持って2回目のふれ合い学習に行きました。未満児，年少はエプロンシアターや絵本，立体パズル等，個を対象とした遊びが中心でした。保育園に行く前に「先生，エプロンシアターするからちょっと見て下さい。」と何人かが意欲的に練習に来ました。1回目は中々自分から話し掛けられなかったのですが，1回目の学び，おもちゃを持って行ったことが積極的な活動につながりました。そして，自分からの働きかけ，幼児に合った話し方，笑顔での対応の実践につながりました。
　年中，年長はゲームや集団遊びが中心でした。遊びの内容も前回の幼児とのふれ合い学習で学んだことが生かされていて嬉しく思いました。「いいか，ここからやるんだよ。」とルールを守らせたり，「上手いな。」と褒めたりする姿が色んな場面で見られました。遊びを通して幼児の様子や反応を学び，そこから目線を合わせてルールを確認すること，良くないことは注意すること，できたら褒めることの大切さが分かり実践につながりました。
　保育園の子達は中学生の作ったおもちゃでとても嬉しそうに遊んでいました。家庭科で

も各自，自分の課題と時間ごとの反省，活動内容，思い等をまとめましたが，昨年度は技術科の先生も一緒に保育園へ行ってもらいましたので，幼児とのふれ合い学習を技術科のホームページの作り方を学ぶ学習で1人1人がホームページを作りながらまとめました。このホームページは他にはリンクしていませんが学校のパソコン室では見られるという感じで作りました。

●ふれ合い学習からまなんだこと
　－3人の生徒のホームページから
　これは昨年卒業したある生徒のホームページです。1回目のふれ合い学習は不安だったけど終わってみて幼児のたくさんの言葉や元気な笑顔に心が癒されたとの感想を持っています。1回目のふれ合い学習で彼女が学んだことは，幼児はちょこまか歩くこと，身体が小さい割りに頭が大きいこと，幼児の遊びは謎がいっぱいあること，幼児は自分が思っていたよりたくさんの言葉を知っていること，年齢や性別によって遊びに違いがあること等です。自分としては安全に気を付けて機敏に行動しなければいけないこと，幼児の目の高さで話すこと，幼児と言えども，個性を尊重することが大切であること等を学びました。
　体験したからこそ身体で学び心で感じることができたのだと思います。彼女は年少児を対象に魚釣りのゲームを作りました。フェルトでの1つ1つ手作りの魚は人気がありました。1回目は幼児主体でしか活動できなかったのが，自分から声を掛けて幼児を集め幼児を楽しませていました。この活動を通して自分からの声掛け，順番を守らせることを自然に実践していました。ルールを優しく教えたり順番を守らせたりする姿が見ていて微笑ましかったです。

保育学習を通して彼女はたくさんの幼児と触れ合ったことによって幼い尊い小さな命を感じました。幼児はまだ未熟で，できることは限られていることを感じ，大人になった時，今学習したことを思い出し尊い命を大切にしていくこと，守るのは自分達であることを心と身体で学んだことが伝わってきました。

　これはまた別の生徒のまとめです。彼女はこの活動を通して，その子によって性格が違うこと，その子の性格に合わせて行動していくことが大切であること，正しいことは正しい，駄目なことは駄目ということが大事であるということを学びました。そしてまた，自分が親になった時，育児書通りにはいかないんだ，他の子と違って当たり前なんだということを感じました。

　これは今の生活，親になった時の子育ての姿勢に繋がると思います。中学生ともなれば，ビデオや資料からこれらのことを知識として学ぶことはできますが，実際に幼児とふれ合い，体験して学んだことは知識のみならず，ずっと心と身体に残り，これからの生活に生かされていくのではないでしょうか。

　もう1人の生徒のまとめです。彼は保育学習を通して，幼児を取り巻く事件，現象，問題等に目がいくようになりました。このことはこれからの自分のあり方を考えていくきっかけとなっていくと思います。

●ふれ合い学習の成果

　幼児とのふれ合い学習における成果を幾つか話したいと思います。

　1つ目は誰もが幼児と直接関わることができるということです。そしてそれは実際に話したり遊んだりすることによって幼児は1人1人違うこと，教科書通りにはいかないことを体験から学ぶことができたこと，おもちゃ作り，ふれ合い学習を通して自分の幼かった頃を思い出し，今の自分を見つめ家族への思いが深まったこと，幼児といると笑顔になる自分に気付き幼児に頼りにされる自分に自信が持てたこと，幼児がいかに純心で幼児期はいかに大切か身体で感じることができたことの良さがあります。

　2つ目の成果としましては，幼児への意識の高まりが生まれたことです。1回目の交流で気付いたことや学んだことが2回目の交流につながり，1人1人が課題を持つことは主体的な活動，積極的な姿になって表れました。そしてそれはこれからの生活へ広がっていくことと思います。

　3つ目の成果は，それぞれの生徒に応じた学びができるということです。

　正規の時間に一緒に幼児とのふれ合い学習に参加できなかった生徒も，保育園にお願いをして保育学習させていただきました。授業には参加できなくても，この保育学習では遅刻することなく朝から幼児が帰るまで毎日保育園に行きました。幼児と触れ合うことで心が開かれたようで，今おもちゃ作りの授業には参加しています。

　彼女は自分が頼りにされていることに喜びを感じ，自分の生活も規則正しくしたいという思いを持ちました。そして自分は将来優しい親になりたいと感じているようです。その優しさとは，良くないことは良くないと言い，子どもといっぱい一緒にいてあげられることだと彼女は言っています。今の生活の改善がすぐに成されるとは言えませんが，いつかきっとこの体験が生かされる日が来るのを信じたいと思います。

　4つ目の成果は幼児にとっても中学生にとってもプラスになるということです。いつも実習でお世話になっている保育園の園長さ

第1部 家庭科の保育と保育者養成の保育をつなぐ －シンポジウムの記録－

んに，いつも1クラスか2クラス単位で行くものですから，「大勢で行くと迷惑ではないですか？」と尋ねたところ，「この学習はプラスはあってもマイナスにはならないです。中学生の子達は本当によく遊んでくれるので，保育園の子ども達も楽しみにしています。女ばかりの家庭の子どももいるので，中学生の男の子が怖いという子もいるけど，逆に男の人とも触れ合えるのでよい経験になると思います。職場体験だと数名の中学生なので，取り合いになって妬きもちをやいてしまうけど，皆さんが来てくれると誰もが触れ合うことができるからかえってよいと思います。」と言って下さいました。そして，「こういう体験をいっぱいすると親になった時に生きてくるし犯罪も減るでしょうね。中学生は怖いというイメージを持ってしまいがちな大人の側にとっても本当にいい笑顔が見れて嬉しい。中学生の発想は柔軟性があって保育園の子にもよい刺激になっています。子ども達も中学生のお兄ちゃん，お姉ちゃんが来てくれるのをとっても楽しみにしています。両方にとっていい体験になりますね」と話して下さいました。

最後に2年前に卒業した生徒の話をします。高校に進学したのですが高校を辞め，バイト生活をしていました。しかし，保育士になりたいという思いが強くなり，今年受験し直して高校に入りました。中学校の時に体験した保育学習が彼の生き方を変えたきっかけの1つになったのだと思います。中学の保育学習の際，絵は決して上手くなかったんですが，子ども達を集め，クイズ形式で「何のしっぽ？」とか子ども達の興味を上手く引いて本当に上手に幼児と関わっていました。その時は園長さんに褒められて本当に嬉しそうでした。先ほどの生徒もこの生徒も，保育学習が自分のこれからの生き方に繋がっていくことを願っています。

最後に，これは高山市にある荘川桜です。ダムに村が埋まったのですが，この桜だけは移植されて毎年美しい花を咲かせています。荘川桜に例えますと，中学生の時に体験したこと，感じたことは根っこです。多感で吸収力のあるこの時期に体験したことや感じたことは，きっとずっと心に残ると思います。親になるかどうかは個人の生き方によりますが，いずれ大人になった時，親になった時，幼い子への対応や子育ての不安を誰もが感じることと思います。そうした時にこの体験学習はそれを乗り切る力の元，この桜に例えますと木となります。

親の姿を見て子は学んでいきますが，今は困難になってきています。だからこそ，こうした体験が大切だと思います。幼い子を目の前にした時に学ぶことは大きいです。保育園で幼児と遊び幼児が喜んでくれたこと，幼児との関わり方を仲間や保育士さんに褒めてもらったことは自信に繋がっていくと思います。そしてそれを基に人や幼い子を大切にする大人，家族を大切にする大人，社会に目を向ける大人という花を咲かせてくれることと思います。

でも，幼児とのふれ合い学習の成果は何と言ってもこの笑顔ではないでしょうか。保育園に行くと本当にいい笑顔をしています。中学生は1人1人が課題を持つことを大切にしながらも，お互いが構えるのではなく，子どもは子どもの考え立場でそれぞれ自分ができる範囲で触れ合うことによって何かを感じ何かを学んでいく大切で貴重な体験だと思います。今すぐには生かされなくてもいつか色んな場面に出会った時，ふと思い出して活かしていけるような体験学習にしていきたいと願

い，毎年生徒と保育園の実態に合わせて実践しています。

これからも続けていきたいと思っておりますす。ご清聴ありがとうございました。

■ 報告4

高等学校における園児と共に学ぶ食育

小清水貴子 （筑波大学附属坂戸高等学校教諭）

筑波大学附属坂戸高等学校の小清水です。よろしくお願いいたします。

生徒の次世代育成能力を育む保育実習として報告させていただきます。

●本校の概要

まず本校の概要ですが，昭和21年に創立されました。元々は農業科と家庭科があった学校でしたが，のちに専門学科に改編いたしまして，農業，工業，家庭，商業の4つの科でやっておりました。

平成6年度に総合学科ということで，今現在は4つの系列を置いております。農業系の科目がたくさんある生物資源・環境科学系列，工学システム・情報科学系列，工業と情報科が一緒になっております。それから，家庭科の科目がたくさんあります生活・人間科学系列，商業，社会科学系の科目をたくさん置いております人文社会・コミュニケーション系列という4つの系列がございます。

1学年は160名，全体で480名という，こじんまりとした学校で，1クラス40名の4クラスで運営しています。男女比の方は4対6で女子の方が多いという特徴があります。今日の実践は生活・人間科学系列の中の「発達と保育」の科目で行いました報告になります。

本校では家庭科は必修科目の「家庭基礎」2単位を1年次で履修しています。保育関係について言いますと，「家庭基礎」は大変授業時間数が少ないですので，保育は6時間ということで本当にポイントだけ駆け足でやっております。その後，生活・人間科学系列に進んだ生徒は，福祉保育モデル，フードデザインモデル，アパレルモデルの3つのモデルのどこかに所属するような形で2年次，3年次の時間割を組んでいきます。

2年次では「栄養」，それから「産業と消費経済」というのがどのモデルを取っても本系列を履修している生徒全員が学ぶ科目になっています。それ以外には各モデルの科目。それから，3年次になりますと，「発達と保育」の2単位。後は「アパレル・クッキング」という科目を全員が履修します。その他に各モデルの科目があります。これは平成17年度のものでして，18年度以降，今現在は「発達と保育」は2年生で履修しまして，3年生になりますと「児童文化」という科目を置いております。

●本実践の視点

それでは，本実践の視点について説明します。近年，少子社会の到来を踏まえ，家庭科教育においても子育て理解を深める必要性が問われています。現代の高校生は幼児と触れ合う経験が少なく，幼児の成長や発達を理解し接し方を学ぶのに保育体験学習はよい機会であると言えます。しかし，ただ幼児の遊び

相手になるだけではなく，社会の一員として高校生自身が次の世代を育てていく立場にいることを認識するかが必要なのではないかと考えます。

将来，高校生が社会で次世代を育成する立場に立つには，まず自分の立場を理解し行動できる学習活動が必要です。そこで，生徒が持つ地域社会に貢献する力を活かして，次世代を育成する，そういう視点を取り入れた体験学習を考えました。ここでは自分達が学んだことを幼児に教えるという学習活動を行いました。教えるという行為は，相手に主体的に関わり相手をよく観察し，教える内容について理解を深めることが要求されます。生徒が幼児を理解すること，そして自分の知識を確かなものとし，幼児に教える活動を行う。それらの活動を通して，社会の中で次世代を育成する立場にいることを生徒に意識させたいと考えました。

● 「発達と保育」の年間学習計画

「発達と保育」の年間学習計画になります。上の段に記しているのが一通り1年間，生徒が学ぶ項目になります。ここで今回とりあげました保育実習は幼児の成長，発達を理解するということで，1学期に田植え，農場散策，交流活動を行いました。そして2学期に稲刈り，生徒による食育活動，2学期の後半に調理実習，交流活動として幼児期の食生活を理解するということで，左から右に流れるような授業の中でそれぞれ活動がリンクするように考えました。

● 実践までの経過

実践までの経過をお話します。本実践は，元々は本校が保育園にお願いしたというよりは，むしろ保育園側から本校に要請があった

という特徴があります。今日これまでのご報告にありました保育園とか幼稚園に学校が出向くというスタイルではなく，保育園児が本校に来るという，高等学校にフィールドがあるという実践です。

保育園からなぜ本校に実習に行きたいというお話があったかと言いますと，本校は農場を持っております。そこで水田があります。連携した保育園も，それまで食育にすごく力を入れていらして，他の場所を有料で借りて田植え体験，稲刈りをされていたようなのですが，うちの学校の農場をちょうど保育士さんがご覧になりまして，もうちょっと格安で，なおかつ，交流しながら子ども達と何か一緒に食育活動を行えないでしょうかという依頼がありました。

そこで家庭科としましても，ただ触れ合うだけではなく何かしら生徒達が主体的に子ども達と関われるものをということで，農業科の先生と相談いたしまして，申し入れを受けました。こちらとしてのメリットも含めながら一緒にやっていきましょうということで，まず年間の流れを決めました。その保育園から食育活動の要請がございましたので，田植え，稲刈り，調理実習という流れを組み込みました。

保育園の方では毎回，その日の活動，出入りの作成とかメンバー票を最初に作ってもらい，家庭科では生徒と共に水田の準備をしました。農業科の先生には代掻きや田植えの指導をお願いしました。2回目も同じように活動の前にリハーサルを行い，稲刈りの指導をしていただきました。特に稲を刈るというのは鎌を持ちますので，安全対策については保育園の方とも何度も相談をしながら，生徒達にも十分怪我のないようにということで進めていきました。

調理実習に関しましても，実際に子ども達に包丁を持たせるわけですので，調理のリハーサルをしました。初めてのことで私達も想像が付かなかったので，とりあえず活動の流れをみんなでつかもうということで，事前の指導に力を入れました。そこでもやはり安全対策，最近はアレルギーのお子さんが多いということなので，献立の調整を何度かいたしました。その後，振り返りをしながら次年度へ引継ぎ，今年度も継続して行っております。

●授業の概要

では，授業の概要を説明します。テーマを「園児と共に学ぶ食育」とし，次の3点を目標として設定しました。

1．異世代間交流から次世代育成能力を育む。
2．田植え，稲刈り，調理実習を通して幼児に食の大切さを教える。
3．現代における食生活のあり方を学ぶ。

授業対象者は本校の3年次の生徒67名です。園児の人数は3歳児，4歳児，5歳児で61名。活動によっては4歳児，5歳児のみの参加のものもありました。保育実習の概要の2番目といたしまして，活動の様子を写真でご紹介いたします。

1回目の田植え，農場散策の様子です。生徒達は子ども達とペアになって一緒に中に入って，泥んこになりながら田植えを行いました。園の方ではやはり安全対策ということで，裸足ではなく履き古した運動靴を持ってきていただいて，それを使って園児さんは田んぼの中に入ってもらうようにしました。(写真1) その後，泥まみれになった子ども達を，生徒達が数名で取り囲みながら一緒に洗っているところです。(写真2) それから，本校

写真1

写真2

は農場がありますので，鶏，豚を飼っております。そこで鶏舎の中に一緒に入っている子ども達もいました。

第2回目の稲刈りでは，鎌を持って刈るのは5歳児，4歳児はその刈った稲を運ぶというような役割分担にしました。継続して行っておりますので，去年は稲を運んだ子ども達が今年は自分達が鎌を持って刈ることができると意欲満々で本校に来ていました。(写真3，4) 1回目と2回目はお弁当も一緒に食

写真3

第1部　家庭科の保育と保育者養成の保育をつなぐ　－シンポジウムの記録－

写真4

べるということでグループごとに円陣になって子ども達と一緒にお昼ご飯を食べています。

2回目の稲刈りの時に生徒による食育活動というのを行いました。紙芝居や歌，ダンスを入れたり，自分達でビデオを撮影して食べ物クイズをやっているグループもありました。(写真5，6)

写真5

写真6

これは3回目の調理実習の様子です。この辺りはどうなのかなと私達は指導しながら

思っているのですけれども，園児の手をにぎって高校生が一緒に包丁を使いました。(写真7)この時にはこのやり方がベストなのだと家庭科の教員の間の話でこういうスタイルをとったのですが，どうもこの後に他の教材のビデオを見てみますと，実際は一緒に持たない方が安全だというようなこともありまして，今年はちょっとやり方を考えなければと思っております。食育ということでやっていますので，園児達は配膳の仕方だとか，食べる時のマナーも一緒に含めて食育活動をやっていくよと行っております。(写真8)

写真7

写真8

●実践の成果－生徒の変化

それでは，生徒がどんなふうにこの実践によって変わっていったのか，どんな成果があったのかというところを見ていきたいと思います。学習活動後の振り返りシートで,「今回の学習活動全体を通して学んだこと」を聞

きました。その結果,「とくにそう思う」「思う」と回答した項目で多かったのは,「子ども観が変化した」そして,その次に「食育について考えることができた」「子どもの発達の様子がわかった」の3つが,多い項目としてあがりました。「食育について学ぶことができた」という回答は,教える活動による影響であると考えられます。

次に,第1回から第3回の学習記録の中で,生徒が「学んだ」「わかった」と記述した内容を分類してみました。「子ども理解に関すること」,中でも精神面,情緒面についての記述が1番多くありました。その次に「コミュニケーションに関すること」,そして3つ目に「教えること」に関する記述が挙げられました。「教えること」に関する記述では,「幼児はいろんなことに関心を持ち,何でも吸収しようとしているということがわかった」というような記述が見られました。

次に,3回の授業における気持ちの変化を追ってみました。保育実習について「わくわくする・とても楽しみ」と答えた生徒は第2回目に多く見られました。生徒の記述を見ますと,第1回目の田植えは初めての交流で緊張感や不安感が多く感じられていました。第2回の稲刈りでは,余裕や積極性,第3回の調理では,幼児をただ可愛い存在としてだけではなく,客観的に見たり,調理の緊張感からか幼児に接することへの疲れが見られました。2回目では喜んで幼児に会いに行っていた生徒が,3回目は何となくちょっと足取りが重いというような一面がありました。

見ていますと,第1回目ではほとんど生徒達が幼児に振り回されていました。ですが,回数が増えるに従って,時間を守らせなきゃいけないとか,危険なことは止めさせなきゃいけない,そうした幼児の行動を規制する動きも見られるようになりました。その時の言葉かけについても,どんなふうに話せばいいんだろうということを考えながら,話せるようになっていました。

活動後のアンケートから,「園児に教えるという学習活動に関する記述」を見ました。そうすると「パワーを吸い取られる。純粋に自分達を信じているので間違ったことを教えられない」「園児に教えるには自分が学ばなければならない」「どうすれば子ども達が楽しく食育を受けられるか考えた。子ども達を楽しませるこつを学んだ」というものがあがり,自分の役割を理解し子どもに対して積極的に関わろうとした姿勢がうかがえました。

●本実践のまとめ

園児に教えるという活動を通して,生徒達は相手の視点に立って関わろうとする主体的な活動をしていました。日常の学校生活では,生徒は教えられるという受身の立場にいます。今回の幼児に教える活動では自分は教えているつもりだったが,気が付いたら,逆に幼児に教えられていたというような,教え,教えられるという相互作用を体験していました。生徒自身が自己の立場を自覚して,行動に責任を持つことに気付くきっかけになったと言えます。

中でも,第1回目の活動の時に,とても気合いを入れてきた女子生徒がおりまして,メイクはばっちりで目の周りはものすごい状態で,マニキュアをしていました。幼児と接することは事前に伝えていたのですが,彼女はすごい気合いを入れたメイクで臨んだのです。そうしたところ,幼児の方から「お姉ちゃん,宇宙人みたいで怖い」と言われたようで,その生徒は活動後に泣いていました。自分としては,本当は関わりたかったのに,拒否さ

れたということをすごくショックに思っていたようです。ただ2回目の活動の時には，彼女はまさにノーメイクで三つ編みをして可愛らしい格好で登場しました。そうしたところ，やはり園児の方も一緒に手をつなごうという光景がみられました。日頃，教員の方も色々，服装指導をするのですが，教員が言うよりも幼児の素直な一言で，相手がどんなふうに自分を受け止めているのかというのが，生徒には率直に伝わったのだと思います。

そして，今後，社会全体で次世代を育成していくには，地域社会と連携して，生徒が社会における自己の役割を認識できる学習活動が必要だと考えます。他者を理解する力を培うと共に，生徒自身が次世代を育成する力を育めるような体験学習を実践していきたいと思います。

これまでは高校生と幼児が触れ合うという形で，自分達が子ども達の食の考え方，食べ物は大切にしましょうとか，何でも食べましょうとか，そういったこと園児に伝えてきたわけなのですけれども，それが園児にどう伝わったのか自分達がどう受け入れられたのかということは，子ども達の様子からしか生徒達は感じられなかったのですね。

それで今年は，保育園の方と相談をいたしまして「活動連絡ノート」という取り組みをしています。これは生徒が1人ずつの園児に対して「今日はこんな活動しましたよ」「何々ちゃんはお弁当をこれぐらい食べていました」など，活動の様子を保護者の方に伝えるというノートです。まだ1回目のものが返ってきてないので何とも言えませんが，今年は2年生，3年生が同時開講になっている関係で，2年生は稲刈りが最初の活動になってしまっているのですね。それで，その連絡ノートをちょうど今週の授業で書いたのですが，来週それを保育園の方に送りまして，保護者の方からコメントをいただきます。要するに，そのお子さんの後ろには親御さんがいらっしゃるということを生徒達が感じて，なおかつ，みんなで子育てをしていくのだという意識が持てるようにつなげていきたいと考えております。

今回の実践は，本校教員にとっても，また保育士にとってもそれぞれの役割を認識し，子ども達への接し方を見直すよい機会になっています。

事前の準備や打ち合わせなど時間的にも労力的にも大変ではありますが，地域社会と連携して次世代を育成する力を生徒達に育ませたいと考えております。

以上で発表を終わります。ありがとうございました。

第4回 シンポジウム　　2007年10月

中高生とのふれ合いは乳幼児に何をもたらすか

- 今回の課題　　　　　　　　　　　　　　　　　　　　／金田　利子
- 基調提案　中高生とのふれ合いは乳幼児に何をもたらすか
　　　　　　　―研究グループの調査をもとに　　　　／倉持　清美
- 報告1　かかわりに焦点を当てた中学生と幼児の交流学習
　　　　　　　　　　　　　　　　　　　　　　　　　／阿部　睦子
- 報告2　望ましい交流のありかたと留意点
　　　　　　　　　　　　　　　　　　　　　　　　　／井口　眞美
- 報告3　小学生，幼児と高校生の交流
　　　　　　　　　　　　　　　　　　　　　　　　　／石島恵美子
- 報告4　3歳未満児と高校生のかかわり
　　　　　　　　　　　　　　　　　　　　　　　　　／大山美和子
- 報告5　異年齢集団保育と小学生，中学生，高校生，大学生のかかわり
　　　　　　　　　　　　　　　　　　　　　　　　　／伊藤　亮子

■ 今回の課題

金田利子（白梅学園大学教授）

第4回目の今回は，乳幼児と中高生のふれ合いが乳幼児にとって何をもたらすかという，乳幼児の視点に立った効果について検討したいと思います。これまで中高生と乳幼児とのふれ合いが中高生の自分づくりなどにとって極めて高い意義があることが多くの研究によって明らかにされてきました。しかし乳幼児自身にとってはどんな意味があるかについては必ずしも十分研究されてきたとは言えません。

異世代・異発達の相互交流は，双方にとって互恵的関係が成り立ってはじめてその価値が評価できるものだと思われます。乳幼児にとっても当然よい影響があるものと想定してきましたが実証研究は不十分な状況にあります。

実際，幼稚園・保育園から交流を申込んでいる場合は極めて少なく，園側の当事者意識はかなり低いのではないかと推察されます。同じ地域の中学・高校から訪問したいと要請があるので，地域の付き合い上断れないから受け入れた，という消極的な場合か，中高生の自分づくりに役立てて欲しいからとか，乳幼児を好きになって欲しいからというように，中高生に視点をおいて積極的に受け入れた場合が殆どで，乳幼児にとってのふれ合いの意義については十分に着眼されてきていませんでした。

そこで今年はそこにメスを入れたいと考え，今回の企画に至りました。

折しも，こうしたことをテーマに，日本学術振興会の科学研究助成を得て共同研究（岡野，伊藤，倉持，金田）がはじめられて2年目になり，乳幼児にとっての中高生とのふれ合いの意義についても研究し始めています。その科研グループの代表は信州大学の岡野雅子氏ですが，今年はこの研究のなかから「乳幼児におけるふれ合いの意義」について，全国のいくつかの地域において聞き取り調査を行なってこられた，東京学芸大学の倉持清美氏に基調提案をお願いすることにいたしました。ここでは中高生が幼稚園・保育園を訪れる様々なタイプについて整理し，国の少子化対策との関係にも触れた上で，今回の課題について提案していただきます。

また実践報告は，中・高と幼・保がどう連携してきたか，またしていけばよいかという点も視野に入れたいと思い，幼稚園と中学校が長年連携して実践に臨んでこられた東京学芸大学附属竹早幼稚園井口眞美教諭と附属竹早中学阿部睦子教諭にお願いしました。高等学校では，地域の幼稚園との連携に意識的に取り組んでこられた千葉県立鎌ヶ谷高等学校教諭の石島恵美子氏から地域における連携の方法も含めて，幼児にもたらすものについて提案していただきます。保育園からは白梅学園と連携のある白梅保育園園長の大山美和子氏に，白梅学園高等学校の家庭科と連携してきた取り組みとともに，三歳未満児という，より幼い子どもにとっての意義に着目した提案をしていただきます。

そして最後にそれらの報告を受けて，ご自身が園長時代に，0歳児を除き1歳児から全園児について縦割り保育に踏切った，元，多摩こぐま保育園園長で現在は保育者

養成に携わっておられる立教女学院短大の伊藤亮子氏に，異世代だけでなく異発達を含めた人間の縦の関係の意義，それを含めた異性や異文化など異なるものが豊かに関われる社会づくりに向けて，乳幼児と中高生の触れあいが，それぞれにどんな意味があるかという視点からコメントをお願いいたしました。

■ **基調提案**

中高生とのふれ合いは乳幼児に
何をもたらすか
－研究グループの調査研究をもとに－
倉持清美 （東京学芸大学准教授）

●はじめに

東京学芸大学の倉持です。今日は「中高生とのふれ合いは乳幼児に何をもたらすか」というテーマで基調提案させていただきます。

ふれ合い体験学習は，保育園などでは積極的に進められていると思います。私がふれ合い体験学習の効果についていちばん最初に知ったのは，たぶん1970年代か1980年代の研究だったと思います。花沢という方が大学生にアンケートをとって，学生にとっても乳幼児とふれ合う経験はすごく大切だということを発表したのを覚えています。

それはどういう研究だったかといいますと，男子学生と女子学生に幼児とふれ合った経験の差を聞いて，幼児とふれ合った経験のある男子学生と，幼児とふれ合ったことのない女子学生では，どちらが乳児をかわいいと思うか，抱っこしてあげたいと思う気持ちが強いかというのを調べるものでした。結果は，ふれ合った経験のある男子学生のほうが非常に高いというものでした。つまり，小さい子とふれ合った体験が幼児に対する肯定的な気持ちを育むということが実証されたわけです。

その後，少子化や児童虐待の問題を経て，幼児とふれ合う経験が重要視されてきて，ではどこでかかわるかということで，保育園あるいは幼稚園に場面をつくっていただき，そこに中高生が行ってかかわるということが行われるようになってきたと思います。

ただ，これをこれからも継続的に続けて行くためには，行く側と受け入れる側がいい関係にあること，つまり互恵的な関係が必要だろうと思います。私たちの研究グループでは，中学生や高校生にとってのメリットはよく言われているけれども，受け入れる側の幼児にとってはどういう意味があるのかをもう少し見ていく必要があるのではないかということで，そのへんも検討していきたいと考えました。

きょうは，お配りした資料に載っていますように，幼児のふれ合い体験学習が今どんな形で行われているのかという大規模な実態調査がありますので，まずそこからピックアップしてご紹介させていただきます。それから保育園の先生が中心ですけれ

ども，実際にふれ合い体験学習を行っている先生方にインタビューをしましたので，先生方は幼児にとって，あるいは中高生にとっての意味をどんなふうにとらえているのかということをお話しさせていただきたいと思います。

● 保育の場でのふれ合い体験
　　—目的，授業科目，内容

　最初に「保育の場でのふれ合い体験」ですが，受け入れる側はふれ合い体験として受け入れられているのかもしれませんが，行く側としては，職場体験，ボランティア体験，保育学習というように目的はいろいろです。自由研究もあります。授業の科目で考えてみると，家庭科，生活科，生活科は小学校低学年ですが，それから総合的な学習の時間という科目になっています。職場体験も総合的な学習の時間で行われることが多いようです。

　それぞれの体験の中身ですが，家庭科では，先ほど金田先生からもご説明いただきましたが，1クラス全員が対象ですので，3年生だったら3年生の全クラスが経験すると思います。ですから行くときは1クラス30人いれば30人，40人いれば40人がみんな行くということです。

　また子どもとふれ合うことが目的となり，事前に乳幼児の発達や遊びについて学習するということが大きな特徴になります。事前にきちんと子どものことを学習していく。そして事後には体験したことを幼児理解の視点でまとめる。これができているところは少ないかもしれませんが，一応こういうことができるということです。回数としては少なく，年に1回か2回行ければいいほうだと思います。

　総合的な学習の時間で行われる職場体験では希望者のみが参加します。職場体験ですから，ある子はパン屋さんに行く，スーパーマーケットに行く，ファミリーレストランに行くわけで，その中で保育園・幼稚園を希望する子が行くという形になります。ですから1園に3名から5名，日数的には1日から3日間，丸1日いることになります。

　この場合は保育者の仕事を体験することが目的で，子ども理解ではないんですね。仕事として保育者という仕事はどんなものかを知ることが目的になります。事前学習としては，電話のかけ方とか，マナーについて，あるいは仕事の内容について，保育者というのはどういう仕事なのかということを学んでいきます。事後には，体験した職業について冊子にまとめる。つまり，いろいろな職場を体験しますから，パン屋さんの体験，スーパーマーケットの体験，それぞれの体験を冊子にまとめるというような学習です。

　それから，ボランティアは夏休みなど授業時間外に，つまり単位にならない活動としてあります。そして希望者のみです。保育者の手伝いが中心になります。

　小学校1～2年生で行う生活科では，やはり1クラス全員が対象となります。ただし，これは幼・小連携の意味を兼ねている場合が多いように思います。今は「小1プロブレム」とかいろいろな問題がありますので，幼稚園・保育園の子どもたちが，小学校ってどんなところなのか，小学生って

どんな人たちなのか，ということを事前に知る目的も含まれていると思います。

●保育体験学習の推進とその実際

「保育体験学習の推進」ということですが，今は厚生労働省でも保育体験学習が盛んに推進されています。平成16年に出された少子化社会対策会議の決定のところでも「生命の大切さや家庭の役割などに関する学校教育の充実を進めるとともに，乳幼児とふれあう機会の拡大を図る」とうたわれています。そして平成21年度までの目標として，「すべての保育所，児童館，保健センターにおいて受け入れていくこと」となっています。

●厚生労働省らの実態調査から
（文部科学省生涯学習政策局男女共同参画学習課および厚生労働省雇用均等・児童家庭局育成環境課（2006）「乳幼児と年長児童の交流状況調査」）

実際はどうかということで，厚生労働省が中心になって行なった大規模な調査から紹介させていただきたいと思います。2005年の実態調査ですが，「実施なし」が保健センター，児童館，公民館，保育所，幼稚園，小学校，中学校，高等学校でこんな数字になっています。ここで注目すべきは，保育所と幼稚園のみが，実施なしよりも実施ありのほうが高くなっていることです。特に実施ありが多いのが保育所です（図1）。

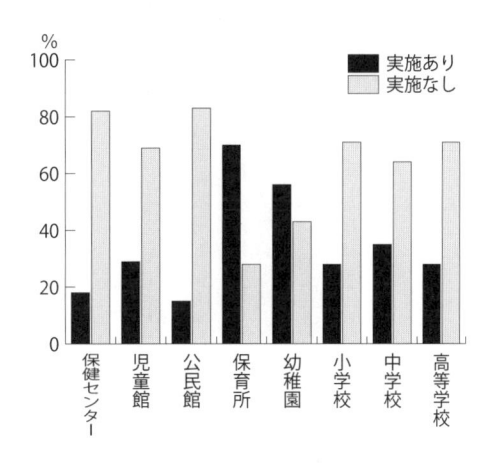

図1　事業実施実績の有無（2005年）

保健センター，児童館，公民館はまだまだ少ないようですので，ここからお示しします資料は，保育所，幼稚園，小学校，中学校，高等学校の資料のみにさせていただきます。

まず「事業の企画立案・実施主体」，誰が企画するのか，どこが実施の主体者になっているかですが，保育所，幼稚園，小学校，中学校，高等学校がグラフのような割合になっており，どちらかというと，保育園，幼稚園は受け身で，小・中・高等学校がお願いしますとやってきて，こういう形でということで企画立案していることが多いようです（図2）。

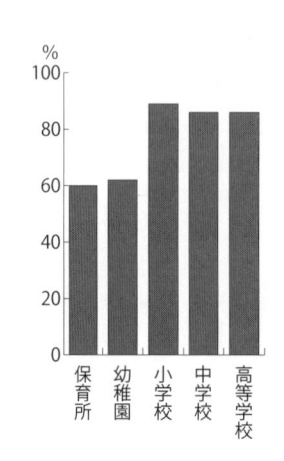

図2　事業の企画立案・実施主体

交流事業に参加した年長者ではどこが多いかというと，保育所でも幼稚園でも，高校生より中学生が多くなっています（図3）。

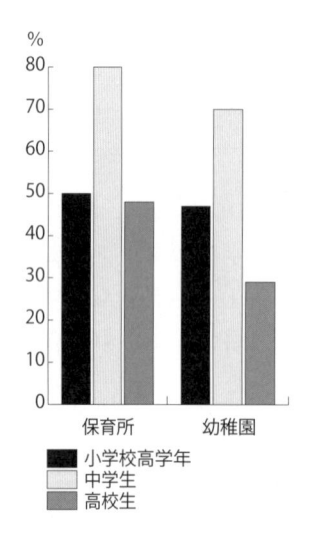

図3　交流事業に参加した年長者の中で，保育所，幼稚園に行った割合

授業の教科としては，先ほど総合的な学習の時間とか家庭科と言いましたが，保育所も幼稚園も総合的な学習の時間が非常に多くなっています。次いで家庭科です。つまり先ほども説明しましたが，総合的な学習の時間では職場体験として来られる方が多いのだと思いますが，2～3名，多くて5名ぐらいの生徒を受け入れるという形のふれ合い体験が多いように思います（図4）。

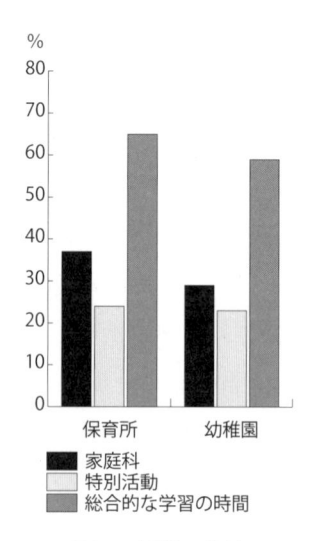

図4　授業の教科

では，どんなプログラムの内容なのかというと，「抱っこ」，それから「遊ぶ」が多くて，高等学校もこの中にあります。それから「おむつ交換」，これはゼロ歳なので数的には少なくなっています。それから「紙芝居や絵本」を読み聞かせたりする活動，これも多いほうだと思います。そして「イベント」，お祭りとか行事に参加するということで，これは小学校が非常に多くなっています。イベントは小学校が多い。遊ぶという活動は中学校において一番多い，高等学校でも多くなっていますが，やはり一緒に遊ぶという活動が多くなっています。中学校の指導要領が「幼児とふれあう体験」と言っていますので，そのこともあって遊ぶのが一番多くなっているのかもしれません（図5）。

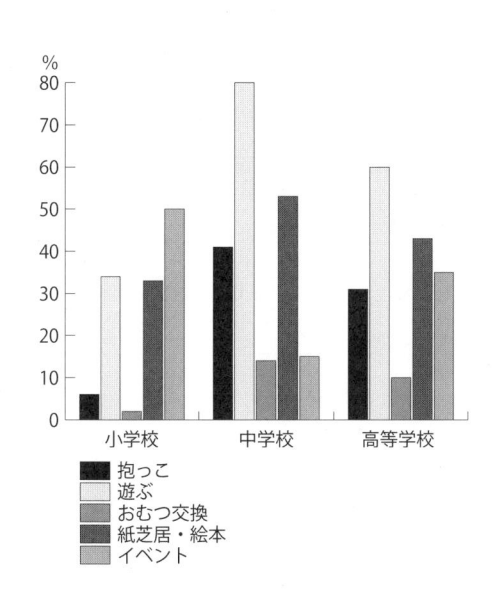

図5　プログラムの内容

困ったことがありますかと聞いてみますと、一番多いのは、「特にない」です。ほかには、保育所や中学校もそうですけれども、「事故防止、安全対策」がやはり多くなっているようです。事故防止、安全対策についてはいろいろなことをお聞きすると思いますが、やはりそれが一番気になるところのようです（図6）。

● 千葉県の中高, 保育所の調査
　－伊藤葉子氏の研究から
（伊藤葉子「中・高校生の家庭科の保育体験学習の教育的課題に関する検討」『日本家政学会誌』58，2007, p.315-326）

続いて、私たちの研究グループの伊藤先生が、家政学会誌に発表した論文をもとに、千葉県の中高、それから保育所を対象にした研究から紹介させていただきます。

実施できないという学校について、「実施できない理由」を聞かれています。そうすると、クラスの人数が多いとか、時間がとれない、クラス数が多いという回答が多くなっています。中学校の場合は、近くに施設がないというのも多いですが、高校の場合はクラスの人数が多いとか、クラス数が多いというのも大きな理由になっています。高校の1クラス当たりの人数は非常に多くなっていますから、こういう問題が実施できない理由として挙がってきているようです（図7）。

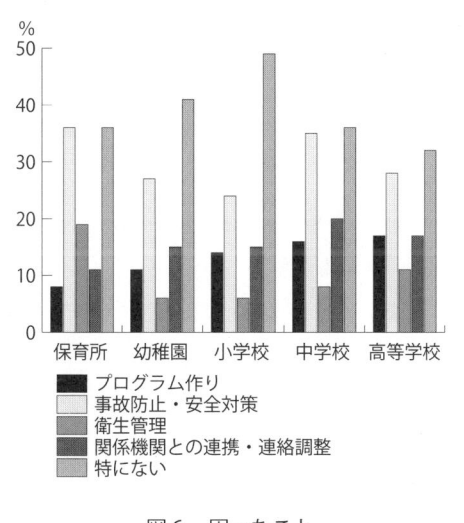

図6　困ったこと

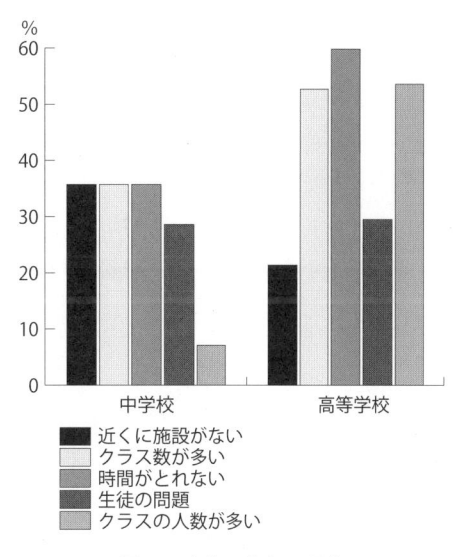

図7　実施できない理由

それから,「一度に大勢の中高生が来ることへの子どもの影響」についてどんなふうに考えていますかで,これは保育所,幼稚園に聞いたものです。一番多いのは,子どもたちが興奮状態になることがあるというものです。たくさんの人が来ますから,日常の保育とは違うので子どもたちが興奮状態になってしまうということです。お兄ちゃんやお姉ちゃんのいない,年長者のいない子どもにとっては擬似的なそういう人と接する機会になるという肯定的な受けとめ方もあります（表1）。

表1　一度の大勢の中高生が来ることの子どもへの影響

子どもたちが興奮状態になることがある	75.0%
いつもと異なる遊びができる	46.3%
初めての人と接することで子どもが別の面を表す機会になる	61.3%
兄や姉のいない子どもたちにとって擬似的な兄や姉と接する機会になる	65.0%
遊びにおいて子どもが主導権をとる場合もあり自信を持つ	23.8%
悪い言葉使いを覚える	3.8%

それから「体験の意義と受け入れ」。こういったふれ合い体験の意義をどのように考えているかというと,一番多いのが,できるだけ日常の保育・教育が混乱しない程度に受け入れていきたいと思うという回答です。やはり日常の保育を大切にしたいという思いが強いのかなという数字だと思います（表2）。

表2　体験の意義と受け入れ

ふれあい体験の受け入れを増すよりは安定した環境の中で日常の保育・教育を充実するほうが大切だと思う	2.5%
ふれあい体験が多様になってきており,混乱している面もある	3.8%
日常の保育・教育が混乱しない程度に,できるだけ受け入れていきたいと思う	82.5%
多少,無理をしても,多様なふれあい体験の受け入れをおこなっていくことが,これからの保育施設の存在意義だと思う	7.5%

家庭科の場合はクラス全員を連れていくことになるので,全員を対象とすることについてどう思うかを,幼稚園と保育所に分けて聞いています。幼稚園の先生の回答は,どちらかというと希望者に来てもらいたいという回答が多くなっています。つまり保育や子どもにある程度の理解とか気持ちが向いている生徒たちに来てもらいたいという回答です。保育所の場合は,どちらかというと全員という回答が多くなっています。子どもの好き嫌いにかかわらず,全員が来てもいいのではないかという回答かと思います（図8）。

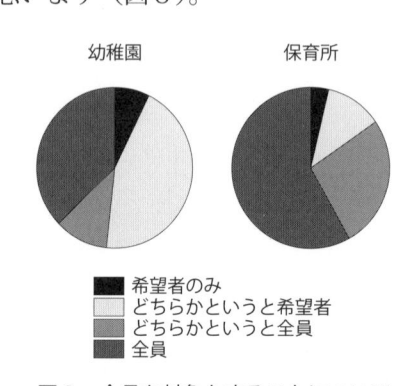

図8　全員を対象とすることについて

さらに,この同じ問いについて保育経験によってどう答えるかですが,保育経験30年未満の保育者たちは,どちらかというと希望者の回答が多くなっています。しかし,ベテランの保育者,30年以上の超

ベテランと言っていいと思いますが、その方たちは全員という数字が多くなっています（図9）。

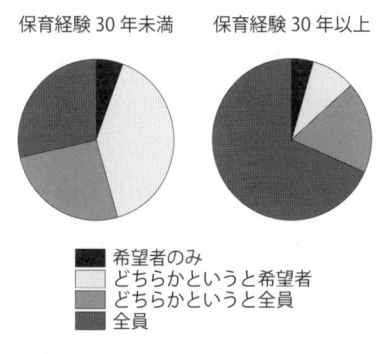

図9　全員を対象とすることについて

それから「遊ぶだけの体験の意義」、行って、ただ子どもと遊ぶという体験ですが、それについて意義を感じているかということですが、幼稚園のほうはほかの目的もあっていいんじゃないかという回答もある程度の数出ています。保育所のほうは、遊びだけの体験でも、出発点になれば十分に意義があると感じているという答えが多くなっています（図10）。

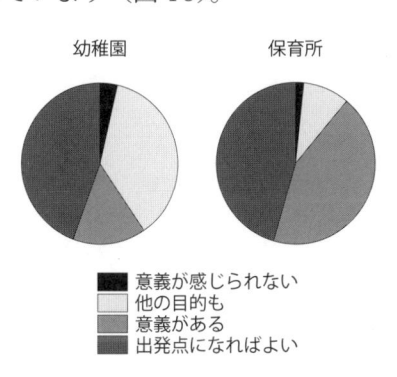

図10　遊ぶだけの体験の意義

これも保育経験別に分けていまして、30年未満の方は、ほかの目的も加えたほうがいいんじゃないか、30年以上の方だと、それでも意義があるんじゃないかという回答が多くなっています（図11）。

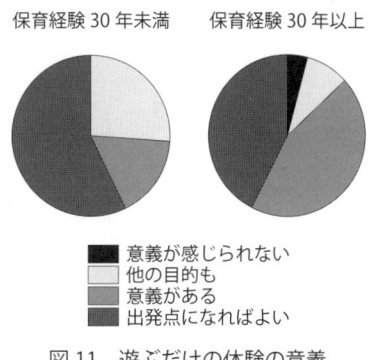

図11　遊ぶだけの体験の意義

●インタビュー調査
（倉持清美・伊藤葉子・岡野雅子・金田利子「保育現場における中・高校生のふれ合い体験活動の実施状況と受け止めかた」『日本家政学会誌』60，2009，p.817-823）

続いて、「インタビュー調査」についてご報告したいと思います。これは保育体験学習を実際に行っている保育所の保育者の方に聞いています。幼児にとって教育的な効果はあるかというふうにお聞きしたところ、いろいろな人とふれ合い、いろいろな言葉を聞くことが今の子どもたちには大切。特に核家族ではお父さん、お母さんの言葉しか聞かないというところで、いろいろな人とふれ合うことが大事ではないかという回答でした。

また先ほど日常とちょっと違って興奮状態に陥るという回答がありましたが、生徒たちとふれ合うことでテンションが上がることがあったとしても、やはりいろいろな生活のスタイルがあるわけで、そういうことも生活にはあるだろうと。総じて異年齢とふれ合うことを肯定的に評価する回答をいただきました。

さらに、中高生にとってはどんな効果が

あると思いますかとお聞きすると，やがて親になる中高生たちにとっては，自己肯定感を持てるようにすることは大切であるし幼児理解につながるという考え方をお聞かせいただきました。つまり，ふれ合い体験を通じて中高生を育てていこうとする態度が見られるというか，一種の子育て支援と考えているような回答をいただきました。中高生たちもやがて親になり，その親が育てた子たちがまた私たちのところにやってくる。そう考えたときに，中高生を育てておくことは大事なんじゃないか，そこに役に立てたらとおっしゃる先生方がたくさんおられました。

　ふれ合い体験への態度，つまり保育所，幼稚園はどんな形でふれ合い体験に向かっているのかお聞きしましたところ，独自のプログラムを開発なさっている園もありました。例えば，高校生が来たら，まず保育者が高校生に絵本の読み聞かせをしてあげる。そうすると，高校生の気持ちがなごんで，保育室に入るときには自然な気持ちで，すごく柔らかい気持ちで保育室に入れる。だからまず最初に高校生たちに保育者が絵本を読んであげるという活動を取り入れていらっしゃる園もありました。

　あるいは中高生たちが得意技を披露できるような，例えば部活でコーラスをやっていたらコーラスをしてもらう，体操をやっていれば体操を披露してもらい，そういう場で子どもたちに「すごい」と言われて，それで自己肯定感を持てるような場を設けようとしているという態度が見られました。中高生向けの冊子を作成なさっているところもありました。

　こうしたいろいろな意見，あるいは調査の結果から，「互恵的な保育体験学習にするため」にどんなことができるのか，どんなことが効果として考えられるのかを考えますと，一つは，幼稚園，保育園の子どもたち，そして中高生のそれぞれにとってどんな効果があるのかをきちんと整理してとらえ直しておかなくてはいけないということです。

　私たちがいろいろ調べましたところ，幼児にとっては中高生を理解する場になっている。中高生ってどんな人？　大人でもないし子どもでもない。だけど，実際にふれ合ったら，体が大きいとか，足が速いとか，すごく力持ちだというような，具体的なイメージを中高生に対して持つことができる。それは自分の将来を見通す機会ともなるのではないか。自分は将来こんなお兄ちゃんになるのかな，お姉ちゃんになるのかなという楽しみを持つことができるのではないか。

　あるいは，子どもたちにとっては1対1で遊べて充足できる場面でもある。年に1回とか2回のことだけれど，それでも1対多の関係ではなく，1対1の関係の中で十分につき合ってもらえる，そういう場面でもある。そういう場面があってもいいのではないか。

　保育者にとっては，子どもたちの異なる側面を見ることができる場面かもしれない。1対多の中で見ているときとは，集団の中にいる子どもの姿とは違った側面が見られるかもしれない。それも子どもの一面ですから，そういう面を見て，また保育の課題を見つけられるかもしれない。

幼児たちにとっては，自分たちの遊びを発展させる機会にもなる。中高生がやった遊びを自分たちができる形でまねして，自分の遊びを発展させる機会になるかもしれない。

　それから，最初のところと重なりますが，中高生にあこがれ的な感覚を持つ。こんなことができたらいいなとか，お兄さんみたいにあんなことができたらいいなというあこがれ。あこがれというのは成長へのはずみになると思います。成長，発達を促すはずみになるというか，それを後押しするものになると思います。そうしたあこがれを持たせてあげられるということもすごく大事なことではないか。いっぱいご飯を食べればお兄ちゃんたちみたいになれるよとか，そういうあこがれ的な感覚を持てたら，それもいいのではないかと思います。

　それから，異世代と接することの教師側，保育者側にとっての意義についてもとらえ直しておくことが必要だと思います。保育者にとっては将来の子どもの姿，将来この子たちもこんなふうに大きくなるのかという具体的なイメージが持てますし，教師にとっては，この子たちも小さいときはこんなふうだったのか，こんなふうに大切に育てられたのかと思うと，また中高生に対しての自分の向き合い方も変わってくるかもしれません。

　それから，先ほどのくり返しになりますが，生徒の異なる側面を見る機会でもあります。特に中学生や高校生は，幼児の前では本当に違った姿を見せてくれるようで，教師にとっては今までの生徒に対する固まったイメージから解放されるということがあるようです。

　以上が，私たちの今のところの研究の報告です。

■ 報告1

かかわりに焦点を当てた中学生と幼児の交流学習

阿部睦子（東京学芸大学附属竹早中学校教諭）

阿部と申します。

私が以前おりました公立学校では，隣接して保育園がありまして，それも卒業生の保護者が経営するところだったものですから，気持ちよく保育園に行かせていただいていました。先ほど倉持先生がお話しされた，まさに遊ぶだけの体験ということをやってまいりまして，ふだん教室で見ることのできない子どもたちの姿にふれて，本当に保育体験は必要だなと深く思っていました。

その後，目黒の学校に移りまして，近くを見渡しても幼稚園も保育園もないということで，連れていくこともできないし，呼ぶこともできない。選択で少人数をと考えたこともありましたが，それもままならないということで諦めておりました。

●竹早中学の立地と幼稚園交流計画

そうこうしているうちに現任校である竹早中学校に移りました。ここは竹早地区という名称がつくように，中学校だけでなく，小学校，幼稚園が隣接してございます。そのために，大きな道を通ることもなく隣の幼稚園に伺うことができるということで，何とすばらしい立地条件なんだろうと思いました。

ただ，保育園は0歳から5歳までいますが，附属幼稚園は4，5歳児が対象で各年32～33人です。1クラス各32～33人の4歳児クラスと5歳児クラス，中学校は各42～43人の4クラスです。この交流は，対象幼児の年齢幅が小さいこと，人数のバランスが悪いことなどから，どういう形で交流できるか悩みました。

それで，このあとご報告いただける井口先生にご相談しました。公立の学校ではできたのだけれどどうでしょうとお願いしましたら，快くお引き受けいただきまして，試行錯誤しながら現在に至っているということです。本日はそのご報告をさせていただきます。ただ，まだ試行錯誤しておりますので，ある一つのパターンについてお話しいたします。

多様なかかわり方による幼児理解の学びということですが，公立にいたときには交流は年1回でした。竹早中学校では，中学生が幼児の変化をできるだけ長いスパンで見たらどんなふうになるだろうということで考えました。3年生の時期に保育学習を設定していたので，できれば4～5月ごろと3学期に入ってから，1年にはならないけれど，こちらとしてはできるだけ長い期間で幼児期の成長を見てみたい，それによって幼児理解を図ろうと考えました。

ところが，現実には2回というのも時期の設定が難しく，6月に第1回目，2回目は11月から12月にかけて，年度によっては3学期に実施した年もありますが，中学生は受験を控えているということで難しく，幼稚園は幼稚園で附属の幼稚園ですので入試があるものですから難しいという中でやりくりしながら，年2回というのがある程度パターンになってまいりました。

また，中学生ともなると，きょうだいに乳幼児はあまりおりませんし，近隣にもいないということで，最初は幼児というのはこんな感じということで見学させてもらいました。とりあえず授業ではビデオを見て，乳幼児について一応理解し，心身の発達や生活習慣についても学んではいきますが，紙面上である

程度理解した子どもたちに，実際に会ってみようという形で見学させていただきました。

その後，今度は実際に交流するというところでは，中学校に呼ぶというパターンにいたしました。また，交流の準備をする中では，幼児はどんなところで自分たちを受け入れてくれるかということで，今まで学んだことを深めて準備しました。実際に交流を進めてからは，子どもたちを本当に理解して用意ができたか検討するということで2回組みました。

ところが，2回ではやはり理解し切れないというご意見もありまして，倉持先生からご助言をいただきまして，もう少し変化に富む形にして3回取り組んではどうかということで，毎年ではないのですが3回実施することができました。今回はそのことについてご報告いたします。

●第1回目の交流

1回目は，1日目の午前中の4時間を使いまして，中学校は4クラスありますので，中学生は各クラスが1時間ごとに出入りするのです。幼稚園は1日の中で年少さんが2回，年長さんが2回受け入れることになります。これも本当に幼稚園側のご理解があるからこそできることだと思っておりますが，1日2回，それぞれの担任の先生が受け入れてくださるということです。

私は行ったり来たりするのですが，中学生にとっては1日1回，それも実質30分程度の交流で，1時間目のクラス，2時間目のクラス，3時間目のクラス，4時間目のクラスで，それぞれ体験が違います。朝は登園するところしか見ませんが，4時間目のクラスになると一緒にお弁当を食べます。

そして幼稚園の子どもたちはどんなお弁当を食べるんだろうとか，食べ方というか，それこそ生活習慣を見て，勉強したように本当にお箸を持って食べることができるんだとか，あの子はスプーンをこんなふうに持っていたとか，お話に夢中になっちゃうと全然食べないとか，そのようなことを体験して，事後にはそれぞれのクラスがまとめたものを交換するという形をとっています。

●第2回目の交流

2回目は，竹早スタンプラリーというのを2時間続きで組みまして，中学校にとっては2週にわたりますし，幼稚園の子どもたちにとっても，1回来ていますので第1回目より多少余裕があります。中学生がお店を開き，8グループあるのですが，そこにスタンプカードを持って8つのコーナーを幼児が回るという形式をとりました。

クラスによっては，8つコーナーをつくることもあれば，最初に紙芝居をしたり，人形劇をしたりというグループもありますので，そうすると残り7グループを回ります。紙芝居をした人たちは，お店のときに暇になりますので，誘導係というか，子どもたちが何をしたらいいか分からないときに案内してもらうという形をとりました。

中学生にとっては第1回目より直接かかわれるという喜びから，やりがいを感じるというのがこの部分です。ただ，お店を開いて，次から次へとめまぐるしく幼児が来るので，楽しかったけれども，とても疲れて，なおかつ，じっくり一人の子どもと接することができないという欠点があります。

●第3回目の交流

それを改善したのが第3回です。3回目は実際には日程の調整が難しく，3学期の高校

入試の日の前後に組んだので，中学生は落ち着かない時期といえますが，おやつをつくって共に食べるということにいたしました。

第1回目幼稚園訪問してお客様的な立場で中学生が行き，2回目は迎え入れるホスト的な立場，3回目も立場は同様ですが，班でじっくり共に食事をします。作るところから交流することが一番望ましいのですが，中学校の調理台では幼稚園児に高すぎるため危険なのではないかということで，調理室で調理をするのは中学生のみで，被服室にある程度のスペースがあるものですから，そこでテーブルを囲んで幼児と中学生が共に会食をする形にいたしました。

交流の日，幼稚園の子どもたちはただそこで食べるだけでは満足感が乏しいのではないかということで，年長クラスは，折り紙で旗のようなものを作ってきてくださったので，それに中学生が楊枝をつけ旗にして，でき上がったおやつに旗を立てて食べるということにしました。幼児も自分たちの作ったものがテーブルにあることで中学生と共におやつを作ったという満足感が出ていました。年中クラスは，中学生の前でご挨拶の歌を歌うという形で交流する形をとり，共に会食を楽しみました。

その結果，満足感の高いクラスと，改善を要するクラスがあったといえます。幼児の健康を考えて，アレルギー除去食ということで，卵アレルギーの方もいるでしょうし，大豆アレルギーでお醤油を使うことができない等もろもろのことがございます。そのため，何が使えるかということを各クラスで吟味させ，班ごとに意見を出して何をつくるか決めました。しかし，幼児にとっては，自分の班より他の班のほうがおいしそうだとなると，争いになってしまうかもしれないというご意見もあり，クラスで1品共通なものを作ることにしました。一生懸命中学生が考えたものだったのですが，これがちょっと大変だったなというのを一つご披露したいと思います。杏仁豆腐なのですが，杏仁豆腐の彩りにクコの実をつけたのです。中学生にとっては彩りとしていいし，私もクコの実が大好きなものですから，白い杏仁豆腐の上にクコの実があって，シロップがかかっていて，これはいいと思ったのですが，幼児の第一声が，「わっ，こんな梅干し見たことがない」というものでした。「そうか，そういう反応するのか」と素直に受けとめた中学生もいれば，せっかく自分たちが考えたものが嫌われてしまったとがっかりした中学生もいました。また，初めてクコを口にした幼児の中には幼児にとってはありがちな素直な反応だと思うんですが，口に入れたものを出してしまいました。そういう場面を見ると，中学生はいたく傷ついてしまうんですね。スイートポテトをつくったクラスは交流として非常にうまくいきました。幼児が折った折り紙に中学生が楊枝をつけ旗にしてスイートポテトの上に立てて，おやつの完成を確認した後，和気藹々と食べていました。杏仁豆腐を作ったクラスについても，その前の交流があったので，その次の交流では中学生はさほどダメージを受けませんでした。

●様々な場面を知る

実はおやつの第1回目は，いろいろな反省点がありました。子どもたちのコメントにも，こんなはずじゃなかった，受け入れられなかった等さまざまなものがありました。幼児理解という点では，1回目，2回目，3回目と経てきて，ただおもしろい，楽しい，一生懸命やれば幼児が楽しんでくれ，それを中学生が見てうれしがってくれる，楽しがって

くれる，本当にうれしいことだというだけではなく，現実にはそんな要素もあるのかとか，さまざまな場面を知ったのが3回の交流の生の姿でございます。

あるときは，実際の交流が時間的に持てなかったので，でき上がったおやつを幼稚園にお届けするという交流の仕方をとったこともございます。また今年度は幼稚園が改修工事に入っているため交流が思うに任せずということにもなっておりまして，毎年3回できるわけでありません。

試行錯誤しながらですが，年々子どもたちの様子は変化してきました。ただ，幼児に対して素直に向かうことができるタイプの中学生もいれば，硬くなってしまってほぐしながらやらなければいけないかなという中学生も

おりますので，ある程度柔軟に考えながら，2回もしくは3回の交流を進めていきたいと考えています。

レジュメの最後のところに書きましたが，日程を調整することの難しさを十分考えつつ，しかし，幼児は日ごとに変化するものですし，1回だけで幼児理解が進むわけでもありません。きっかけをつくるということにしても，形を変えながら複数回交流をもち，それぞれのよさを評価していきたいと考えているところでございます。

この後，井口先生から，実際に受け入れてくださっている幼稚園がどんな形でその後過ごされているかということを話されます。それをお聴きいただいて，私の報告をご理解いただけたらと思っております。

■ 報告2

望ましい交流のありかたと留意点

井口眞美（東京学芸大学附属幼稚園竹早園舎教諭）

ただ今ご紹介いただきました，竹早園舎の井口と申します。

●交流は卒園児の育ちを見る機会でもある

ふれ合い体験については，一般に，幼稚園の側からの良い評価がないと先生方はお悩みのようです。ただ，竹早は幸いにして幼稚園，小学校，中学校が併設されており，子どもたちがつながって生活しています。そのため，ふれ合い体験は，私たち保育者・教員が子どもの育ちを見られるという点でも，とてもいい活動だと考えています。

「家庭科の保育と保育者養成の保育をつな

ぐ」とのテーマのもと，子どもの育ちとは何かというご提案がありました。子どもの育ちについて，まだ自分の中で曖昧な部分もあるのですが，家庭科の保育の授業は，初めは恥ずかしがっていた多感な中学生が，だんだん素の姿を見せてくれる活動です。そのような活動を中学校の阿部先生と一緒に考えていかれること，そして，卒園して9年経った子どもの姿を目の当たりにすることで保育者としての振り返り，つまり保育の評価ができることに価値があると考えています。

園児が卒園し二度と会うこともなければ，「立派に成長しているに違いない」と信じていられるのかもしれません。しかし，いいことばかりではありません。昨日の夕方も阿部先生とお話しする機会があったのですが，「○○ちゃんは幼稚園からよね。今ちょっとこういう問題を抱えているの」という話を伺いました。そんなとき，「あの子に限ってそんな

はずはありません」とは言い切れないのです。よくよく考えてみれば，幼稚園のときに問題の'芽のようなもの'がなかったわけではない。もちろんその先はまた変わって成長していくのでしょうが，9年経って多感な時期を迎えたとき，その子の現状を聞き，「確かに幼稚園の時も…。でも，まさかそんなに大きな問題になるとは」と考えさせられるのです。保育者は，子どもを肯定的に見るという姿勢を持って保育していますが，それが自分の場合，子どもを育てる上での'脇の甘さ'になってはいないかと，中学校との交流を通じて反省することがあります。

　私自身は阿部先生との出会いによって中学生との交流をさせていただくようになりました。この後は，実践を通して感じたことをまとめてみましたので，レジュメに従ってお話を進めさせていただきます。

● 望ましい交流とは

　「望ましい交流とはどういうことか」について，実際の体験から自分なりに考えたことを挙げておきます。

　倉持先生もおっしゃっていましたが，まず一つ目に，望ましい交流とはお互いにとって楽しい活動であること。特に中学生にとって疲れるだけの交流で終わらないようにしたいと考えます。

　他の中学校の事例では，交流の事前準備で，モノをつくることに主眼が置かれ過ぎてしまうケースがあると聞きます。時間をかけて布絵本をつくってくれるのはありがたいけれど，それが幼児の実態や保育の計画に合っているものなのか，もらって幼稚園側が困ってしまうものではないかとの吟味は必要です。中学生からもらった作品はとても立派ではあったが，その先の日々の保育とはちょっと不整合を起こしそうなものだったそうです。製作物は，中学生が楽しく簡単につくれて，しかも，幼児と関わるきっかけになるもの，とりわけ対話を恥ずかしがる男の子たちにとって名刺がわりになる楽しいものであってほしいと思っています。

● お互いのメリット

　望ましい交流の2つ目として，お互いにとってメリットがあること。先ほど互恵性という言葉が出てきましたが，中学生にとっては，「学び」というよりは，「かわいいな」とか「ほっとするな」といった気持ち，それだけでいいと思います。加えて「この子がそう言うなら砂場で遊ぶとするか」と，子どもの立場に身を置いて物事を考えられること。これがどんなにすばらしいことかを中学生自身に自覚してほしいのです。これこそ，「おれって結構やるじゃん」という思いであり，倉持先生がおっしゃっていた自己肯定感です。

　以前，中学生が，2,3学期にやってくれるスタンプラリーの活動に向けて輪投げの準備をしていました。交流の事前準備の段階で私が中学校を訪れて，幼稚園の視点からアドバイスをして回ったときのことです。ある中学生が，非常に遠い所から輪投げの輪っかを投げて試し，「先生，幼稚園の子はこれじゃ届きませんか」とたずねてきたのです。もちろん幼児に届く距離ではありませんでした。

　ただ，そのときに，私が中学生ってすごいなと思ったのは，中学生は2mぐらい離れたところからピンに向かって輪を投げるのですが，10回のうち1回成功して9回は失敗する。つまり1割ぐらいしか成功しないところに輪投げのおもしろさを感じているのです。そこで「幼稚園の子って，失敗するのをまだまだ嫌がるの。全部成功しないと，『この輪

投げはつまらない』と言うのよ」と話してきかせました。3歳ぐらいでしたら100％入らないとつまらない，4歳，5歳であっても，6割，7割入らないと，「できないからもうやめたい」となってしまうのです。単に距離とか投げる力の問題ではなく，その活動にどんな思いで取り組んでいくかという点が幼児と中学生では違うことを，中学生の活動を見て感じました。

そして，ここが本日の課題となる幼児にとってのメリットについては，非常に難しく思っております。やはり何よりも心情面の育ちを大事にしたいですし，だからこそ，この活動の評価が難しいのです。ただ，幼児は，交流によって，「お兄さん，優しかった」「また遊びたい」という気持ちを確実に持つようになります。交流でお弁当を食べる場面がありましたが，幼児は中学生の男の子の体の大きさだけでなく，そのお弁当の大きさにびっくりします。「これ，ひとりで食べるの？」と。中学生の大きな男の子が一緒にお弁当を食べてくれることがとてもうれしいのです。幼児のお弁当は本当に小さいのですが，それをぺろっと平らげたときに，「僕，お兄さんより早く食べたよ」という言葉が出てきます。幼児にとっては体では及びもしない中学生と食べる速さを競い，ちょっと勝ったような気分になっているようです。

幼児にとっての第二のメリットは，遊びのモデルとなること，それも身近なモデルとなることです。竹早中学校の事例で言いますと，先ほどの輪投げもペットボトルボーリングも，身近な素材を使っています。幼稚園に普通にある素材で遊びをつくっていただくよう阿部先生にはお願いしてあります。日常の中で子どもが「こんどやってみたいな」と思える身近なモデルとなること，それも中学校との交流の中で子どもたちが得られる価値であると思っています。幼児だけだと，ペットボトルをただ立てるだけかもしれません。それが，ちょっとしたきれいな飾りがついていたり，輪投げに動物の顔がかいてあったりする様子を目にし，ひと工夫することの楽しさ，おもしろさを感じるのです。

第三に教師にとってのメリット，これは先ほどお話ししたように，中学の先生方にとっては，「この子にもこんな優しいところがあったのね」と，別の角度で見直すことができること。われわれ幼稚園の教員にとっては，「この子たちもこの先こういうふうに育っていくんだわ」と保育者自身が受けとめる，つまり幼児の将来の姿を見通せる大事な機会となることが挙げられます。

●次につながること

望ましい交流の3つ目は，次につながることです。年間で1回，2回，多くて3回程度しか交流を持てないのが実態ですが，それでも'やりっ放し'にならないよう，打ち上げ花火的な一日限りの活動に終わらないよう，遊びが日々の生活につながっていったり，何らかの形で（カードなり，メッセージといった形で）お互いの気持ちがつながったりするように心がけています。

●個と個のかかわりがある

望ましい交流の4つ目に，個と個のかかわりがあること，を挙げておきます。もちろんクラスとクラスのかかわり，交流活動ではあるのですが，基本は，個と個の活動です。「あのお兄さん，とても優しかった」「あのお姉さんと遊んで楽しかった」という思いが積み重なったところで，やっと子どもたちは3年A組のお兄さんたちと交流できてよかったと

いう気持ちを持てるのです。

●交流における教師の留意点

次に,「交流における教師の留意点」を4点挙げておきます。第一は,どこでもされていることだと思いますが,事前の丁寧な打ち合わせです。その中で,先ほどもお話ししたように,つくったもの,中学生の思いが無駄にならないように,幼稚園の保育カリキュラムに沿っているかどうかの検証をすること。そして交流の中身だけでなく,どんな場面で交流をするのかという丁寧な打ち合わせ。そして,これも大切にしたいと思うのですが,幼稚園,中学校の気になる子ども,個々の子どもの情報交換はしていきたいと考えています。

留意点の第二として安全面,生活面への配慮では,幼児のテンションを上げないこと。中学生の遊びに幼児は興奮しやすくなります。特に滑り台,ブランコの遊びでは,幼児はキャーッと声を上げて大喜びするのです。そこで怪我が起こってはすべて台無しになってしまいます。危険を伴う遊びは行わないこと,幼児のテンションを必要以上に上げないことを中学生には事前にお願いしてあります。

留意点の第三は,保護者の不安にも対応することです。最近はお着替え,裸になる場面を気にする方もいます。また悪い言葉遣いを覚えないか,衛生面は大丈夫かといった心配もありますが,それは交流の価値を保護者の方々にお伝えすることで解消しています。

第四に,事後の振り返りを丁寧にすること。幼稚園と中学校の先生方がきちんと話し合い,次につなげる機会を持ちたいと考えています。

●交流の実際

次に,竹早園舎と竹早中学校との交流に関してつくったビデオを見ながら,事例を通して交流の実際についてお話しさせていただきたいと思います。

初回の交流では,中学生が紙芝居の読み聞かせをしています。読み聞かせをしてもらったり,ピアノの得意な中学生に歌の伴奏をしてもらったりすることで,中学生ってすごいな,こんなことができるんだと幼児は感じています。

初回の交流のときには,紙芝居などを見せてもらってから,場を限定して遊びます。もちろん自由な遊びの中で中学生と関わることが理想だと考えているのですが,初回の交流の中では,自由に遊びなさいと言ってもなかなか遊べない場合も多く,失敗を積み重ねました。現在は,まずは読み聞かせからスタートし,お互いにあいさつをしてから遊ぶ場を決めて関わるようにしています。例えばみんなが集まった場面で紙飛行機や風車を一緒につくったり,お弁当を食べたりする,または自由な遊びの中で折り紙,絵本,積み木といったいくつかの遊びを決めておいて,その中から幼児が遊びたいと言ったものを中学生と一緒に取り組むという機会を設けます。

2回目,3回目,おやつづくり,スタンプラリーに関しては,竹早中学校の阿部先生からお話をいただいたとおりです。

報告3

高校生が小学生や幼児とかかわって

石島恵美子（千葉県立鎌ヶ谷高等学校教諭）

●鎌ヶ谷高校での保育学習の試み
　　−小学生との交流の映像を紹介しながら
　……最初におんぶ競争をすることで、スキンシップもとれ和やかになります。真ん中の子は、おんぶをしながら司会もやっています。高校生の中にはこのように芸達者な子がおりますので、やってと言うと頑張ってやってくれます。

　いざ、ヨーイドンになると、お兄ちゃんが頑張らないと勝てないので、「お兄ちゃん、とにかく頑張って」と言われるので、高校生のほうも予想していないぐらい頑張れるんですね。すごく速いので、一生懸命にしがみついて、和気あいあいの交流になりました。勝ったチーム、負けたチームいろいろですが、お互いに喜びあっているところです。

　これは、しろくまジェンカで、じゃんけんをして、電車ゲームみたいなものですが、小さい子は歩幅も違いますし体格も違いますので、交流を通して配慮する気持ちも芽生えるようです。

　お遊戯の披露をしています。小学校1年生のお遊戯は、本当に純粋に一生懸命踊ってくれて、高校生では失ってしまったものをたくさん発見することができました。その後、これはブレークダンスを披露しているところで、高校生もかなり張り切っていました。これはソーラン節を披露しているところです。子どもたちも一生懸命見てくれました。最後に名札を交換して、あいさつをしているところです。

　教室に帰りまして、「鎌ヶ谷高校に入学してね」「後輩になってね」なんていう話をしているところですが、「高校生にはどうやったらなれるんですか」とか、いろいろな質問が出ます。「しっかり勉強してね」とか「給食は残さないで食べてね」とか、高校生はそれなりに立派なことを言って小学生を励ましていました。そういう話を聞くと、小学生は純粋なので「はーい」と元気よく返事をしてくれて、とてもうれしかったようです。

　これは最後の記念撮影です。交流が終わってからお手紙をもらったのですが、これは高校生のお返事です。これは小学生がくれたお手紙です。小学生ともなると、字もいっぱい覚えて、お手紙の交換ができました。

●高校生の反応
　高校生は、「幼稚園生はかわいいけれど小学生は生意気だろうなと思っていたけれど、そうではなくて本当にかわいかった」「おんぶしてあげたら、一生懸命しがみついてくれて、自分が守ってあげなきゃと思った」、また「この子たちが元気に育つような社会をつくらなきゃいけないと思った」という感想まで出てきて、ふだんはぐうたらなところが目につく高校生たちですが、立派な思いを持つことができたなと思いました。

　学校に帰ってからは反省会をします。当日は自分たちのことで精いっぱいなので、デジカメの画像でほかのクラスの交流の様子とか、自分たちが見ていない場面を振り返ります。これに合わせて生徒たちの感想を披露して、自分たちが交流したときはこんなことがあった、けんかが起こっちゃったとか、ちょっとけがした子がいたとか、お弁当をこぼしちゃった子がいたとか、そういう事件を話しますと、対処とか考え方を共有することがで

きますし，自分が経験しなかったことも共有することができます。

何より，ふだん教室の中で見ているこの人にはこんな一面があるんだ，こんなふうに立派なところがあるんだというふうにお互いを再認識することができますし，さらに自分も，もっとこういうことができるんじゃないかというような，モデリング効果によって成長することも効果として見られます。

●受け入れ園の意見・感想

こちらはお世話になる一方なので，実際のところ，幼稚園や保育園の方はどういうふうに思っているのだろうと思って，今回のお題をいただいたときに，鎌ヶ谷市の12の施設にアンケートをお願いしました。これは「どんな点で幼児によかったですか」という質問に対する回答ですが，一番上から要点を読んでいきたいと思います。

まず，ふだん接することができない年齢層との交流で，コミュニケーション能力，積極性をもってかかわろうという力が高まってくること。そして，少子化できょうだいが非常に少ないので交流の場は貴重である。もう一つは，家族以外に甘える対象として，今は近所の人とか社会で出会う人というのは，幼児への犯罪の増加からなかなか得られないので，他人と接する機会があって，子どもなりに成長できるのではないかということです。

それから，大きくなるということはすごいことなんだなと，希望や夢を見ることができる。本気で遊んでくれる，つきっきりで励ましてくれたり話してくれたりしたということで，ふだん得られないうれしい機会を持つことができる。そして最後に，珍しいもの，チーク玩具とか，ふだんはないものを刺激として得ることができるということでした。

また，困っている点というか改善点に関しては，年々こういう交流が増えてくるので，幼稚園や保育所に窓口を設置しなければいけないなということが挙げられていました。また交流の目的意識が薄い生徒に関しては，指導してきてほしいとか，8クラスも来ると毎回同じ指導をしなくてはいけないので，ちょっと迷惑かなというような意見もありました。

●今後の課題

私が事業を取り組むときにいつも気をつけていることですが，まず係同士が，お互いにどんな目的で交流するのかというのをしっかり理解し合うということです。また末永く続けられるように無理のない企画にする，あまり気張った企画にはしないということ。それから，事業にかかわる人がすべて満足できるような，みんなが得ることができる場面を企画すること。

そして，これは高校の立場からですが，交流に消極的な子，放っておけば一生こういうところには参加しないな，インターンシップやボランティアなどに参加しないなという人こそ連れていきたい。実際には迷惑になると思うので，理解していただけるようそのことをよく伝えておきます。その子がどういうふうにかかわっていけるのかを前もって知らせておくと配慮していただけるのかなという思いで事業を組み立てております。

鎌ヶ谷高校が保育学習にご協力いただいているのは，鎌ヶ谷市子育て支援センター，みちる幼稚園，松飛台保育所，道野辺小学校などで，アンケートに関しましては，本校とは交流を行っていないところがほとんどでしたが，非常に細かく答えていただきました。

とにかくいろいろな人たちのご協力によっ

第1部　家庭科の保育と保育者養成の保育をつなぐ　－シンポジウムの記録－　101

て成り立つものですので、ご厚意に甘えつつ、お返しできるところはお返ししようと思いながら事業を組み立てております。また、これからもこういう交流をぜひ続けていきたいと思いますので、いろいろな場面で携わっている方も、こういう思いをぜひ広めていただけたらと思います。よろしくお願いいたします。

　　　　　　　　＊　　＊　　＊

　普通は、高校、中学からお願いしますと言われて、幼稚園のほうは、「しょうがないな、近所だし断れないか」的な消極的なものが多い。そういうところを超える工夫をしたというがどんなことか、という質問をいただきました。

　超えるといいますか、迷惑だろうなと思っても、どうしても実施したいという、図々しいというか、それを乗り越えた強い気持ちを持っていることが一つあると思います。

　事業でご迷惑をかける分、事業以外で挽回できるところは、例えば幼稚園の行事で運動会のものをつくるお手伝いをさせてもらうとか、こういうことをやってほしいとお聞きしたら、私が持っている部活の子やインターンシップに参加したいという子に声をかけまして、高校生も「あんた行きなさい」と言うと決していいことはないので、行きたいと思っているだろうなと思う子に適宜声をかけまして、行って何かお手伝いをさせてもらうという等、事業だけでなくそのほかの場面でもかかわりを持つようにしています。

　また、このようにいいことがあったというレポートや写真を毎回持参して、保護者の方に見てもらっています。保護者の方も、高校生と交流することに関して、最初は心配だったと思いますが、子どもたちが家に帰ってすごく話をするそうで、このごろでは逆に、「この幼稚園ではこういう交流会をやっていますか」と、入園する前にお母さんたちに質問されたことがあるという話も聞いています。

　やはり保護者へのアピールができるような、お迎えに来たときには玄関のところに写真を張っておいてもらうとか、そんな立派なことはしていないんですが、係の人からいろいろアドバイスを受けて、こちらも無理のないことを少しずつしております。

報告4

3歳未満児と高校生のかかわり

大山美和子（白梅保育園園長）

　こんにちは、白梅保育園の大山と申します。これまでのご報告の送り出す側の石島先生、阿部先生、迎える側の井口先生のお話は幼児が中心でした。私の保育園は3歳未満の保育園でございます。今日の私の報告については、3歳未満の保育園に中学生、高校生をどんなふうに受け入れていけばいいのか、子どもたちがこのふれ合いを通して何を学ぶか、何を感じるのか話してほしいというご依頼でした。

　私は2回目からこのシンポジウムに参加をしていますが、実は、それまでは中学・高校の家庭科教育のあり方が、今お二人の先生がお話しくださったように、とても計画的になされているということを不勉強で知りませんでした。受け入れる側の意識が薄いと言われれば、まさにそのとおりだったのです。

　ただ、幸いなことにといいましょうか、3

歳未満であるがゆえに，先の姿が知りたいという私どもの思いにはとても強いものがあります。現実には，幼児もやりたい，学童もやりたいという願いを持っているのですが，それは叶わないことですので。

保育園は子どもにとって初めての集団になるわけです。家族と離れて乳児がどのように生活をするのか，お母さんたちは不安を抱えながら子どもを預けて仕事をしていきます。そこでの子どもを通しての保育者とのつながりというのは，とても大きいものがあるのだと思います。お母さんたちの抱える不安については，高校生と座談会をすることで逆に自分の不安が解消されるということが，今，石島先生のお話しにありました。

そんなことが幸いにずっとつながっていますので，訪ねてくれる子どもたちの姿から，親の思いを伝えることもできますし，そんなことを通しながら，交流について，私たちも来る者は拒まずで受け入れておりました。でも，この会に出てからは，ちゃんと目的を持って高校生を受け入れなければいけないなと意識させられまして，それで白梅高校の家庭科の田中先生とコンタクトをとりながら受け入れてまいりました。今日はそのことをお話ししようと思います。

●受け入れのスタートは「子ども理解」から
　受け入れはもう4年目になりますが，私どもでは，学生たち・生徒たちに乳児のことを分かってほしいという「子ども理解」のところから出発しております。つまり一方的かもしれませんが，私どもから「実は赤ちゃんはこうなんです。1歳児はこう，2歳児はこうです。だからこんな風にかかわってほしいんです」とお願いする中で進めてきました。

●家庭と園の関係
　実はきょうは白梅保育園に，卒園して20年目の親たちが集まっているんです。子どもたちはもう23歳になっています。私たちは卒園した子どもたちとも関係を持ちながら，20年たっても集まる親たちがいるというところにも触れながら，乳児期にどのようにふれ合うことで，そこに接点を持つことができるのかということを考えてみたいと思います。

　それは，一つには家庭と園がよい関係でいられるということです。私どもが26年前に白梅保育園を設立しましたときには，市の公募でございましたので，3歳未満ということが最初から決められておりました。3歳未満の子どもたちの保育をどうやってつくり上げていこうかというときに，私は，「家庭より家庭らしい保育園を」と思ったのですが，その当時学長でいらした田中未来先生に「家庭が一番よ。家庭より家庭らしいということはあり得ない」と言われたのです。

●担当制，持ち上がり制
　それで，確かに子どもにとっては家庭が一番だ，それなら家庭的な保育を目指そう。家庭的な保育を目指すとしたら，どういう方法があるのだろうと考えて，26年前から，両親に代わってその子の世話をする担当が決まっているという育児の「担当制」と，私どもがお預かりする間，大人は変わらないという「持ち上がり制」をとってきました。

　1999年でしたでしょうか，保育指針が改正されたときに，そのことが情緒の安定のために大事なことだとうたわれましたが，私どもでは設立当初から，決まった大人がその子の世話をするということを実施してまいりました。3年間変わらずに，クラスで受け入れ

てクラスでお返しをしようと。それも決まった大人が受け入れて，決まった大人がお返ししようと。

ですから私どもでは早番は1年間早番，遅番は1年間遅番です。大人は固定勤務です。そんなことをずっと繰り返してきたことで，子どもたちの情緒の安定と愛着関係を強くすることができました。それがもとになって親との関係もずっと続いていると思います。

●中高生に伝えたいこと　見学の場合

そういう意味で，子どもたちが毎日の生活の中に中学生を受け入れる，高校生を受け入れるということは，日常ではない非日常的なことになるわけです。ですから，そのことも伝えていきたいと思いました。

白梅高校の田中先生の年間計画表を見せていただいたときに，田中先生も発達理解ということを一番に挙げていらっしゃいました。それと，スタートが乳児なので，乳児から理解したいと生徒たちも思っていると伺って，とても感動しました。先ほどの石島先生の映像の中にありましたように，マタニティ体験もシニア体験もなさっているということですし，実際に抱き方からミルクの飲ませ方から排気のさせ方までやっているというのを聞いて本当にうれしくなりました。

そういった生徒たちを受けるのであれば，なおのことそれにプラスして，子どもたちとコミュニケーションをとる方法を私たちがお教えできるといいのかなと思ったのですが，残念ながら，高校生の場合は授業数の関係もございますので，3年の3学期に希望者だけが私どもに見学に見えるということになっております。

ゼロ歳児クラス，1歳児クラス，2歳児クラスとクラスを見ていただいて，見学していただく中で気づいたことを話していただきながら，私たちが大事にしていることを伝えるというやり方です。

そういったことを通して，私たちが子どもの何を大事にしているのかということを分かっていただきます。幼児の場合は言葉で交流することができますし，おもちゃを持っていってそこで一緒に遊ぶこともできますし，何かを一緒に食べるということもできますが，乳児はそうはいかないんですね。したがって，やはりまずは見てほしいとお願いしています。

というのは，やはり見知らぬ人が入ってくると子どもたちは緊張します。逆に生徒たちが見られるということになるのですが，緊張したあと，子どもたちは興奮状態になってしまうんです。それなので，1，2歳児ですと少し言葉で表現できますので，お姉さんたちが帰った後には「イッチャッタネ」とか，保育者も多少見られていることで緊張していますので，そうすると「ツカレタネ」とか言っている姿もあるんですね。そんなこともありますので，まずは生活を壊さないようにしていただきたいということ。

それがなぜ大事かといいますと，言葉がない子どもたちだからこそ，いろいろなサインを送ってくるのです。それは表情だったり，しぐさだったり，ジェスチャーだったりするので，それを私どもが読み取って応えてあげないといけない。

乳児期の子どもたちとのコミュニケーションというのは，子どもたちの表情やしぐさや振る舞いを読み取って，それに応えてあげるアイコンタクトができるかどうか，なんですね。そのためには，ある程度落ちついた静かな環境がないと，騒音の中では子どもたちはうるさく感じて不安になってしまいます。で

すからアイコンタクトがとれる静かな落ちついた雰囲気をまずは大事にしたいと思っているとお願いしています。

じっと見ていると子どものほうから近寄ってきます。子どものほうから近寄ってきて，「ナマエハ？」と聞いてきたりします。1，2歳児になりますと，お皿に何かつくったものを持って，「ドーゾ」と高校生のところに持っていって，そこで会話が始まるということもあります。だから子どもに合わせてほしいのです。それまで待っていてほしい。よく見るためには待っていないといけない，そのようなことをお願いしています。

それがありますと，気づくことがあるんです。なぜどのお部屋にも鏡があるんですかとか……。ちょうど1，2歳児がお散歩に行くときだったと思いますが，保育者がお散歩に行く子の近くに行って，小声で「お散歩に行くわよ」と言ったんですね。小さな声なので周りの子どもたちは気づかないわけです。そうしたらその子どもは自分が使っていたものを棚に戻して入り口のところに行った。その姿を見て，いつも一緒にお散歩に行く子が，何も声をかけなくても気づいて，使っていたおもちゃを棚に戻して保育者のそばに来て，すっといなくなった。

あれっと思ったけれど，なぜそれが可能なのかという質問が出たわけです。それは毎日繰り返されている生活リズムなので，子どもは分かっているんですね。そうすることでほかの子どもたちの生活を邪魔することもない。そんなふうに大人の合図に気がつく子どもは周りをよく見ていることになります。保育者のあのサインは何だろうと考えることにもなるわけです。子どもが気づいて，自分で考え，判断して，行動できる。そこにつながると私たちは思っています。それで，そういっ

たことも併せてお話しすることがあります。

それ以外にも，おもちゃを黙って持っていってしまったときのトラブルの解決の仕方も，お友達に返してあげてと言うよりも，そこで「あれっ……」と言うだけで，子どものほうがはっと気がついて戻しにいく。それが子ども自身で気づくことにつながっていく。そういうことで能動的に考え行動できる子どもになるのかな，そんなことも発達の中の大事なポイントなのかなと高校生にはお話ししています。

それらを通して，小さな子どもたちとどう向き合ってほしいか。大人である私たちの振る舞いを見せることが子どもたちの人格を育てることにつながる，と併せてお話ししています。見学の場合はそのような方法で行います。

● 2〜4日の体験の場合

2日から4日の体験の場合は，1日目は本当にただ座って見ていただきます。2日目には，子どもに少し近い距離で座って見ていただく。そんな試みを去年，今年とやっております。そうすることで，子ども自身が安心してお姉さんのそばに寄っていって，「ドコデカッタノ？」とか「ドコカラキタノ？」とか質問します。

子どもたちが質問するのは大概はお名前ですが，その次には洋服のこととか髪型なんですね。だから，その人を認識するもとになるのは，そういった姿のことなのかなと思いますけれども，身につけているものを，どこで買ったのとか，そんな質問をしながら近くなっていって，やりとりが始まる。

その後に絵本を読んでいただいたり，一緒にお散歩に行っていただいたりします。夏には水遊びを一緒にしていただくことがありま

中学生の体験学習
白梅保育園

火おこし

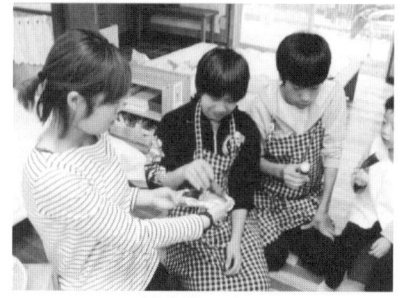

焼き芋つくり

中学2年生男子生徒2名が2歳児クラスを体験しました。

● この日は、11月に2歳児クラスの子どもたちが掘ったサツマイモを焼き芋にする日。中学生と子どもたちは枯葉集めからみんなで一緒に行いました。火のおこし方や、サツマイモの下準備なども中学生のすることを見て学ぶことができました。クラスに戻り、子どもたちと一緒に焼きあがった焼き芋を食べました。

中学2年生男子生徒1名と女子生徒1名も2歳児クラスを体験しました。

フープで遊ぶ

種の皮むき

● 生徒たちは2歳児クラスの子どもたちと、園庭で遊びました。男子生徒は子どもとフープを転がし合って、かかわりを持って遊びました。遊ぶうちに徐々にかかわり方も慣れていきました。
園庭に落ちているビワの種の皮を剥くのが、子どもたちの間で流行っていて、中学生は頼まれて、一生懸命剥いてあげていました。
別の子からは何か描いてほしいと言われ、短い木の棒で、地面に絵を描いてあげています。

地面にお絵描き

小学生のふれあい体験学習

小学1年生女児3名が2歳児クラス（男児2名女児2名）を訪れました。

● 小学生が2歳児クラスの子どもたちと、にじみ絵をしている様子です。自分たちの作品を描きながらも、小さい子どもたちの様子が気になる小学生。その後、2歳児クラスの部屋で、懐かしい道具で遊びました。（卒園児の参加が多い）この体験学習は年6回行っています。

（写真・コメント提供：白梅保育園）

す。幼ければ幼いほど，担当の大人以外はイヤという子のほうが多いかなと思います。それは当たり前だろうと思います。私たちは，生理的な欲求を満たしてくれる保育者とは違うお姉さんという存在を受け入れてくれているのかなと思っています。

そんなことから，子どもたちがふれ合いを通してお姉さんという存在をどのように理解しているのか考えてみました。残念ながら，私たちの意識が薄かったのかもしれないし，私も書きとめておくということをあまりしていなかったものですから，ここに書いてあることぐらいしかないのですが，1歳児，2歳児の場合は，「キョウモクル？」とか「オサンポニマタイキタイネ」と言っています。

たまたまM子さんのおうちがお散歩コースの中にあったので，より身近な存在と感じたのか，その次に来たお姉さんのお名前を間違えてしまうということもありました。絵本も『マイコサンノアンニパンニ』というように印象づけて話すこともあります。

そういったことから考えますと，小さな子どもにとってお姉さんというのは，一つは，お父さん，お母さん，保育士とは違う存在として，非日常的なことを少しずつ受け入れて社会性の中に広がっていく，そういう存在として位置づけていけたらいいのかなと思っております。

●卒園児の遊びの会
　時間が来てしまいましたが，あと一つ，今は家庭科の保育教育ということで，小さな子どもとふれ合うことを通して生命の大切さを学ぶということを先生方は考えていらっしゃると思うのですが，その意味でも今私たちは卒園した小学生の子どもたちの遊びの会をしています。

土曜日の午前中にやっているのですが，その中で，『おへそのひみつ』とか『おっぱいのひみつ』といった絵本を通して小学生に働きかけています。本当に針の穴くらいの小さな卵だったんだよねというような，そのことを通して，子どもが自分の存在に気づき，周りの大人に気づいていってほしいと思ってやっています。

会のあとには，そのように針の穴くらい小さかったという自分の生命の始まりの話を聞いた小学生の女の子が，「針の穴のように小さかった私がこんなに大きく育つことができた。だったらこれから何があっても頑張れる自分になれるんじゃないか」と話してくれました。

そんなふうに，私たちも乳児期だけではなく，このことが小学生，中学生，高校生にずっとつながっているということを，これからもっともっと意識して，子どもたちと向き合っていかなければいけないのかなと思っております。

以上で終わりたいと思います。ありがとうございました。

報告 5

異年齢集団保育と小学生，中学生，高校生，大学生のかかわり

伊藤亮子（立教女学院短期大学講師　元こぐま保育園園長）

　私は以前，多摩ニュータウンにあります「こぐま保育園」というところで30年ほど保育にかかわっていました。そして現在は立教女学院短期大学で保育士の養成にかかわっています。その2つの経験を合わせながら，ちょっと角度の違う問題提起になるかと思いますが，提案させていただきたいと思います。

● こぐま保育園開設の頃
　　－35年前の保育をめぐる状況

　私が保育の仕事に携わり始めたころは，女性が働くことと子育てを両立することが非常に困難な時代でした。普通に勤務するための保育時間というものが法的に整備されていない中で，8時間を原則とすると言うと8時間働く人はどうするのかという問題の中で悪戦苦闘していた時代です。

　その中で，東京多摩ニュータウンというのは核家族が大挙して押し寄せてきてできた町で，一気に子育て問題が噴きだしておりました。そこでは現実に，産休明けから長時間・長期間にわたって，乳幼児期のほとんどすべての生活を保育園で送る子どもたちが発生するという状況でした。

　先ほど大山先生から家庭との関係のお話がありましたが，実は圧倒的部分は保育園が子どもたちを育てているのです。家庭は帰って寝るだけ，朝起きて顔も拭かずに来る子どもがいるという現実です。最近では土曜日，日曜日も保育園をやれという状態になっていて，本当にこれでいいのかということも一つテーマとしてありますが，労働環境が非常に悪化しています。

　つまり最近の状態では，子育てとの両立は，保育の問題というより家族と労働の問題となっているのではないかと考えております。35年前は，そういう状態の中で何とかして子どもの発達を阻害せず，「発達を保障する乳児からの長時間保育」を実現したいという思いにかられて悪戦苦闘し，あらゆる工夫をいたしました。

　そのときに私たちが基本的な保育の視点に置いたのは，生活の現実に深く根ざし，子どもが必要とする保育はどうあったらいいのか，考えることでした。一番先に問題となったのは食事の問題です。今は食育ということで法律までできていますが，30数年前にも大きな問題でした。

　子どもたちが生命を守り育てられているという実感をどこで持つかと考えたとき，朝の7時から夜の7時，8時まで保育園で生活する子どもたちにとって，自分の生命が守られている安心感を誰にどのように保障してもらうかというのは大きな問題です。そして，その中心にあるのは食べることであり，眠ることであり，排泄することであり，生活の行為そのものがどれだけ大事なこととして大人に支えられ，保護され，養育されるか。そのことが教育として乳幼児期の子どもに保障される保育でなければいけないのではないかということがあったわけです。

● こぐま保育園における取り組み

　私たちの施設はなんと200名の定員で，ゼロ歳児だけで2クラスありました。好むと好まざるとにかかわらず，認可の基準が200名定員という時代だったのです。定員

は大きいけれど，どうしたら子どもたち一人ひとりが保育者との関係で，子ども同士の関係で，小集団でより深いコミュニケーションがとれる保育にできるか。いつもそればかり考えていました。それで，低年齢児はできるだけ12名以下の小集団にして，クラスをいっぱいつくるというクラス編成をしていました。

　本当に一生懸命でした。開園3年目には，それぞれの家庭で食事がどのようになっているか調査し，長時間保育をするときに今の日課，今の生活リズムでよいのかを集団保育の場から考え，やはり午後のおやつはこのままではよくないと考えました。

　夕方6時，7時までいる子どもたちが，3時のおやつにおせんべいや，手づくりおやつといってもプリンを食べているぐらいでは子どもの生命を保障する内容にはならない。ということで，3時半から4時の間に軽食を実施することにしました。そうすれば夕方7時までいても，おうちに帰って間食しなくてもごはんまで待てますよというふうに，集団保育の場からつくり替えていく作業をやってきたのです。

● 社会的な保育の担うべき責任とは

　社会的な保育が担うべき責任というのは，何でしょうか。商品化が進み，すべてのものが商品になる状況の中で，親が子育てで何を大事にしたらいいかを選択するときの基準，価値基準というものを本当に持ちにくい社会です。

　私は，この国は本当の意味で「子どもの生命を守り育てる生活の営み」というものを文化として継承することの価値を見失ってきたと思います。とにかく長時間目いっぱい働くことが優先されてきた。そのしわ寄せがみんな子どもたちのところに来ている。

　さらに，今はそれが世代を重ねるという連鎖が始まって，そのように育てられた子どもたちが親になる時代です。何が大事で，何を次の世代に伝えるのかという文化としての価値を，私たちの国は本当に粗末にし，低くしてきたのではないかと思います。

● 食事を大事に

　そういう中で集団保育が果たす役割は何か。社会的保育が子どもたちに伝承することを通して父母と新たな価値観をつくり出していく，そういうことが必要なのではないかと考えて，食事というものを本当に大事にしました。旬のものを献立に入れる。子どもたちが食事をつくることで，まず自分たちが大事さを実感する。包丁の使い方を保育の中に実際に取り入れていく。子どものつくりたいという要求を育てるために，野菜を自分たちでつくる。そういうことを保育の中身として創造し発展させようとしてきました。

　しかし，そんな努力もむなしいほど，本当に焼け石に水とよく言われましたけれども，変化は速かったです。こういう中で私たちは，乳幼児期の子どもの育ち方を，今のように年齢別で考えているだけでいいのかという問題にぶつかりました。

● きょうだいは一緒に保育

　どういうことかというと，家庭できょうだいが一緒にいるとストレスになるという意見が親御さんたちから出されるようになってきたのです。きょうだいが一緒にいるとストレスになるから，片方だけ保育園で預かってよ，という，そういうことが聞こえてくる中で，これは何かが変わり始めたぞと思いました。

　ここでもまた質の違う関係性をつくること

の価値が失われてきているのです。つまり，人間としての感情の幅とか，人間関係の豊かさとか，けんかをしながら育っていく意味とか，そういうものが価値を持たない状況の中で子育てが進んできている。つまり評価がすべて偏差値で一律化される中で，子ども観，人間観というものが変わってきていると思ったのです。

こういう中で，私たちは「きょうだいは一緒に保育する」という保育に転換しました。大変でした。もう親たちは怒る，泣く。年齢別でとても丁寧ないい保育をしてくれると期待してきたのに，何でこんなことを先生たちは考えるんだ，ばかじゃないかみたいなことをいっぱい言われました。

でも，異質なものを受け入れられない，ちょっと想定外のことが起きたらパニックになる，こんな状態でいいのかと何度も話し合って，200人の親のうち最終的に話し合いに参加せず反対したのは2名だけでした。それで踏み切りました。本当に大変でした。

そして，きょうだいは一緒にしました。土曜日に実験的なことはやっていたのですが，そこから子どもというのは本当に何とすばらしいのかと思いました。乳幼児期の子どもにもこんなに主体性があるのかとか。実は子どもというのは一人ひとりちゃんと違いを理解し，それを受け入れながら育ち合っていくことが可能なのです。子どもは生まれながらにして社会的存在であり，育ち合っていく可能性に満ちているのだということを子どもたちから教えられたわけです。

というのは，子どもは実に見事に，大きい子は幼い子どもにちゃんと配慮することができるんですね。きょうも運動会だったので午前中ちょっと見せてもらったのですが，3歳と4歳と5歳が一緒に課題に取り組むので

す。例えば3歳はぴょんぴょんで飛んでいくところを，5歳は片足けんけんで行く，3歳がフープをトントンと行くなら，5歳はちょんちょんと行きながらするとか，内容を変えながら一緒にスタートして，一緒にゴールするというように工夫してやっているのですが，実におもしろいんです。

3歳児というのはこんなに幼かったかと改めて思うぐらい，5歳児は自立性が高まっているのが，大人たち，親たちが見ていて見事に分かるんです。ところが3歳と5歳が一緒にチームを組んでやるときには，5歳はちゃんと3歳から先にやらせている。絶対に無理やりしたりはしない。こういうのを見ていると，子どものすばらしさがよく分かります。

●大学生，高校生，中学生，小学生が来る

こういうところに大学生，高校生，中学生が来るのですが，小学生も来ます。定員が大きいので35〜40人で一つのおうちのようにして，そこにお部屋が2つと，1つの食堂，1つのラウンジとキッチンとお便所がある，というふうに分けているのです。保育園自体も，長屋が5軒あるような感じで，大きなおうちがいくつかあるという構造に建て替えたのですが，卒園して小学生になった子どもは，夏休みになるとお弁当を持って遊びに来ます。世話をしたくてしょうがないというか，そういう子どもたちの姿もあります。

この間は，大学生になった子が，「僕は今，心理学を勉強しているので」と言って，ボランティアで1か月いました。

中学生にも高校生にもみんなに共通しているのが，保育に入る前の気持ちで，「子どもにどう接したらいいのか分からない。戸惑っている。緊張と不安でいっぱいである。部屋に入ったら子どもは泣いてしまうのではない

か。うまくコミュニケーションできないのではないか。一緒に遊ぶことはできるか」と，ものすごい不安を持って，緊張して，ビンビンになって来るというのが特徴です。

ところが，保育園育ちの子どもというのは大学生でも意外と余裕があるんですね。保育園のイメージがあるというのもあるでしょうね。「僕も小さいときこうだったかもしれない」とか，「こんなことしていたかな」とか，わりとワクワクするというか，心待ちにする余裕が見えました。

参加したあとの子どもたちの感想では，「小さい子が自分のことを誘ってくれた。遊ぼうと言ってくれた。手を引っ張ってくれた。そういうことがものすごくうれしかった」というのが共通していました。これは中学生でも，高校生でも感想を見ると同じです。

また「折り紙をしよう」とか，「絵本を読んで」とか，子どもに教えてもらってすごく助けられたと。折り紙なんて実は子どものほうが上手なんですよ。「お姉ちゃんやって」と言われてやろうとするけれど，なかなかうまくいかない。そうすると子どもが教えてくれて，助けられてできたのがすごくうれしかったと書いています。

自分がとても自然な気持ちになれたのがうれしかったとか，子どもたちが笑顔で言ってくれるので，自分も思わず笑顔になれたのがうれしかったとか，子どもとの距離が縮まって，温かい気持ちになれたとか。そういうふうに過ごして帰るときに，「もう帰るの。あしたもまた来る？」と子どもたちが言ってくれたとか，「先生はおうちが遠いからきょうはもう帰れないんじゃない。だから保育園に泊まったら？」と言われたとか。

子どもがいろいろ言うので，そういうことがうれしくて，涙が出ちゃったというんですね。こんなふうに自分が期待されたり，頼りにされたり，必要とされていることがものすごくうれしいと。それで涙が出てきて，「お姉ちゃん，どうして泣いているの」と子どもに聞かれたという感想もありました。

●子どもたちにとってお姉ちゃん，
　お兄ちゃんの訪問は

つまり，子どもたちにとっては，家庭で言うとお客さんが来たときのような気分なんですね。昔の家庭には隣近所の人がいつも出入りしていました。誰かが来るというのは非日常ですが，さっきもちょっと報告がありましたが，日常の中にも結構そういう要素はあったんですね。

隣のお姉ちゃんが遊びに来て，自分のお姉ちゃんは決して言ってくれないようなことを言ってくれたり，やってくれたりするのがすごくうれしいとか。結構見ているんですね。お姉さんってこういうときはこうするんだとか，自分のお姉ちゃんと違うものをちゃんと学び取っていたりして，子どもの主体性というのはすごいなと思います。

乳幼児期の子どもほど心を開いているので吸収力が豊かだと思うのですが，そういうふうにして吸収していく子どもたちが，1歳から5歳の異年齢のグループをつくり，その中で，きょうだいが一緒に生活する。

●学生がとらえた子どもの育ち

こういう中での子どもたちの育ちがどんなふうに学生の目に映ったか，学生の反省文の中から拾ってみました。「子どもの手ってこんなに小さいというのに本心で驚き，その小さい手をつなぎ合っている姿は何と魅力的でかわいいんだろうとすごく感動した」とか，「子どもたちが見せる笑顔は，自分が今まで

想像したことがないような素敵さだ」ということを発見したり，「小さい子というのはもっと抽象的にしか表現しないものだと思っていたけれど，たどたどしく必死に具体的なことを，これやってとか，あれしてとか，こうしたいとか言ってくるのに驚いた」と言っています。

また，子どもというのはいつも自分のことを表現しようとしているので，けんかをしたり，泣いたりしている子がいると，そこに保育者ではなくほかの子が来て，どうしたのとかいろいろ聞いてあげたり，なだめたりして，けんかを仲裁している。それでも解決ができないと，「先生ちょっと来て，ちゃんと助けてよ」と言うとか，そういうことが子どもたちの姿の中にいっぱいあってびっくりしたとか，子どもってそんなことができるんだとびっくりしています。

子どもというのは誰に言われなくても自分で自分のことができるんだ，こんなに小さい子がこんなことができるんだと。例えば食事の後片づけとか，お昼寝の準備・片づけ，全部自分たちでやる。先生がしなくても5歳が配ぜんをしたり。5歳児が片づけをすると小さい子もまねして片づけるので，そういうふうに自分でしているということに，「大学生だって自分の食器も片づけないで飛び出しているのに」とか，そういうふうに振り返って驚いている姿がいっぱい見られます。

ちょうど小学校の避難訓練の日に行ったときには，1歳から5歳の子どもたちが静かに先生の言うことを聞いていた。その姿を見たとき，自分たちの避難訓練の姿と重なって全然違うなと。こんな小さい子でも訓練の大切さがちゃんと分かるんだと驚いていました。

私が一番うれしかったのは，最後の5番目に書いていますけれども，子どもたちは自分のことは自分でするけれども，できない子がいた場合，できる子がゆっくり優しく教えてあげていた。自分が5歳のころには，自分のことで精いっぱいで，他人のことまで，ましてや小さい子のことまで面倒を見てあげた記憶はなかった，していたかもしれないけれど記憶にないと。

そんなことは大学生になった今の自分たちにもなかなかできないことだし，保育園の子どもたちの自立度はとても高いんだと感じた。他人の心配ができるほど気持ちに余裕があるというのはすごいことだと思った。子どもたちは保育園が大好きなんだと分かって，自分は幼稚園育ちなので，保育園にちょっと偏見を持っていたけれど，自分の保育観を変えなければいけないと思ったというような感想を寄せてくれています。

●子どもたちの問題状況と，乳幼児期の育て方

今の子どもたちの中に見られる，他者を受け入れられないとか，異質なものとかかわれないとか，パニックになってしまうとか，そういう余裕のない精神構造がどうしてつくられてきたのかと考えると，乳幼児期のこの時期にどんな育て方が必要なのかということをしっかり考えなければいけないのではないかと思っているところです。

そういう意味で，保育の転換をしてきたことが，子どもたちにとってお互いの違いというものをわかるようにさせてきた。1歳から5歳って相当違いますよね。もちろん日課も違います，リズムが違いますから。1歳の初めごろは，昼間は寝ています。5歳は1歳が寝ているときは「しーっ，静かにして。散歩に行くよ」みたいな，そういうことが分かるんですね。自分たちが帰ってきたときに寝て

いたら、「静かに手を洗おうね」とか。

　こういうことも毎日の積み上げの中で身についていくものなんですね。大人が教え込むというよりも、そういう中での大人の振る舞いが非常に影響します。今はちょっと静かにしようねとか。そして、その分違うところで5歳児を思い切り外で力を出して遊ばせるとか。

　また、小さい子というのはちょっと手を貸してあげるとすごく嬉しいんだとか、そういう気持ちの交流を幼い時代にすることで、子どもたちは感覚を100％使って、五感のすべてを使って人間関係の基礎を学び取っていくんですね。そういうことが可能だし、そういう暮らし方というか、かかわり方が当たり前のこととして、ごく普通のこととして身につくことが、次の課題に向かって、就学ということを考えたときにも、子どもたちの基礎力として必要なことではないか。

　精神の余裕、今自分がやろうとすることと周りとの関係を自分の中で判断し、コントロールして行動することができる力というのは、学校に入る前の基礎的な心の育ちとして大切に育てておかなければいけないことではないでしょうか。そのことは実は遊びや、ごく普通の生活を大事にすることの中で育ち得るものなんだということを、子どもたちの実際の姿の中で改めて教えられ、また外から見た学生たちの観察記録の中から教えられました。

●不登校の中学生が保育園へ

　もう一つ、実は不登校の中学生をこの集団保育の中に受け入れたことがあります。ちょうど異年齢への移行の準備をしていて仮園舎で保育をしているときに、その子が訪れました。お母さんは仕事を退職して子育てに専念してきた方で、お父さんは有名企業の部長という家族のお子さんでした。

　小学校6年生までは本当にいい子だったそうです。それが中学に行って、あるときから学校に行けなくなったと。その子は長女だったのですが、お友達が保育園でパートとして働いていたので、それで保育園の話を聞いて、保育園なら行ってみたいというので、お世話してもらえないでしょうかとお母さんから申し入れがあって、卒園児ではないけれど、「じゃあ、来てみる？」ということで来ました。半年ぐらい、学校に行かないで保育園に来ていたんです。その子がいろいろなことを私たちに教えてくれたのですが、今まではお母さんに学校での生活なんか話したことがないのに、保育園から帰ると保育園の話をお母さんにたくさんするんだそうです。そしてその中身が、なんと友達がたくさんできたというのです。Aちゃん、Bちゃん、Cちゃん、誰はどんな子で、誰はどんな子でといっぱい話すことがあって、こんなふうにして遊ぶのと。

　実際、5歳児と同じように遊んでいるんですね。けんかもするんです。保母さんが困ってしまって、「どうしよう、保育が乱れちゃう」と言うこともありましたが、そのうち落ち着くんじゃないかと言っていたら、だんだん落ち着いてきて、最後には卒業式に学校に行って卒業証書をもらって、そして高等学校に入ったんです。

　高校に行っても、夕方とか休みになるといつも制服を着たまま保育園に来て、保育に参加しています。この子は遊ぶべきときに遊んでいなかったんだなと思いました。お母さんが保育園に来て、子どもたちがお庭でこんなになって遊んでいるのを見て、「先生、子どもが遊ぶってこういうことなんですね」とおっしゃいました。

●乳幼児期に大切なこと

　では，小学校では子どもは遊んでいなかったのかとそのとき私は思ったんですが，つまり，子どもたちがその年齢でするべきこと，本当に大事な体験の時間を奪われているのではないか。そして今，大きくなってから，先生たちがご苦労されて一生懸命小さい子とふれ合う場をおつくりになっている。その必要性が本当に大きくなっているのが現実だと思います。

　そういう意味で，私は保育士課程で学ぶ学生，また家庭で子育てをする方たちに，ぜひ乳幼児期に大事なことは何かというのをもう一度立ち返って考えてほしいと思っています。子どもたちは昔，家庭と地域だけで育っていたのです。子どもたちは異年齢の子ども同士の関係の中で，目を皿にして必死に大きい子のすることを学ぼう，獲得しようとしていたのです。子どもたちはみんな自分で自分を育てる力を持っていたのです。

　今も子どもたちは持っていると私は思っています。私たちはそういう環境をつくり出し，子どもが発達の主体者であることを貫ける保育のあり方を考えなければいけないなと，子どもの姿に教えられながら考えているところです。

　まとまりませんが，ちょっと問題提起をさせていただきました。

第5回 シンポジウム　　2008年10月

親と共にすすめる保育の創造

- ■　基調提案　親と共にすすめる保育の創造　—親理解と家族援助のありかたをめぐって　／金田　利子
- ■　報告1　小学生との交流における事前学習　／金子　京子
- ■　報告2　大人の立場に共感できるためのプログラム—自分のライフプランを考える　／荒井　智子
- ■　報告3　幼稚園と親のかかわり，親同士のかかわり　／松永　輝義
- ■　報告4　大人が育つ保育園　／市原　悟子
- ■　コメント1　家庭科における「家族学習」の課題—固定的概念を崩す　／鈴木　敏子
- ■　コメント2　保育者養成における「家族援助論」の視点から　／土谷みち子

■ 基調提案

親と共に進める保育の創造 ―親理解と家族援助のあり方をめぐって―

金田利子（白梅学園大学教授）

　白梅学園大学において学校教育における家庭科の保育と保育者養成の保育の接点から保育の発展を考えるシンポジウムを始めて今年で5回目になります。その経緯とこれまでのまとめについては，資料として掲載した通りです。

　これまでは乳幼児と中・高生のふれ合いを中心に交流を深めてきましたが，今回は最近問題になってきている，親理解の問題に視点をおいて，双方からの接点を求めて討論したいと考えました。改訂された幼稚園教育要領・保育所保育指針においても，親支援や家族援助が広義の保育の仕事の内容としてより明確に位置づけられました。しかしこの場合も，親を子どもの成育にとっての「手段」としてみる支援であるなら，支援したつもりが追いやっている形になってしまいかねません。

　卒業後10年前後にはほとんどが親になっていく生徒を対象としている中学校・高等学校家庭科では「保育」という領域があり，子どもと保育について学び，親性準備性教育がなされています。この領域は，学習指導要領では将来の親教育を目指したものとなっていますが，新しい家庭科の保育教育がめざしているのは，それを超えての研究・実践，本人が親になってもならなくても，幼い者を慈しみ育てるという子どもにとっての親の特性の教育です。これまでの家庭科保育領域は，親自身を生涯発達の過程にある一人の人格としてみることがありませんでした。つまり家族責任の担い手であると同時に，生産労働の担い手であり，社会を担う市民であり，発達過程にある個人としての大人の発達についての学習にはなってきていませんでした。心理学などでも，親については親子関係という形で子どもの問題を親に還元する研究が多く，親・大人の人格発達の研究としては充分な関心が払われてきませんでした。

　保育実践の場でも，○○さんとしてではなく，○○ちゃんのお父さん・お母さんとして親を捉え，子どもにとってどうかだけを見ており，その場合保育者からみて所謂良い親はマルで，保育者の常識をこえた要求の多い親や無関心な親は，暗黙の内に「モンスターペアレント」あるいは「無理解な親」とされてきたように思われます。

　今回のシンポジウムでは親を単なる親としてではなく，生涯発達の過程にある壮年期の人間として理解する教育が必要ではないかという問題意識から，家庭科と保育者養成の教育の繋がりをみることを課題として取り上げます。

　比較的近い将来大人・親になる生徒に「保育・親・家族」の学習をリードしていく家庭科教育ではどの様な実践が行われているのか，今後行なおうとしているのかについて中学校と高等学校の実践を出していただきます。

　つづいて，そうして育ってきて親になって幼稚園・保育園に子どもをあずけた親たちの姿はどんな状況にあるのか，どんな親が増えてきているのか，その際そうした親

をどう受け止め，壮年期の人間としてどのように理解しようとしているのか，親と共にどう保育を創り，結果として親と保育者が共にどう変わろうとしているのかについて出していただきます。

そしてコメンテーターとして，家庭科教育の家族分野で家族・親について研究・教育しておられる立場と，保育者養成機関で家族援助論について研究・教育しておられる立場からコメントをしていただきます。

それを踏まえて，社会の変動の中でおこる幾多の矛盾を捉え，共に発展に向けて切り開いていく市民として子育てを通してどう育ち合っていくか，そして，今後どんな家庭科教育や保育実践を，またそれぞれの教師や保育者の養成教育をしていくかについて，参加者の方々と討論できたらと期待しています。

現在，教育行政の一部からは家庭科教育不要論も聞こえてきています。保育行政の方は安上がりにという条件はありますが，目下どちらかといえば拡大政策の方向にあります。しかし，親の人間としての発達とその理解は，子育てという社会に欠かせない事業を共に発展させていく上で，全ての子どもが必ず学ぶ家庭科教育に負うところが大きいのです。真の意味で質の高い家庭科教育は親・市民の水準を上げ，良い保育とは何かを識別する能力も育つゆえに，保育の水準を高くしていくものです。

この循環に，両教育の当事者は勿論，政府も市民ももっと目を向けていくことが不可欠ではないか，この両者の手つなぎの中にこれからの社会発展の展望を見ることができるのではないかという希望をもって，本シンポジウムをすすめていきたいと考える次第です。

■ 報告1

小学生との交流における事前学習

金子京子 （さいたま市立大谷場中学校教諭）

●はじめに

皆さん，こんにちは。本日は「小学生との交流における事前学習」を中心に発表させていただきます。

●小学生との交流における事前学習

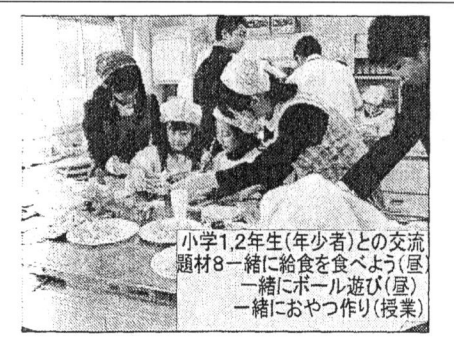

どうしてこの授業ができたかというと，文科省のほうで中学校の家庭科を対象にした産業教育養成講座というのがありましてそこに出ました。どんな内容だったかというと，保育とか家族について一生懸命学ばせてくださいという風潮が高まっていたときで，中学生がよく幼稚園を訪問しますので，幼稚園の先生になる人が学んでいる内容の一部分にかかわるような授業を受けました。

それはとてもびっくりする内容でした。私はそのときにはもう子育てがほぼ終わっていて，子どもは高校生になっていたのですが，もっと小さいときに聞いていればよかったなという内容でした。そこで，自分の子どもはともかくとして，この内容を何とかして子どもたちの題材にできないかと思って考えたのが，幼稚園訪問に行く前の事前学習として取り入れた「幼児理解」をねらいとした「幼児の会話1，2」です。

私の学校の近くには幼稚園も保育園もないのですが，学校が小・中一体の学校となっており，「年少者理解」という意味では，小学校1，2年生との交流も可能であるということから実施することができました。

小学生は1クラスの人数が多いので，中学生と小学生1対1の交流を設定することにしました。そのため，適当なかかわり方ができないという条件設定ともなりました。また，小学校の先生が，「たった1回では仲よくなれないから，その前の昼休みを使って2回ぐらい交流しましょう」と言ってくださったことから，1回目の昼休みに相手の確認をし，2回目の昼休みには，校庭でボール遊びや，体育館で紙飛行機大会をしました。最後に，小学生が作ったさつまいもの収穫祭を兼ねて授業を1時間使い「サツマイモのおやつづくりの交流」をする実践を行いました。

表1　3歳児のごっこ遊びのエピソード

（べにおとれいこがおままごとコーナーでお医者さんごっこを始める。） べにお：いけない，私，お医者さん　行かなくちゃいけないのね。 れいこ：あ，私が赤ちゃん　風邪ひくから，お医者さん　行かないといけないの

第1部 家庭科の保育と保育者養成の保育をつなぐ －シンポジウムの記録－

　　　　　ね
べにお：私が，赤ちゃん，風邪ひいていないから大丈夫だわ。
れいこ：わかった。それで寝ているのね。赤ちゃんがね。
べにお：今日，ここに寝てください。あたし，看護婦さんね。ここに寝て下さい。
れいこ：はい，私が看病するからね。
べにお：はい。
れいこ：電話しますから，おかあさまね。
べにお：はい。
れいこ：病院いるの。
べにお：赤ちゃんね，連れてきて。
れいこ：赤ちゃんね，風邪ひいちゃったのよ。だから，可哀そうだと思って，病院に連れてきて。
べにお：はやく，おかあさん，来て，なによ。おかあさん，来て来て来て。
れいこ：こんなことになったから，おかあちゃん，が，いないと，え，おかあちゃん？　あなた，おとうちゃんだって。
（この後，動物園に行く話に変わってしまう）

●幼児の遊びと会話（3・4・5歳児の会話）

　表1，表2のエピソードは学芸大学の倉持清美先生が研究された「幼児の会話」の中の一部分です。3歳児，4歳児，5歳児の代表的な会話を年少者理解に使いました。
　表1は，3歳児の「ごっこ遊びのエピソード」です。生徒が3人が1グループになり，一人が「べにおちゃん」になり，その隣の子が「れいこちゃん」になってというような形で役割分担をした後シミュレーションします。すると「何を言っているか分からない」という感想が出てきます。そこで，「幼児は何を楽しんでいるんだろうか」と発問します。「真似をしていて楽しんでいるんだ」「役を演じる事を楽しんでいるんだ」と答えてくるので，教師が，この遊びでは「ごっこ遊び」であると説明し，まとめます。
　表2は，4歳児，5歳児の「エピソードクイズ」です。4歳児は現実と虚構の世界を行き来し，5歳児は現実的であることがわかる内容です。4歳児がお化け屋敷を作り，出口で出されたクイズに正解すると出られるという内容です。かずき君が出すクイズは成立しない内容ですが，としや君は「コウモリ」と答え，正解でないのに出られる。つまり4歳児はクイズを出すこと，答えを言ってくれたら「ピンポン」言えるシステムを楽しんでいるんだということが分かります。そこにまさのり君という5歳児が来て，「そのクイズはおかしいでしょう」と言います。5歳児だとクイズが成立することがわかります。たった1歳違うだけでも，言葉の発達や理解の仕方も違い，遊び方にも影響することが授業で伝えることができます。このことからかかわる

表2　4歳児と5歳児のエピソード・クイズ

（4歳児クラスで　お化け屋敷が作られ，出口でなぞなぞに答えて，正解ならば出ることができることになっていた。かずきが問題を出し，としやが答えている。）
かずき：頭がなくて，夜になるとなくものなんだ。
としや：えーと，こうもり。
かずき：ぴんぽん，いいよ出て。
備考：答えがあっていなくても，ピンポーンにしてしまう。答えることが楽しい
（こうした　なぞなぞが行われているところへ，5歳児のまさのりとけんたがやって来る）。
かずき：空に浮いている食べ物，なーんだ。
まさのり：えー，なんだよ　それ。

> かずき：わたあめ。
> まさのり：そんな，なぞなぞ，ないよ，よし，おれが，出してやる。
> （まさのりがなぞなぞを出す人になって，同じクラスのけんたに問題を出す。）
> まさのり：パンは，パンでも食べられないパンはなんだ
> けんた：フライパン

ときにも気をつけなければいけないという気持ちが生まれるようにしました。

● 教師の声かけ

表3　4歳児と5歳児のエピソード・山対決

> （砂場で4歳児と5歳児が大きな山を作り始め，いつの間にかどちらが大きな山を作るかの競争になってきました。シャベルや手で一生懸命砂を掘って積み上げ，山を作っています。）
> 5歳児：5歳児のグループの2人が4歳児の山を崩し，その砂を自分たち5歳児の山に積み重ねている。
> 4歳児：たくまは砂をとられていくことに驚いて，むっとしていてとっていく5歳児を見つめる。年上なので何も言えない。他の4歳児は黙々と山を作っている。4歳児に見つめられると5歳児はやめるが，少しするとまた4歳児の山を崩し，砂をとった。
> たくま：ついにあたまにきて5歳児の山を崩しにかかる。
> 5歳児：たくまの反撃に，つかみあいのけんかになる。山崩しに気が付いていたメンバーのみでけんかになる。
> （そこへ先生が登場する。先生は園児が気がつかないところで様子を伺っていたので，グッドタイミングな状態で園児のそばへやってくる。）

表3は，「4歳児と5歳児のいざこざの際に幼稚園の先生のかかわり方が見られるもの」です。前任校では幼稚園訪問をしていましたので，その際に得られたエピソードです。これがまたびっくりでした。

園児のそばへやってきた先生がその子に何を言うのか興味があったので，分からないようにして言う言葉を聞きとることができました。5歳児は，先生に一言言われた途端，下を向いてちょっと考えた後，顔を上げ，手を広げて，「やめ，やめ，山対決，やめ，やめ」と言ったんです。（これは山対決と言うのか）ということがわかりました。

幼児のいざこざが始まりそうになった時，「中学生だったらどうするだろうか」言う発問をなげかけると，「やめなさい」とか，「何があったの」とか，「どうしたの」という答えがでてきました。

一言言っただけで，一番中心人物の園児の行動を変えた一言とは，「○○ちゃん（中心人物の名前）だったらどんな気持ちになる？」，これだけだったんです。これだけで変わったんです。そこで次に，「先生はなぜこのひと言しか言わなかったのかな」と子どもたちに聞きました。「幼児に考えさせたかったんだと思う」と言うんです。そのとおりなんですね。そして，「幼児は言葉が多いと分からないから」と。ちゃんと分かっているんですね。

次に，「では，なぜ一言で行動を変えることができたのだろうか」と聞いたら，「それは幼稚園の先生との信頼関係ができていたからだと思う」という答えと，「過去にその園の遊びの中で嫌な経験をしたことがあったから，そういう一言でやめられたんだと思う」という答えがでてきました。

このエピソードから，園児のいざこざが

あった時のかかわり方や理解の仕方について学ばせることができたと思います。このことには，事前指導ばかりでなく，将来生徒が親になった時にも覚えてほしいことを伝えました。

ちょうど時間になりましたので，終わりにさせていただきます。

報告2

大人の立場が共感できるためのプログラム －自分のライフプランを考える

荒井智子（神奈川県立氷取沢高等学校総括教諭）

● はじめに

皆様，こんにちは。神奈川県立氷取沢高校で家庭科を担当しております荒井と申します。私は氷取沢高校へ赴任して1年目で,「これが私の氷取沢高校の家庭科です」というものは，もう少し時間がたたないと確立しないように思っています。ただ，教員になりましてからはだいぶ時間がたっていますので，今までの経験も含めて，私の家庭科をご紹介させていただければいいかなと思っています。

きょうご参加されている先生方の名簿を見せていただきましたら，高等学校の先生はお二人ということで，それ以外の皆さんは高等学校の家庭科の状況が全く分からない状況ではないかと思いますので，高等学校の家庭科について簡単にご説明させていただきます。

● 高等学校の家庭科教育

本校では「家庭基礎」という科目を学校として選択しておりますが，高等学校の学習指導要領では,「家庭総合」が3年間で4単位,「家庭基礎」は3年間で2単位です。「生活技術」も4単位ということで，この3つの科目の中から1つ選んで必履修，3年間に必ずどれか1つは学ばなければ卒業できないという位置づけになっています。

現状を申しますと，当初，神奈川県はどこの学校もとにかく4単位は必ず確保していこうということで進めてまいりましたが，現状では，大学への進学希望者が多い学校では「家庭基礎」が定着している状況です。3年間で2単位です。一方，そうでない学校を中心に4単位の家庭総合を設定している学校が多いように受け止めています。

私は，昨年まで家庭総合4単位のほうの学校に長いこと勤務しておりまして，今年いわゆる進学校と呼ばれている学校へ転勤しましたので，2単位の授業になったわけです。4単位から2単位ということで，家庭科の授業時間は半分になってしまいました。その中で何を選んで生徒に提示していくか，その都度悩んで授業を進めているという状況です。

● 高等学校「家庭基礎」の構成

私が今年担当しています「家庭基礎」ですけれども，学習指導要領には1番から4番までの柱があります。1番は「人の一生と家族・福祉」，2番が「家族の生活と健康」，ここのところがいわゆる従来の調理実習をやる食生活分野ですとか，被服製作をする衣生活の分野ということで，以前はここの部分が大半を占めていたのですが，今は全体の中の一つの柱に位置づけられている状況です。それから，「消費生活と環境」，最後は「ホームプロジェクト」という4つの柱になっております。家庭科の学習内容も大きく変化している状況で

きょうは私が昨年度まで勤務していた学校を中心に，簡単に私の家庭科の中の保育領域についてご紹介させていただきたいと思います。

●「家庭基礎」での実践―小学校との交流―
　実は私は学生時代，金田先生にお世話になって，金田先生の授業の中で，「とにかく子どもにふれ合わせなくては。」という，その言葉がすごく印象に残っています。それで，教員になってからはずっと，どんな形で生徒と幼い子どもたちとのかかわりを提供していこうかと考えてまいりました。
　しかし，高等学校というのはとても規模が大きいです。いま私が勤務している学校も1学年6クラスありまして，1年生全員が家庭科を履修しています。つまり240人全員に同じ教材を提供しなければいけないのですが，じゃあ，みんなで保育園に行きましょうとか，そういうことはできないのが現実です。結局は希望者というか，（単純に行きたい人というわけではなく，）いろいろなシステムをつくりまして，形としては一部の希望していた生徒，いつも30人から40人ぐらいですけれども，その生徒たちに直接幼い子どもたちとかかわる場を設定してきました。
　前々任校では保育園に通っていましたが，前任校では小学校へ行きました。前任校への赴任が決まって，そこの学校へ行ったときに，その学校のすぐ横に小学校があったので，絶対にこの小学校とつながりを持とうと思ったんですね。それで，そこの小学1年生と遊びを通しての交流会を持つことにいたしました。前任校には9年勤務していたので9回目を終えて，その会が「なかよし会」という名前で継承され，私の後任の新着任者によって10回目が行われたということで，私としてはとてもありがたいなと思っているのですが，そんな小学1年生との交流会を行いました。
　小学1年生との交流会を持つ中で，当初は小学1年生の担任の先生と高校の教科担当である私とでささやかに行ってきたのですが，だんだん他の教職員，主に管理職の理解をいただけるようになって，学校と学校の交流という形で位置づいてきたのかなと思っていました。これからもいろいろな形で発展していくといいなと思っていたところ，数年前からちょっと陰りが見えてきました。
　というのは，数年前に乳幼児が被害者となる卑猥な事件が立て続けにあったかと思います。そのころから，小学校側の校長先生が，「必ず手をきれいに洗ってきてください」，もう1点は，「子どもの体にむやみにさわらないでください」と言われたのです。
　私がそれまでの交流会で見てきたシーンというのは，子どものほうから高校生になついてきて，大人だったら怖いと思うような高校生のところにも小学生はくっついていって，怖いお兄さんの膝の上にちょこんと乗って，そのお兄さんも，いつもはちょっといかつい雰囲気を作っているのですが，始めは顔を引きつらせながらも子どもを受け入れる表情になっていくんですね。
　それは決していやらしいなんていうものではないのですが，そういう光景を小学校の先生のほうは，ちょっと怖いというか，危なっかしいというか，そんなふうに捉えられたのかなと思います。それは私としてはとても心外で，そういう捉えられ方をしているのであれば，この企画は続けられないのではないかと思っていました。そんなことがここ数年の間にあったことです。

そういった交流会は，希望者ということで，1クラス分くらいの生徒を対象に行っておりますが，そのほかの多数の生徒に対しては，各クラスで交流会の報告会を行い，交流会をクラス全体で共有することとしました。また，別の授業の中で，まず遊びということを大事に考えてほしいということで，遊びの手がかりとなるような簡単なおもちゃづくりを行ってみたり，乳幼児の生活体験ということで，紙おむつを題材にしたり，抗アレルギーおやつを題材にしたり，それから乳幼児用の栄養飲料が最近非常に売れているそうなので，そういったものを題材にしてみたり，具体的な乳幼児グッズを教室に持ってきて，それを食べてみたり，飲んでみたり，使ってみたりする体験実習をする中で，乳幼児の生活体験をしてみようといった授業をしております。

最後は，今は教科書の中でも児童虐待についてかなり大きくクローズアップされていますので，今日の問題・課題ということで児童虐待のことも取り上げています。

● 大人の立場が共感できるためのプログラム

そんな状況で授業を進めてまいりました。今日は「大人の立場が共感できるためのプログラム」ということで，今までの私の家庭科の授業を思い返し，反省もしながら，さらにもう一歩進めた形で，ここに挙げたようなタイトルの授業案を考えてみました。

先ほどの金田先生のお話の中にあったように，親としての大人を見つめる場は保育の授業の中でいろいろな形で設定できるけれど，そこにいる自分の親は，親でもあるけれど一人の大人としてほかの立場も抱えていて，実はなかなか大変な状況にあるんだということが高校生あたりになったら，分かってもらえるのではないかなと思います。

私も保護者面談などで，最悪な親子関係の家庭を目の前にして，どうしようと思うようなときもありますが，やっぱり親を親としてしか見ていないという場合が多いように思います。もうちょっと親のことを別の見方で見てあげたら，高校生だったら，「お父さんもお母さんも大変なんだな。しょうがないか」と，少し気持ちが落ち着くのではないかと考えることができます。こんな思いで設定したプログラムです。

具体的な授業展開としては，まず自分のライフプランを考えることから入っていきます。高校を卒業してから10年，20年，30年，40年先の自分のライフプランを考え，考えたものを「分類してみよう」というところに入れていく。自分が将来こうしたいああしたいということを，「職場」「家庭」「地域・社会」，そして「プライバシー」の4つの分野に分けてみるのです。

いわゆる自立した大人というのは，いろいろな立場の責任を抱える中で一人の人間として生きているんだなと確認しながら，自分は本当にこういった4つの分野を網羅する，そんなライフプランを考えているのか確認します。

最後に，自分の30年後を思い浮かべたときに，職場の自分，家庭における自分，地域社会における自分ということで，多角的に自分自身を見つめる。そして，ふと気がつくと，「30年後といったら今の自分の親のことじゃないか。そうしたら，今ここにいる自分の親もなかなか頑張っているんだな」という，そんなところに思いがつながっていけば，この授業の目的は達成されるのではないかと考えています。ということで，今回，提案いたしましたこの授業については，今年度の最後に，私の授業の中で取り組んでいこうと計画して

おります。

　ただ，この授業つまり，家庭科の中で生活設計を取り入れた授業が私の今までの何年間かの教員生活の中で本当にうまくいったなと，実感できたのはたった1回だけです。たった1回うまくいったのは，自分が担任していたクラスで，クラス経営が順調で，生徒との関係も良好だったクラスがありました。それぞれの生徒が自分のライフプランをとにかく私に聞いてほしくて，一生懸命私に伝えようとする。紙に書きながら，「ちょっとここで聞いていてね」と伝えようとするのです。

　ライフプランというのは，表面的に書くだけだったらさらっと書けるけれど，本当に内面から沸き上がってくる自分のライフプランを考えるという作業は，家庭科という一教科の中だけでは難しいかなと思っています。知識を伝えるだけの授業とは全く違う内容になりますので，今回も一応ご提案はしましたが，どこまで子どもたちの内面に迫っていけるかというのは，これからまたさらに考えてみたいと思っています。以上です。

報告3

幼稚園と親のかかわり，親同士のかかわり

松永輝義（埼玉・あんず幼稚園園長）

●はじめに

　皆さんこんにちは。入間市にあります，あんず幼稚園という幼稚園の園長をしています松永と申します。

　ただいまお二人の先生方から家庭科というところでお話をいただきましたけれども，幼稚園というところは，直接かかわっているのは子どもたちですが，それに伴って親たちともかかわっているものですから，そのあたりのお話をさせていただければと思います。

　私自身，このお話があるずっと前から，園で出会うお母さんたちとつき合ったり，おやじの会で父さんたちとつき合ったりしていて，この方たちも中学校や高校で家庭とか家族とか親について学ぶ機会があって，そして親になって今の姿があるのかなと思っていたんですね。中学生や高校生のときから，子どものことや今申し上げたようなことを討論するような場があったら，きっと子どもの見方も変わって，きちんとした考えを持てるんじゃないかと生意気にも思ったことがあります。

　もう一つは，20年ぐらい前から高校の授業に招かれて保育について話したりしてきました。今は中学生が幼稚園にたくさん来ます。うちには中学生や高校生が体験学習に来て，保育の姿を見て遊んで帰るんですが，そういうものを可能な限り断らないで受けとめていきたいと考えています。生徒さんが子どもたちと出会える場，子どもたちの遊んでいる姿や気持ちを具体的に体験できるチャンスというのは必要じゃないかと考えていますので，できるだけ受けるようにしてきました。

　ただ，さすがに一度に9人，10人となってきつくなってきたので，このごろは1回に3人か4人ぐらいで来てねと学校の先生にはお願いしております。小学生はこのごろ来なくなりましたけれど，今でも6校から7校ぐらいの市内の中学生は来ております。

●幼稚園と親の関り

　実際には幼稚園はどういうかかわりを持っ

ているのかといいますと，きょうは保育園の方がかなりお見えのようですが，幼稚園はぜいたくかもしれませんが親とのかかわりが深いです。親と深いというか広いつき合いができています。どういうふうにもつき合えるんですね。それは家庭にいらっしゃる方が多いからです。もちろんお仕事をなさっている方もいますが，かなり広いつき合い方，活動ができます。そういう点では，親とのかかわり方，コミュニケーションが比較的とれる状態にあると思います。

　私自身は，子どもたちが育つ第一の要素は，やはり親，ご両親，家庭にあると思っています。責任を負わせるわけではないですが，やはり子どもは親の生き方とかそういうものを丸ごと受けとめて，そして生活していくんじゃないか。机上の空論とか，どこかに浮いてあるのではなく，地に足をおろして，安定して，飾り気なく，ひたすら生活をしている，そういう親のところで育つ子はそういう子になっていくんじゃないか。ごく当たり前に当たり前の生活をご両親がなさっていれば，子どもたちも当たり前の生活をしていくんじゃないかと思うんです。

　今は親同士のかかわりとか，コミュニケーションが非常に希薄になっている時代です。地域社会ときれい事を言ってもなかなかつながらない。崩れてきた場面というのがありますから，そういう点では，園が幼稚園の親同士がかかわれるような，そういう環境をつくっていく必要があるんじゃないかと思ったわけです。

　私は幼稚園で仕事をして約46年ですが，親の移り変わりというところでは，親の考え方とかそういうものはやはり変わってきている。あるいは子どもに対する親の態度というか，対応の仕方が変わってきているなと感じます。

　弱くなっているんですね，母ちゃんも，父ちゃんも。さっきまで僕は「2歳児クラブ」といって，2歳の子が親子で来る会に出ていたんです。70組ぐらいの親子が来るんですが，できるだけ子どもをお父さんが連れてきてねと言っています。月に2～3回やっているのですが，このごろは子どもに負けている親の姿を目にしますが，気になることです。

●親同士のかかわり

　そういうところもあるので，18年前に今の園を立ち上げたときに，母さんを強くしたいという思いがあって，集まったお母さんに，役員さんでしたけれども，自分たちは何をやりたいの，どうしたいのと聞きました。この園で出会ったけれど，どうしたいのという話をしていったら，こういうことをやりたい，ああいうことをやりたいといろいろ出てきた。じゃあ，それをやればと言ったんです。やればと言ったところで生まれてきたのが，7クラブです。1期生の母さんたちが相談して，こういうことをやりたいと言って決まってきたのが，この7つのクラブです。「コーラス部」というのは歌を歌うクラブで，お母さん方は得意です。とにかくすばらしい歌声を聞かせてくれます。市民合唱祭に出たり，クリスマス会とか，今月の末にも園児に聞かせるコンサートをやってくれます。外部から講師を呼ばないという決まりなので，内部で指導者が出てやっています。これは子どもとのかかわりも持ちながら歌声を聞かせるというクラブです。

　「芽の会」というのは，『芽』という雑誌がジュラ出版から出ていたので，その雑誌をもとに子育ての話し合いをする会です。現在は『芽』という本はなくなりましたけれども，

ずっと続いていて，子どものことや，育児の悩み，もちろん家庭のこともざっくばらんに話し合える会です。

「人形劇部」というのは，台本から人形づくりからすべて仕込んで，園児たちに公演して見せてくれます。もちろん市内の小学校に招かれたり，幼児クラブに招かれたり，あるいは市でやっている演劇のフェスティバルがありますけれども，そういう演劇フェスティバルにも参加したりします。1年に必ず1作，2作仕込んで公演して歩きます。そういう会です。

「園芸部」というのは，園のお花はほとんどすべて園芸部の方たちが植えて管理してくれています。何十鉢ものフラワーベースがありますので，お花が終わるころになると，植え替える前に，もったいないので子どもたちと先生方が一緒になって，子ども一人ひとりが花束をアレンジメントして，そして持って帰ったりするのにも使われます。

「手芸部」というのは，お母さん方がいろんなものをつくる自分たちの楽しみの会です。得意な方がやっています。この25日には「お母さんのお店屋さんごっこ」というのをやるんですが，手づくりのものをたくさんつくって，出して，大体70～80万円の収益を上げて，その売り上げでプロの劇団を呼んで親子が一緒に芝居を観て楽しみます。そのお店屋さんの中心に手芸部はなっていきます。

「ポッポの会」というのは福祉を考える会で，手話の会です。手話だけは特殊で，外から手話の講師をお招きして手話を習い，それで子どもたちに手話の歌とかを聞かせるチャンスを持っています。運動会とか市の企画した活動のお手伝いにも行きます。そういうことをやっているのがポッポの会という福祉を考える会です。

「テニスクラブ」というのは，体を動かしたいというお母さんが集まって運営している会です。生まれたての赤ちゃんがいるとスポーツもできませんよね。だけど，赤ちゃんを連れてきても，その赤ちゃんを，「こんどは私が赤ちゃんを抱っこしているからね」と言って，お互いに預かりながらやっています。どのクラブも，芽の会も下の子をいっぱい連れてくるんですが，みんなお互いに世話をし合いながら，子どもたちは動き回るけれど，そういう姿もちゃんと許容しながら見てやっている。そして母さん同士がかかわりを持っているという形で進んでいます。

クラブ活動についての私の考え方は，初めにも書きましたが，これは園がかかわってどうこうではなく，母さんたちが「自治していく」ものだという基本的な考え方があります。母さんの会というのは母さんたちのものだよ，親の組織としてはお父さんももちろん含んでいるけれど，自分たちが考えて，母さんたちが協力し合って，そして進めていくのがいいことだと思います。もちろん相談には乗るし，ともにやる活動については一緒に考えていくけれど，そういう風にして自分たちで自治していくことが大事なことであると思います。

●井戸端会議

きょうのテーマからは離れるかもしれませんが，昔は子ども同士が自治する遊び集団が地域にあって，それが崩壊したことが今の青年たちの人間関係が希薄になったおおもとだと私は思っているんですね。地域の中から子どもが遊ぶ自治集団が消えたことが最大のマイナス，育ち合えない原因だと思っているんです。ですから，母さんたちも，園を出会いの場にして，その地域の中で自治しながらい

ろんなものをつくり上げていく，あるいは情報を交換し合っていくということが大切ではないかと思っているわけです。

そこで，「井戸端会議」というものをつくりました。迎えに来られた母さんたちがダベって帰れる，しゃべり合って帰れる，そういう場です。開放しているとかいうことではなく，迎えに来て時間のあるお母さんはそこでしゃべって帰ればいいという庭です。そこが情報交換をしたり，悩みを相談したりという場になっているようです。

私はそういう場をつくることがとても大事ではないかと思っていまして，ときどき「井戸は園庭に掘れないけれど，枠だけつくるか」と母さんたちに言っています。「枠だけつくってやるか。その枠の周りに集まれば安定するだろう」とよく嫌みを言うんですが，ダベって帰ることはいいことだと私自身は思っています。毎日のように続くこの井戸端会議は母さん同士の，情報交換の場や，互いにコミュニケーションができてほっとできる場になっているんじゃないかと見ています。

この時間，先生は子どもたちを管理できない状態で動いています。もちろん門は子どもだけで出ていかないようにしてはいますが，子どもは園庭で，そんなに広いところではないけれども遊び回っている。だから母さんには，子どもを見ながらぜひおしゃべりをとお願いしているんですが，ときどき言わないと夢中になって忘れちゃう人がいます。そんなところが一つ私自身は気がかりで，ときどき声をかけています。

●おやじの会

「おやじの会」というのもあります。おやじの会のお父さん方は，子どもが遊ぶ遊具とか部屋の中のままごとセットなんかを作ってくれたりします。おやじの会というのは，俺たちにも何か協力させてよという，そういう思いが具現化できるようにした会です。

夜の飲み会もけっこう自分たちで……。今は連絡するのが早いですね。私なんかが知らないところで流れています。飲み会とかも多いようですけれども，私はお酒が飲めないのでお誘いはあまり入ってきませんが，結構そういうのも多いようです。でも，親父同士も利害関係のないところで楽しんでやっているようです。

園に来ていただければ分かりますが，20メートルを超えるような，この部屋の倍の長さぐらいの大型木工遊具，アスレチックをつくったり，部屋の中にはきれいなお人形さんを入れたりする小さなおうちをつくってくれたり，本当にさまざまなものをおやじの会はつくってくれます。

ただ，これのネックは，土日にやるものですから誰か出ないといけないんです。でも，親父がそうやってかかわってくれるのは大事なので，職員は労働問題があるから出せませんが，私か主任が交代で土曜も日曜も，責任者が出てつき合いながら，そういうものを園庭につくったりする作業を続けています。それ以外にも，いろいろなことをやってくれています。

●一人の人間として

もう一つ，今まで話してきたところで，家庭科といいますか，お母さんがそこの園で出合うことで，金田先生がおっしゃるように母親とかそういう問題ではなく，一人の人間としてどういう生き方をしていくかということをきちんと学べるチャンスだと思っています。

僕はできれば親子が，一人の親としてもそ

うですが，一人の人間としてこれから社会の中で自分がどう生きていくのかということをきちんと意識し，そして子どもとともに育ち合いながら生活し前に進んでいってほしいと思っています。そういうことが学べるチャンスが幼稚園の母さんたちであってほしい，父さんたちであってほしいというのが僕の考え方です。

　よく話すんですが，幼稚園のお母さんは，保育園のお母さんからみればちょっと甘いかもしれない。うちにも同じエリアの中にあんず保育園というのがあるのでよく分かります。かかわってもいますから分かります。でも，幼稚園の母さんたちも家庭の中に入り込まないで，やがては社会の中で自分の生き方を見つけて生きてほしい。私自身はそういう思いのほうが強いですという話をしています。たぶんいずれお母さんたちも世の中にも出ていってくれるんじゃないかと。特にこういうクラブをやった人たち，あるいは役員たちは出ていってくれるんじゃないかと期待しています。

●親と共に進める保育

　「2歳児クラブ」のことは先ほどちらっと申し上げましたが，できれば地域の中に，幼稚園よりもっと前に，できるだけ早い機会にお母さんたちが出会えるような場が欲しいなと思いまして，それで数年前に2歳児クラブを始めたわけです。これは親子で来て，遊んでいく。中でも私が特にポイントを置いているのは，お父さんが子どもと遊び込んでいけるようにしました。

　今は，子どもとどうやって触れていいか分からないお父さんがかなり出てきているんですね。実は中学，高校ではそれをやっておいてよという思いが強いんだけれど，本当に分からない。だから具体的に2歳の子を連れてきて，先生が一緒になって，こういうふうに遊んでほしいという遊びをたくさんしたり，あるいは一緒にものをつくったりするようなことをやっているわけです。そこでも子どもとふれ合っていくことをお母さんやお父さんが学んでくれるのではないかと思います。

●おわりに

　最後になりますけれども，これからは地域の中で，今は地域というのを広く捉えないとなかなか難しいんですけれども，気の合った，思いを寄せ合える人たちが力を合わせて子どもたちを育てる。自分の家庭の中だけでは子どもって育たないんですよ。だから，ごちゃまぜで子どもを育ててよと。本当に仲よくなった4～5軒がしょっちゅう集まって，4～5軒集まれば，子どもが2人ずついれば8～10人集まるから，それでごちゃまぜでその子たちが生活するチャンスをいっぱいつくってよとお願いしています。

　それは面倒くさいことです。人と会わなきゃ面倒くさくないんですから。だけれども，実はその面倒くさいことが起き，問題が起きるから，子どもたちはそこから問題解決する能力ができていくんです。問題が起きなかったら，問題解決する能力なんてできないよと。子どもの世界ってどろどろしているものなんだ，きれいじゃないんだよとよく言うんですが，どろどろしているから，その問題をクリアしていく力がどんどんついて子どもはたくましくなっていく，軟弱な子ではなくなっていくんですね。

　ここにも学校の先生がいらっしゃるかもしれないけれど，よくテレビや何かで，問題があって出てきた先生や管理者が，うちの学校には何も問題がないと思っていましたなんて

言うけれど，何を言っているんだろうといつも思います。だっておかしいよ。あれだけ子どもがいっぱいいたら日々問題が起きているよ。日々問題が起きているのが，子が育つ，人として育つ最も大事な場なんです。それを問題がないなんて，とんでもない間違いだと思います。

　学級崩壊という言葉がよく使われるけれど，学級なんて初めからあると思うから学級が崩壊するんじゃないの。だって子ども同士，また先生と子どもが創造してつくり上げていくプロセスが学級なんだよ。それが分かっていない，学級崩壊なんて簡単に使う。学級なんて，初めからあると思うからそんなことを言うので，学級をつくっていくのは，先生と子どもが本当に楽しんで創造していく，これが学級だと思います。

　きょうのテーマで言えば，僕は母さんや父さんがたくましくないとか，だめだとか，そんなことは思いません。今はモンスターペアレントが騒がれているし，ヤンママが騒がれた時代もありますけれど，それぞれいろいろな思いがあります。確かにあります。でも，その人なりに成長していくチャンスを互いに求めていける社会がつくられていくのがいいんじゃないかと思います。

　きょうは，中学校の先生，高校の先生と出会って話を聞きました。私は期待しています。これから母ちゃんや父ちゃんが入ってきたときに「一緒に考えようよ，先生」と言ってくれるような母さん，父さんが出てくることを期待しています。

　あちこち飛んで筋の通らない話になったかもしれませんが，これで終わらせていただきたいと思います。どうもありがとうございました。

■ 報告4

大人が育つ保育園

市原悟子（大阪・アトム共同保育園）

●はじめに

　初めまして，大阪のアトム共同保育園から来ました市原といいます。よろしくお願いします。

　先ほどの松永先生と全く同じ考えでして，トラブルがないのがおかしい，子どもの世界だけでなく，大人の世界もトラブルがあって当たり前ということを保育園の中でやっている実践をお話ししたいと思います。時間がありませんので，園の紹介は省かせていただきます。

●共感できない大人たち

　2003年7月にNHKでアトム共同保育園のドラマが放映されたのですが，見たことがあるという方はちょっと手を挙げていただけますか。もう6年になりますが，いまだにそれの反響がありまして，全国から見学に来る方がいます。

　アトムが「大人が育つ保育園」と呼ばれるようになってかなりの時間がたちますが，どうしてそういうことを私が発想したかということです。20年くらい前，小さな共同保育所から，入所希望が増えたので規模を大きくしました。そのうちに2歳児保育をやる，3歳児保育をやるというふうにどんどん規模が大きくなって，若い保育士が入ってきました。若いといっても，私もその当時は30代だっ

たのですが，30代の私から見て若い20代の保育士が入ってきて，「同じ日本人同士なのになんで日本語が通じないのだろう」と感じた出来事があったのです。保育士もそうだし，保護者を見てもそう。どうも話が通じない。何が通じないかといったら，共感できない。

子どもがやっとおまるでおしっこができて，自立してよかったねという話をして，親と共感しよう，喜び合おうと思ったのに，「どうせ私は何もしていない。先生たちがちゃんと見てくれているからこないなったんや」と。離乳食をよく食べられるようになったねと言うと，「私がちゃんと家で離乳食をつくっていないことを非難しているんじゃないか。家では瓶詰めばっかり食べさせているし，アトムで手づくりの食事を食べさせていることでそうなったと先生は思っているんや」と，こっちが全然思っていないことを勝手に考えて，共感にならないのです。

これはなぜなのだろうということで，私も含めて，こういう保育士や親に子どもが育てられたら大変なことになる。もっと私たちが大人として分別とかコミュニケーションをとれるような大人にならないといけないという思いから，「では，どうしたら大人になっていけるのだろう，私たちは」というところからやり始めたことなのです。

●評価を気にする大人たち

まず子育てが大変だということがありました。その当時から，「どうしたらいいんだろう，プロの先生に任せたらちゃんと育ててくれるんじゃないか」という親の思いはあったみたいです。子育ては大変で，楽しいものではないと。

私自身，一人しか子どもが生まれなかったので，一人しかわが子は育てていないのですが，保育士をやっていても，一瞬かわいいなと思うけれど，あとはほとんど，言うことを聞かない子どもを相手にキーキー言いたくなるのをぐっと我慢して，子どもにキーキーならないような対応の仕方はどうしたらいいんだろうと悩んでいました。そうしたら親はもっと悩んでいますよね。仕事としていろいろな子どもを見ていてもそんなふうに悩むのに，親は自分の子どもしか見ていないからもっと悩むだろう。

親と保育士というのは上下関係でもなければ反目し合うものでもない。ところがどうも，保育士がひとこと言うと，親はビビって，親のあり方を非難しているみたいに受け取るし，私なんかは親からいろいろ言われてもズキンズキン来なかったけれど，若い保育士は，「あんな言われ方して傷ついた」と，ひと言ひと言に傷つくんですね。「あんた今までの人生で傷ついたことないんか」とよく若い保育士に言っていたのですが，「傷つく，傷つく」という言葉が20年前には本当によく聞かれていました。

それで，「ああ，訓練されていないということか」と。学校を卒業して資格は取った，保育士になった。でも自分の家と学校の往復で，その間の世界がないんですね。学校と家の生活だけ。親と教師以外の大人が，自分に何か言うことは一切なく来ている保育士。片や親を見ると，職場で何か訓練されたようには見えない。とくにコミュニケーションがとれない，人間関係におびえている，自分のことを評価しているようにしか見えない。そういう親を見たときに，人との関係で安心できる，面白いと思える体験をしていないのだなと。だったら，それを保育所でやるしかないなというのが私の発想だったのです。

●保育士・保護者の関係から
一市民としての関わりへ

　地域でそういうことができればいいけれど，とうてい無理です。熊取は現在4万4000の人口ですが，20年から30年前にどんどん他地域から入ってきたので，もともとの地元の人というのは2万弱だったのです。アトムに来る保護者はほとんどが核家族でした。よその土地から熊取に引っ越してきて，隣近所だれも知らない中で生活している。そして恐る恐るアトムに入って，アトムの保育士のひと言ひと言にズキズキしながらやりとりしているという光景だったのです。

　だったら，アトム保育所の中で保護者と保育士が心を通わせることはできないか。そこから発展して，保護者同士が結びついて共に助け合いながら生活するようになったらいいなと。そのためにはコミュニケーションもとっていかないといけないし，保育所だけの，保育士と保護者の関係という枠を外れて，一市民としてこの町で生活していく上において，どういう大人として自分はやっていきたいのか。そういう視点を入れていかないと，生活の中で起こるいろいろな問題は解決していかないだろうなと。それほどかよわい大人たちだったのです。だから，そこの訓練は保育所の中でやるしかないと。

　では，どんな訓練かといったら，先ほどから言っていますように絶えずトラブルが起こるわけです。そのトラブルを表面化させて一緒に考えるしかない。それを徹底してやっていきました。きょうは学生の方は何人くらいいますか。保育士がそんな大変だったらやめようと思われたら困るのですが，保育士を目指している学生の方，ちょっと手を挙げていただけますか。

　でも，実際，保護者に鍛えられて一人前になっていくのです。保護者もまた保育士に鍛えられて一人前になっていくのです。2003年4月に認可保育園としてまた規模が大きくなったのです。そのときに卒業したての学生を10人採用したのです。1年目で何も分からない。勉強はしてきたかも分からないけれど，実践は初めて。

　その初めての保育士に，親に対してとにかくアトムであった事実を知らせようと。私たちは日報と呼んでいるのですが，保育所と家庭でやりとりをするB5の連絡帳があるんです。そこに子どもたちのいろいろな出来事を書こう，もちろんけんかしたことも書こうと。で，一生懸命書くわけですね。「だれちゃんとけんかしました」と，つたない文章で保育士が書くわけです。

　そうすると，迎えに来て連れて帰って読んだ親が，次の日その担任のところに行って，「あれはどういうことやねん？」と聞くわけです。保育士はビビって「何ですか？」と言うと，「あれはな，相手の親に謝れってことか？」と。これはお母さんの口調なんですよ。「そんなつもりはないんですけど……」「じゃあ，どんなつもりで書いてんねん」「えっ」と，もう頭は真っ白です。

　たじろいでいるとお母さんがさらに，「だれとだれがけんかしてなんて，私はそんなこと教えてほしくない。どういうつもりで書いたん，あんたは？」「ただ，ありのまま書けと先輩から言われているから，ありのままを書いただけなんです」「何も目的はないんか。目的がないんやったら，次から書かんといて。あれを書いたのは，うちの子どもが相手の子に何かした。ひっかいたか殴ったかした。それで相手の親に謝れということで書いているのであれば謝るけど，そうでなかったらもう書かんといて」と。

そうしたら保育士はそこで，何気なくありのままを書いた一文から，自分はこれを書くことによって何を知らせようとしたのかと親の反応で考えさせられるわけですね。親がその反応をくれなかったら，そのままで終わってしまう。また「謝れということか」と言ったその親には，「あんたはビビらすつもりか。若い1年目の保育士にそれはないだろう。ちょっと言い方に気いつけてや」と年配の保育士が言う。

そうすると，「いや，ビビらすつもりはないけどな，意味が分からへんねん，何を書いているか」「それはそれで保育士も考えると思うからやりとりはしたらいいやん。でも，あんたの日ごろの怖い言い方はやっぱりよくないで。保護者やから保育士に何を言っても当たり前というようなつもりで言っているんやったら，一市民としてそれはどうかと思うよ」と。

日々そういうやりとりです。ささいなことでも，そのやりとりをずっと続けることで，保育士は目的を明確にさせるようになるし，保護者も失礼な言い方がまかり通ると思っていたけれど，これは通らないんだ，よくないんだと気がつく。それを飽くことなく毎日繰り返していく。そういうことがアトムにいる6年間続いていくと，市民としてかなりの力になっていくということです。

●保育園で大人が育つ

職員会議や懇談会は，大人が大人になるための一つの場，社会教育の場だというふうに私自身思っています。最初はそんなふうに思ってはいなかったのですが，繰り返していろいろとやっていくうちに，本当にそうだなと感じました。

特に子どもの個性とか特徴を知らないというか，子どもだけでなく，人間というのは一面的ではなくいろいろな面があるのだということがなかなか理解できない。でも，そういったトラブルを取り上げていろいろ考えていくうちに，親の前で見せる姿だけではない姿が保育園にあり，友達同士のトラブルの中で自分の子どもの個性がどういうものかをつかんでいくことがどんどんできてきたのです。

ところが，いちばん最初にアトムに入れた親は，今でこそアトムはちょっと有名になっていますけれども，全くそんなことは知らずに入れてきた親というのは，子育てをするまでは，努力した結果は必ず出るものだと思っていた。特に学校をとんとんといい成績できた親に多いのですが，努力は必ず報われてきた。それが子育てでは必ずしも報われない。

いちばん最初にがっかりするのが離乳食です。離乳食を愛情かけてつくった。愛情をかければ愛情は伝わると教わってきた。なのに，子どもは一口入れてペッと出す。何やねん，これはと。時間をかけてつくった。瓶詰めもやめよう，添加物もやめようと思ってつくったのに食べない。これは何やと。「こいつは私に反抗しているのかと本気で思った。頭をどつきたくなった」というお母さんもいるのです。

こんなことをしていたらあかん，アトムに入れようと。アトムに入れたら離乳食をパクパク食べる子どもになるんじゃないか。そのとき子どもは1歳6カ月だったんです。何でも1番が好きなお母さんで，自分の子どもが離乳食をパクパク食べ，ほかの子どもよりトイレトレーニングが早く進む子どもになってほしいと思っていろいろやったのに，1歳半ではおむつがとれなかった。

何組かの親で遊びに連れていくとみんな紙おむつをしている。うちの子が紙おむつを早

く外したら，「やっぱりね」と見てもらえるだろう。だからアトムに入れて早く紙おむつをとりたい。それでアトムに見学に来たら，園庭で子どもたちがワーワー言って遊んでいる。ここの子は活発だな。わが子を見たらちょっとしょぼいな，活発じゃないな。ここに入れたら活発になるんやと。トイレトレーニングでおむつも外れる，ごはんはパクパク食べるようになると思って入れた。

第1回目のクラス懇談会。子育てマニュアルを親同士で情報交換する場だろうとイメージして第1回目の懇談会に出た。第1回目の懇談会ですから，それぞれ自己紹介をして，自分の番になったときに，「うちの子どもは外に行くときにいまだに紙おむつをしているんです」と恐る恐る言った。そうしたら，すかさず先輩のお母さんが，「ええやんか，それのどこがあかんねん」と。えっ，それはあかんでしょうと心の中で思ったけれど，「それでいいんですか」と言ったら，「何でそれがあかんねん。うちの子なんか，脱がすの忘れてずっしり重い紙おむつをひきずるように，お尻も半出しにして歩いてんで」と。まだ紙オムツがとれない子がここのクラスにはいるのかと思ってちょっとがっかりした。でも，そんなことを平然と言っている先輩の親に，えっと思った。家で育児しているお母さんたちのグループであれば，そういう一歩引けをとっているようなことは恥ずかしくて口に出さない。できることしか言わないのに，ええやんかと平然と言った。そこから，「あなたの子どもさん，すごく元気に遊んでいたけど，どんなふうにしたらあんなに活発に遊べるようになるんですか」とドキドキしながら聞いた。「活発に遊ぶ？　何したらって，それは好きなようにさせたらええねん」と。それでまた，「何，ここは」と懇談会の場は衝撃的だったという笑い話です。

ささいなことなのだけれど，ありのままの子どもの状態が言えて，子育ての悩みを話できる場と，成功例しか言えない場，又は親同士の関係では子育て楽にはならないし，親同士の関係づくりには至らない。

●保育士は家族間をつなぐプロデューサー

アトムの懇談会は，しんどいこと，うれしいこと，悩んでいること，何でも言い合える。そんなふうに言い合える場をつくるにはそれなりのプロデューサーが必要で，それは保育士しかいないだろう。そのためには保育士自身が悩んでいることを，例えば「こういう保護者に私は悩んでいます」と言うことが大事だと思います。

だからアトムでは，サービスを受ける側の保護者，サービスを提供する保育士と思わないでくださいということを明確にしています。お互いに子どもを育てる仲間として，未熟な親，未熟な保育士，保育士は保育士資格を持っているけれど，人間としてはみんな未熟です。だから全部お任せではだめですよ。気がついたことは何でも言ってくださいという表明をしています。

そういう懇談会をやっていたら本当に家族間がつながるようになってきた。「家出のできるまちづくり」家族間で煮詰まってどうしようもなくなったら，「心中にいかないうちに家出しいや。うちにおいで」と。実際に何家族もそういうことがあって，本当に乗り切っているんです。重症アトピーを抱えた親，発達障害の子どもを育てている親も本当に大変ですよね。でも1日子どもを預けてゆっくりしたいというときに，クラスのお母さんが，「ええよ，ずっとだとしんどいけど，1日くらいだったらええよ」と言って，1日ずつお

母さんたちが交代で面倒みてくれた。それですごく大変な状況を乗り切った，本当に親子心中を防げたということもありました。今は笑って語っていますけれど，本当にそういうことがいっぱいありました。

　保育園でつながった保護者同士は卒園したあとも，小学校，中学校に行ってからも続いています。親が子どものことでにっちもさっちもいかない深刻になるのは中学生くらいですよね。保育所時代の親子関係が大変なんていうのは知れています。ちょっと言うことをきかないというくらいですが，中学生になったら本当に全人格を否定されるような，子どもにそんなことを言われたら親は立つ瀬がないということも起こります。親の言葉も息子，娘には届かない。

　そういうときにはやっぱり他人なんですね。保育所のときにつくったつながりがずっと続いていることによって，アクシデントを，助け合うことで乗り切ることができる。保護者は熊取に点在して住んでいるので助け合いができる住民が一人でも多くいることが，住みやすい町になるということです。実際にいくつもそういう例があります。

●単身家庭の親の集まり
　現在，家族の形態が多様化しています。本当の父親と母親という家族がまだまだ多いけれど，単親家庭も増えています。単親家庭で生活していく中で，「きょうお迎えにいく人は，お父さんではないけれど，だれだれさんです」と彼氏が迎えに来る。ところが1カ月もすればまた違う人が迎えにくる。また3カ月すればまた違う……。えらいことやなと。

　そういうことでも子どもはずいぶんと変化を起こしているのですね。そういう変化を見ている私たちとしては黙っていられない。その人の人生にまで立ち入っていくことはできないけれど，いかなければならないんじゃないかということで，クラス懇談会でそういうことまで話せたら良いけど……。そのお母さんが「現在こんなことで」というふうに自己開示してもらえたらいいんだけれど，なかなかそうはいかない。何ができるかなというときに，そうだ，単親家庭の親だけを集めて懇談会をやったらどうかと思いついたのです。

　ということで，夫婦の関係が危ういというときに「危機一発の会」というのを立ち上げたのです（笑）。お笑いになっていますけれども，これで5組ほどが離婚回避できたんですよ。これはいいと思って安心していたら，またちょっと危うくなりかけて「危機管理の会」をつくったんです。それでも何ともできなくて離婚に至る夫婦がいて，「シングルベルの会」というのをつくって，この2月から1カ月に1回やっています。

　これは2月からスタートしたのでまだ参加する家族は少ないんですけれど，15家庭ほど単親家庭がいる中の5〜6家庭が参加しています。これは月1回『アトムっ子』というのを出しているんですが，この中に，職員会議でどういうことを議論したか，シングルベルというのがあって，シングルベルではこんなことをお話ししているんですよということも具体的に知らせています。

　この『アトムっ子』にはクラスで起こったことも全部実名で書くんです。だからこれを読めば1カ月の間にアトムで何が起こったかというのが分かる。また，これをもとにクラス懇談会で，この書き方はどうだとか，揉めるというか，揉めさせるというか，あえてこういうことを仕掛けてお互いに話し合いをさせ，お互いを理解するということをしています。それでシングルベルの会ではこんなこと

をやっているというのを見て参加する気持ちになった，といって先月参加したお母さんがいます。

具体的には，いちばん最初のシングルベルでは，離婚に至った経過，どんなふうに夫に見切りをつけたかという話で盛り上がったんですが，回数を重ねるうちに，やっぱり別れただんなとの関係をうまくしないと子どもがかわいそうだなということに気がついていくんですね。

次は再婚をどう考えるか。その中で，「私は寂しくて次々男の人を替えてしまう。そんなふうになったことない？」というふうに，あからさまに自己開示したお母さんがいて，それについて，「気持ちはよう分かる。夫婦仲よくしているのを見るとむかつく」とか。特にクラス懇談会にお父さんとお母さんが一緒に出る家庭が多くなったので，そこでむかついたらあかん，あかんと思いながら，でも，むかつくよなという話をするんですね。

「こんな話は仲のいい夫婦のところではできない。シングルの会だからこういう本音が言える。かなりやっかみが入っていると思うけど，やっかみも交えた話ができるのはいいよね」と言いながら，その中で彼氏を替えるのは，自分はそれでいいかもしれないけれど，子どもを不安にさせるんじゃないかというのが親の中から出てくる。

私も保育士ではない立場で出ているつもりだけれど，ましてや園長でしょう。私が言うと，親は，説教しているつもりはないのに指導されている感じになってしまう。だから，私はそこでは一切言わないようにしています。でも，同じ立場のお母さん同士で深く考えようとする姿があって，とてもいいなと思っています。

時間が来てしまいました。中途半端な話で申し訳ありません。詳しく聞きたいことがありましたらまたあとで質問していただけたらと思います。どうもありがとうございました。

■コメント１

家庭科教育における「家族学習」の課題
　　―固定概念を崩す
　　　　　　鈴木敏子（横浜国立大学教授）

●はじめに

横浜国立大学で家庭科教育学を担当しており，常日ごろ家庭科とは何かということを考えています。ところで，家庭科とはというと，皆様にはどのようにお答えいただけるでしょうか。私が家庭科を担当しているといいますと，たいてい，調理がうまいでしょうね，被服を上手につくることができるのでしょうね，という反応が返ってきます。私もそれらができないわけではありませんが，それほど上手ではないかもしれません。

私は「家族関係学」を専門とし，その面から家庭科をどのように教えていったらいいのかということを考えている，といいますが，あまりピンとこないようです。私たちが生きていく，家庭生活を営んでいく上で調理や被服製作はもちろん重要ですが，家庭をつくっている家族というものをどのように捉えるか，それを中心に据えて家庭科について考えてほしい，家庭科のあり方について考えたいと思っている者です。そうした立場で，今日はここに立たせてもらっております。

お手元の資料に載せられている，日本家庭科教育学会編の『衣食住・家族の学びのリ

ニューアル―家庭科カリキュラム開発の視点―』（明治図書，2004年刊）に書いた「『家族』をどうとらえたらいいのだろうか」を使ってすすめさせていただきます。

●根強い家庭科のイメージと課題

　家庭科は現在，中学校や高等学校では男女一緒に，つまり男子も勉強しているというとびっくりする人がまだまだいます。高校で女子だけで「家庭一般」を習い，中学校では男子が技術・女子が家庭科だったという世代の多くの方々はびっくりします。ここにご参加の方々はいかがでしょうか。一方，後ろの方に大学生の方が来てくださっていますが，横浜国大の学生に聞きますと，以前は女子だけで家庭科の授業をやっていたということはほとんど知っていません。中には家に帰って親御さんに聞いてみた学生もいまして，お父さんの中学のときの教科書を見せてもらったら家庭科のことは何もなくて技術だけだったとか，お母さんと話してみたらやっぱり女子だけでやっていたとのことだったと納得するようです。高等学校で家庭科が「男女ともに必修の教科」になったのは1994年度入学生から，中学校の技術・家庭が「男女同一の取扱い」になったのはその1年前の1993年度からですから，つい十数年前のことなのですが，それ以前のことはもう知られていない，この極端さにびっくりします。そのことを知らない世代が出てきたことはいいことではないかと思う反面，歴史が踏まえられないことに問題を感じたりもしております。

　こうして家庭科を男女で一緒に学ぶようになったとはいうものの，家庭科から受けるイメージというのは，その大学生でさえ，やっぱり調理実習と裁縫などの家事のことをやるもので，女性の先生に教えられて，家庭科の先生はお母さんみたいでと，一面的で狭い意味になっているのも現実です。つまり，男女共学の家庭科になったとはいえ，家庭科はなお女性のものと捉えられがちで，結果として家庭科を通して現在の社会の家族のあり方として「母親は家庭，父親が働いて」という形のジェンダー再生産をしかねない教科であるということを感じるわけで，そこから抜け出すことが課題ではないかと思っています。

●家庭科において家族学習が弱い理由

　私は，毎学期の「初等家庭科教育法」の授業の始まりに，学生に小・中・高校の家庭科で学習してきたことを振り返ってもらっています。調理実習をしたことや被服の製作物は鮮明に書かれますが，「家族」に関する学習はあまり出ません。家庭科の先生方に聞きますと，調理実習や被服製作の授業は比較的うまくいくけれど，「家族」というのは教えにくいといわれます。それはどうしてか，さらに聞いてみますと，ある種の家族のイメージがあって，しかし現在の家族は多様である，つまり何か一定の基準があって，そこから外れているとプライバシーに引っかかるから取り上げにくいというようにいわれたりします。ところがある時，ある中学校の先生が，「私たちには家族あるいは家庭とは何か，ということを問いかける風土や文化がないんじゃないかしら」といいました。なるほど，家族学習の困難さのネックはここにあるのではないだろうかと私も思いました。

　今年の夏，小学校教諭免許状の認定講習の「家庭科指導法」を担当しました。90人ぐらいの現役の教員が受講されたのですが，そこでは家族の捉え方を中心的な内容においてみました。最後のレポートでは，「家族とは，なんて今まで考えたことがなかった」という

反応が結構ありました。あまり問うてみることがないと同時に，アプリオリに捉えられている。空気のようであり，あるのが当たり前で，しかも一定のイメージのもとに，ある家族が前提として捉えられている。そのような思いがいたします。

●女子の「母性」教育が期待された家庭科
　家庭科が男女共学になる前，高等学校の女子だけ必修の「家庭一般」とはどういうものであったかということについて少しふれておきましょう。家庭科が女子のみ必修の教育課程では「女性差別撤廃条約」を批准できないということがありました。そこで当時の文部省は，1984年6月に「家庭科教育に関する検討会議」を設置しました。その会議が同年12月に出した「今後の家庭科教育の在り方について（報告）」には，「高等学校『家庭一般』が，我が国の歴史と伝統の上に立ち，多くの国民の同意を得て，女子教育や母性教育のうえで大きな役割を果たしてきたことにかんがみ，今後ともこのことに十分に留意すべきであるとの指摘があった」とあります。つまり女子のみの「家庭一般」というのは家庭経営者（＝主婦）の育成と母性教育において非常に重要であったし，それ故，家庭科を男女共学にすることを懸念する意見が1980年代中ごろにもまだあったわけです。
　では，ここでいう「女子教育」や「母性教育」とはどういうものをさしているのでしょうか。そこには，ある規範にそった「女子」や「母性」が，つまり性別役割分業で成り立つ「家族・家庭像」が期待されていたのではないでしょうか。私たちが「家族・家庭」は空気のようで，あるのが当たり前と思っているうちに，ある種の「家族・家庭像」がつくられており，家庭科にはそうした家族・家庭観を培うことが期待されていたのではないかという歴史的経緯や背景を捉えることが必要であると思っています。

●男女共学の家庭科へ展開した
　学習指導要領の改訂
　上述の検討会議報告は，「また，男女が共に学べる内容に改善すべきであるとの指摘もあった」と続け，高等学校では男女とも「家庭一般」を含めた科目の中から「選択必修」が適当であるという考えを示して教育課程審議会（教課審）に委ねました。こうして，わが国は1985年に「女性差別撤廃条約」を批准することができたのです。中学校の技術・家庭科の履修の取扱いについては高等学校との関連を考慮して検討する必要があるとしました。
　そして1987年の教課審答申に基づいて1989年3月に学校教育法施行規則の一部改正と小学校，中学校，高等学校，それぞれの学習指導要領が改訂・告示されました。中学校の場合，1958年10月の学校教育法施行規則一部改正と中学校学習指導要領の告示で教科が職業・家庭から技術・家庭に変わり男子向きと女子向きに分けられてきた内容の領域の選択の仕方が「男女同一の取扱い」となり，第3学年の女子に課されていた「保育」領域を男子にも選択させる可能性がでました。高等学校の家庭科は，「家庭一般」「生活技術」「生活一般」（いずれも4単位）のうちから1科目を「すべての生徒に選択履修させる」ことになり，いずれの指導項目にも「親の役割」が入りました。ただ，後二者の科目は「子どもの成長と親の役割」ですが，「家庭一般」は「乳幼児の保育と親の役割」でその指導事項には「母性の健康」もあり，また目標には「家庭経営の立場から」とあるなど，

女子のみ必修の「家庭一般」を引き継ぐものでした。

●少子高齢社会への対応と家庭科

次いで中学校は1998年に，高等学校は1999年に，学校教育法施行規則一部改正に基づいて学習指導要領が告示され，それぞれ2002年度から，2003年度から実施されて現在（シンポジウム当時）にいたっています。この時の改訂はかなり趣が異なったものでした。中学校の技術・家庭の内容は，領域の羅列から〔技術分野〕と〔家庭分野〕になり，後者は「A生活の自立と衣食住」と「B家族と家庭生活」の2つに括られて各々には6つの項目が設定され，Bの内容に「幼児の発達と家族」「幼児の生活と幼児との触れ合い」があります。「家庭生活と地域とのかかわり」には高齢者とのかかわりもあります。高等学校の場合，まず普通教科「家庭」と専門教科「家庭」に分けられて，前者に「家庭基礎」（2単位）と「家庭総合」および「生活技術」（各4単位）の3科目がおかれ，そのうち1科目をすべての生徒に選択履修させます。「家庭基礎」と「生活技術」では(1)人の一生と家族・福祉に「イ　乳幼児の発達と保育・福祉，ウ　高齢者の生活と福祉」，「家庭総合」では「(1)人の一生と家族・家庭，(2)子どもの発達と保育・福祉，(3)高齢者の生活と福祉」とあります。家庭科のイメージとして強かった衣食住は，「家庭基礎」では(2)家族の生活と健康に，「家庭総合」では(4)生活の科学と文化にまとめられています。家族・家庭，保育，高齢者などの内容がかなり大きくなりました。

このような改訂は，1998年の教課審答申の家庭科の改善の基本方針のうちの「男女共同参画社会の推進，少子高齢化等への対応を考慮し，家庭の在り方や家族の人間関係，子育ての意義などの内容を一層充実する」に応じたものです。その背景には，男女共同参画社会基本法制定（1999年）に向けての機運があり，また，高齢化率が1994年に14％を超えて「高齢社会」となり，さらにその上昇が見込まれる一方で，合計特殊出生率が1.4を割り込む状況になってきたことがあるでしょう。こうした状況における「少子高齢化等への対応」とは，国民や家庭にどういうことが期待されてくると考えたらいいでしょうか。将来親になっていく中学生や高校生に，性別を問わず子どものことを理解させ，子どもはかわいいと思えるようになるように子どもと触れ合う機会をつくり，二人で共同して将来子どもを生み育ててくださいよ，ということも見え隠れします。それは異存のないことですが，ただどこからか強制的にいわれるようなことには首を傾けたくなります。また，中・高校生ぐらいの強い子どもたちが，弱いお年寄りをうまく介護できるようになり，「高齢者を家庭で介護しましょう」ということになりはしないかです。つまり子育ても介護も，ややもすれば自己責任・家庭責任的な形で，家庭で対処してくださいよというものが底流にあるとも考えられます。

さらに2008年3月には小学校と中学校の学習指導要領が告示され，高等学校の学習指導要領の改訂も準備されていました。ところで，その改訂の方向づけをした中央教育審議会答申（2008年1月）における家庭科の改善の基本方針の「社会の変化に対応し，次のような改善を図る」とした1点目にやはり「少子高齢化や家庭の機能が十分に果たされていないといった状況に対応し，家族と家庭に関する教育と子育て理解のための体験や高齢者との交流を重視する」とあります。男女共同参画社会の推進という方向性はどこにも

みることはできません。

　このようにみてきますと，保育，子育てについて，一人ひとりの先生方がどんな授業をつくっていくかということがとても大変だし，大事になっている状況にあると思います。私は，3年次後期の「中等家庭科教育法Ⅱ」は高等学校の家庭科のことを内容にしていますので，受講生にまず高校のときの家庭科がどうであったか振り返ってもらっています。そしたらどうでしょう，進学校だから受験勉強をやっていた，内職していた，居眠りしていた，あるいは先生がここに線を引きなさいといったから教科書にアンダーラインを引くだけでつまらなかったとか，そういうのが多いんですね。そういう意味で，今日のお二人の先生の授業実践のご報告は素晴らしく，感銘を受けて拝聴し，このような授業が増えていくことに期待していきたいと思っています。

●大学の授業における固定的な「家族」概念崩しの試み

　私が今，大学の「小教専家庭科」や「家族関係学」の授業で固定的な家族観崩しを試行錯誤している一つを紹介してみたいと思います。

　この1枚の絵（男性と女性が並んで立っている前に男の子と女の子がいる）を見せて，まずこれはどういう人たちか尋ねますと，ほとんどが家族だといいます。ではどういう家族か，特徴をあげてもらいます。そうすると，せいぜい，お父さんとお母さんとその子ども2人である，血縁がある，健康そうだ，笑顔だ，そのようなことがあげられます。「一般的な家族のようだ」「普通の家族のようだ」とも。では一般的な家族とか普通の家族って何ですかというと，それ以上進みません。そこで次のようにいってみます。じゃあこれは婚姻届を出している夫婦・両親ですね。婚姻届を出しているということは名字が一緒ですね。大体夫・父の姓，結婚は生涯で1回。父親が働いていて，母親は専業主婦かパートかな。日本人で，みんな健康で……と。そう言うと，なるほど，なるほどとうなずきます。しかし，最近では家族は多様化したと言われるけど，「一般的な」ということと「多様化した」ということをどういうふうに考えたらいいのだろうか，そんな問題提起から始めています。ちなみにここにあげた絵は，『Q＆Aステップファミリーの基礎知識―子連れ再婚家族のために―』（野沢慎司他編，明石書店，2006年刊）という本の表紙カバーと中表紙に描かれていた挿絵です。それを聞くと学生たちは，「そうだったのか，そこまでは思いつかなかった」とびっくりします。これは，私たちが，いかに固定的な家族像をもっているかということを表していると思いますし，学習指導要領の家庭科における家族・家庭像にもそういうところがあるのではないかと思っています。そういう中で子育てや保育はどのように扱ったらよいか，課題があるといえます。

　そういういわゆる一般的な家族というものが，どうして私たちの中にイメージとして，あるいはイデオロギーとしてつくられるようになったのだろうか，家庭科はそうした点にある役割を果たしてきたんじゃないだろうかということを，資料の「3．日本における『近代家族』の形成，拡がりと家庭科」「4．日本の家族・家庭生活の現実から『近代家族』を超える学びへ」に書いてみたつもりですので，そんな思いで読んでいただければ幸いです。

●家族学習におけるプライバシーのとらえ方

　ところで，家族を取り上げる際は，プライバシーということに大変敏感になります。家庭科でもよくプライバシーに配慮する，といわれます。2008年9月に出された『中学校学習指導要領解説　技術・家庭編』では，家族と保育のところの2カ所で「プライバシーには十分配慮する」と書かれています。

　プライバシーに配慮することは確かに大事なことです。けれども，そのために多様化した家族について話し合えず，ある一定の家族のイメージや親のイメージにこだわっているのでは，なかなかそれ以上に発展しないのではないかと考えます。その辺のところを志水宏吉さんの論（『のぞいてみよう！今の小学校』有信堂）を参考にしながら，「プライバシーを『気遣う』ということには何らかの理想とする家族像があるからではないでしょうか。プライバシーの罠にはまっている限り，通り一遍の，道徳的，説教的な授業に陥ってしまうのではないでしょうか」と書いてみました。ただその場合，一番基本に据えなければいけないのは，子どもとその家族の人権を侵してはいけないことです。プライバシーを強調することが，むしろ結果として無意識のうちに，逆に人権を侵害するようになっていることもあるのではないでしょうか。

　こういうことを考えておりますとき，先ほどのアトム共同保育園の市原先生のお話で「これだっ」と思ったことがありました。保護者の方々が個人情報の共有化を練習し合う，個人情報を自己開示できるようにしていくとおっしゃったことです。これは私たちが家族のことを考えるときに大事なことだなと思いました。個人情報の自己開示とその共有化，この論を借りて今後はプライバシーについて論じることができそうだ，今日は非常に大きな点を学ばせていただいたと，儲けものをした気になっております。

　私が結論的に書いておきましたのは，家族というのは変わっていく，変容していくものである，時代的にもそうだし，個々の家族もそうですし，変わってきているんだということと，実際の在り様は多様なんですね。それが意識やイデオロギー的なもので画一的なものになっている。そこで，人権を視点の基本にすえて社会の仕組みや諸制度のあり方を洞察して，「家族への自由」に向けてエンパワーする家族の学習にしていくなら，「近代家族」イデオロギーを超えていくことができるのではないだろうかと考えたりしております。

●おわりに

　たまたま昨日の朝日新聞の天声人語を見ておりましたら，こんなことがありました。東村山市の国立ハンセン氏病資料館で「ちぎられた心を抱いて」という企画展があったそうです。ハンセン氏病の療養所に強制収容された子どもさんたちの記録で，家族から引き離された心細さ，そんなことがにじんでいるということです。最近では，拉致問題の家族も引き裂かれた家族ですよね。そういうことを知りますと，家族は大事にしなければいけないものだと思います。ところが，大事にしなければいけないのに大事にされていないことがある。なぜ大事にされていないのか，なぜ引き裂かれるのか，どうしてそうなったのかというところを抜きにして，「家族はお互いに仲良くしなければいけないよね」「愛がなければいけないよね」というように思考回路が切れてしまうことがあるのではないでしょうか。家族のあるべき姿のようなものを理想に掲げて，その理想のようになっていないのはなぜかということを考える必要があるの

に，そうせずに「ねばならない」ということで，そうできない人たちや家族への道徳的批判になっていくようなところが，家族について論じていくときに往々にして陥りがちになることに気をつけたいと，改めて考えさせられた記事でもありました。

走り走りに早口で大ざっぱなことしか申し上げられませんでした。ちょっと時間も延びてしまいましたが，これで失礼します。

■ コメント2

保育者養成における「家族援助論」の視点から
土谷みち子　（関東学院大学教授）

●はじめに

皆さん，こんにちは。土谷と申します。横浜市の関東学院から参りました。大阪や埼玉からいらした先生方の発表で，コメンテーターは両方とも横浜という真ん中に位置している者が務めさせていただきます。

きょうはお招きいただきありがとうございます。古くから考えなければいけないテーマでありながら，現代においては斬新なテーマでもあるシンポジウムだと感じて，どのように考えていけばよいのか，多くの刺激をいただけることを楽しみに来ました。

私はいま人間環境学部人間発達学科という名称の学科にいます。教育学科とか保育学科という名前ではないのですが，保育者養成の学科で，幼稚園と保育園の先生を志望する方，それから今年度からは小学校の先生を志望する方を養成している学科におります。

私は「発達援助」という親御さんの相談業務，それから保育者の相談業務に長く携わっておりまして，年間150組以上のご家族を20数年見続けてきました。どうして子どもたちはこのような成長になってしまったのだろう，普通の保護者がなぜこんなに苦しんでいるのだろうと感じる事例に多く出会い，発達初期の乳幼児期を支える保育者を育てなければいけないと強く思って保育者養成の道に入りました。

どのような保育者を育てればよいのか，いろいろ悩みながら行ってきて，本年3月に「家族援助論」（現在は「家庭支援論」青鞜社：に改訂）という本をまとめましたので，それが自分の中では底辺になっています。私の本日のテーマの話に入る前に，これまでのお話を伺って感じたことをお話しします。

●家庭科教育と保育現場のつながり

学生たちには，ここにも学生さんがたくさんいらしてくださっていますが，人間の発達過程でいくと青年期で大人になる一歩手前，大人の入り口に立っていて，育てられた子どもの気持ちが分かるとともに，育てた大人の気持ちも少しイメージできる，両方の気持ちが分かる人で，この人たちがこれからの家族を支えるという立場になりますので，すごい仕事を選んだねという話をします。

本当に学生たちは，男女が家庭科教育を受けた人であり，これから親になる発展途上の人たちです。そうすると家庭科の授業で保育園や幼稚園に行って，その場にいる自分を嬉しいと感じた心地よさをもった，あるいは大人になるのにどうやって生きていこうと考えあぐねているときに，保育現場に立ったことで自分の子ども時代を思い返したという体験

を話します。

　大人として保育現場に入ってみると, 担任の先生を思い出して, あのときはすごく楽しかったので, それを自分の一生の仕事に選ぼうと思ったという男子学生や女子学生がいます。乳幼児期と児童期, 青年期と壮年期が本当につながって, 今日, 金田先生が「生涯発達の中で」という視点をお話しされましたけれども, その立ち位置に学生自身が立って自分の将来を決めているということで, 本当に家庭科教育と保育現場はつながっているんだなというのを今までにも何回か感じました。

●発展途上　一人間としての育ち合い一

　きょうのお話を伺っていても, 親と子どもと保育者が, 保育現場・保育施設の中で, 人間として育ち合いをしているとすごく感じました。これは学生たちが高校や中学の授業で保育現場に行ったということと同じように, やはり体験の重みを感じます。子どもを保育園や幼稚園に入れながら, 一緒に親としての体験をし直している保護者, 保育者も親御さんを見ながらちょうど学生たちと同じような心情の変化を感じていく。

　みんなが人間として育ち合っている。30代, 40代になっても, まだまだ発展途上なんだなと。親は子どもを育ててほしいと保育園・幼稚園に入れるわけで, 親として, 保護者として育ててもらおうと思っている方はなかなかいらっしゃらないと思いますが, 自分も育っているという実感, また発展途上であるということを実感します。ある先生に大阪弁で, 「あなたの人生, まだこれからやん」と言われたらドキドキしちゃうと話した保護者の方がいました。

　また, 松永先生のところのいろいろな親の会, 私だったらこれに入りたいと思いながら読ませていただきましたが, 親としてわくわくする自分がまだいる, 親としてというより一人の人間としている, という体験がとても豊富に組み込まれていると感じました。

●ギビングとレシービング

　その体験というのは, 私が相談業務をしながらいつも感じている2つの流れがあって, これはある家族療法の方も言われていることですが, 子育てをする時期を迎えて, 親として子どもにこれを与えなければいけないという, ギビングという方向で何かをしよう, 何かを与えよう, そういうふうに頑張る親が今たくさんいる。

　でも大事なことは, 親になってよかったなと思える実感, つまりレシービング, 子どもから何か恩恵を受け取ることです。ギビングするだけが親ではなくて, もらう・レシーブする, 子どもから恩恵を受けると私たちは言っていますが, 親をしたことによって「子どもってこんなにかわいかったんだ」とか, 「私はまだまだこれから育っていける発展途上の存在なんだ」「人生これからだ」と感じること, そしてそこに先生方から「まだまだなんや」とメッセージをいただけるような, そういう力強い支援が大切だと思います。

　つまり子どもになついてもらっている私, 子どもから「ママー」とか「パパー」としがみついてもらっている私, そして親になってよかったなという, 子どもから恩恵を受け取ることを援助する, 親に子どもを通して, ちょっと斜めから援助できる人が一番の保育者なんじゃないかと私は思っています。

　なぜかというと, 保育者というのはもともと子どもの専門家です。こちらにも子ども学というのがありますが, 子ども学という言葉もずいぶん一般的になってきました。子ども

から親御さんにプレゼントをあげられるその瞬間というのは，保育者が子どもの何気ない表情を読み取って，リーディングして，「こんなことをあなたのお子さんが言っていましたよ」というのを，ノートで伝えるという手だてでもよろしいけれど，それだけではなくて，子どもを一緒に見るという，子どもを間に挟んで，子どもに恩恵を運んでもらうというか，子どもを動かすというか，そんな感覚が保育者はとても上手だと思います。

お母さんやお父さんがお迎えに来るときには，待っているときに，事前に子どもたちにお迎えに来ることをわくわくさせるようなタネを蒔けるのが保育者だと思います。例えば「きょうのごはんは何だろうね。みんなでAちゃんのお家のごはんを当てっこしよう」と言っておけば，Aちゃんのお母さんやお父さんがお迎えに来てくれたら，「Aちゃんちのごはんは何？」と聞ける。「カレーライス」と回答があれば，「ピンポーン，○ちゃんが当たったね」といって，お迎えに来ることにわくわくできる。

そんなふうにご家庭の大人と子どもをつなぐことは，子どもの専門家である子ども学を学んだ保育者が一番上手なんじゃないかと思っています。きょうは皆さんのお話を，ギビングとレシービングということを思い出しながら伺っていました。

●専門家としての保育者の仕事

「保育者養成における家族援助論の視点」というのが私にいただいたテーマですが，今年は保育所保育指針が改訂され，告示されて来年から施行されて一般的に使われることになりますが，そこではっきりと，これからの保育者の仕事というのは，「子どもだけの専門家ではない」と明文化されて，保護者支援や家族援助をする重要性が含まれました。保育者養成においても，2001年の保育士国家資格化に伴い，2002年から養成カリキュラムに「家族援助論」が必修の科目として導入されました。

幼稚園教育要領も来年度からの施行で同時に改訂になりましたが，子どもの保育をすることが保育者の仕事で，これまでにもいろいろな学びを重ねてきました。皆さんもお分かりのように，放っておいても子どもがうまく育つ時代は終わりそうだと。イギリスは10歳，アメリカやカナダは12歳までは子どもだけで遊んでいると親がネグレクトしていると注意を受けるようですが，日本もそのような社会になりそうだと危惧されています。つまり地域の中で子どもの安全が脅かされている，養育環境の急激な変化で健やかな成長が困難な時代を迎えていますので，子どもが健やかに育つためにはどのようなプロセスが必要か，発達の視点がないと支援も無理になってきました。まず，保育者は発達心理学をしっかりと学ばなければいけないと思います。

●双方向の保育

2番目は，しっかりと明文化されていますが，親の子育て相談に携わるためには，どのような保育を展開しているかという，親への説明責任が必要です。自己開示といって親御さんが自分の親としての気持ちを整理するということがお話に出ていましたけれども，一つは保育を開示するということが大事になると思います。

「うちの保育園・幼稚園はこんな保育をこういう子どもたちにしています。だからお父さん，お母さん，協力してください」と。夜寝る前に絵本を1冊読みましょうという指導

型の保護者への提言ではなく，保育を開示して，その保育を分かってくれますか，一緒に何かお手伝いしてくれないか，この子のこういうことで困っているけれど，どういうふうにしたらいいかと保護者に相談する。子育ての協働者になるためには，保護者に保育を相談する視点も重要だということです。

そういうふうに流れが双方向になってくる。つまり保育者がいて，下に保護者がいる縦の指導型ではなく，横並びの関係をどうつくるかということだと思います。これが専門家としての保育者の仕事として改めて求められるようになってきた時代背景があります。それで資料では，四角の中に矢印で入れましたが，保育者という専門家としては，「親子がどういう生活体験をしているか，対人経験をしているか」を把握しておく。現代では子ども時代に，身体と対人経験が乏しい特徴がありますので，親子ともにどのような生活の豊かさがあるのか，それを保育者のプロの目で見ていくということ，そして乏しい場合は保育施設の中で，保護者も子どもも補完し，追体験することも必要だと思います。

例えば，家庭内において親子で一緒にやっている楽しいことはあるのかについて把握する。おうちで一緒に食事作りをしていない状況があったら，保育園や幼稚園でお好み焼きパーティみたいなことをして，その経験からおうちでもやってみるという，逆輸入みたいなこともしなければいけないと思います。家庭でできないダイナミックな遊びを中心として保育計画を立てるばかりでなく，家庭でこそ経験してほしいことを園の中で経験する機会を作っていく，そのような体験の双方向性も求められる時代を迎えています。

●保護者理解と連携

2番目に書いたのは，現代の保護者とどのように連携していくかです。冒頭で金田先生から，モンスターペアレントという言葉もあって，そんなこと言っていられないですよねというお話がありましたけれども，苦情と感じるということには，相手の理解や信頼関係が蓄積されていないからです。どのように理解し合って，苦情と感じない信頼関係をつくっていくか。「よく言ってくれたわね」というようにお互いに受けとめていきたいものです。

「では，どうしたらいいだろうね」というのは，家族援助論の立場から言うと，親御さんが言ってきたことの表層部だけに心を奪われたらプロではないと考えます。これは私のつくった図で，後で拡大していただけたらと思いますが，深層部に社会的不安とか，90年代後半からの雇用不安など，現代には子育ての不安やストレスだけでなく社会不安が底辺にありますので，どういう不安が根底にあって，その表面上の要求が出ているのかという深層部まで配慮して背景を整理する必要があると思います。

それも現場で一人の担任だけがやるのではなくて，「この言葉はどういうところから来ているんだろうね」というように，職員の皆で保育カンファレンスなどを通して，保護者の問題や発言の背景理解をしていく関係が必要になってきているのではないかと思います。

●未来を創造する保育

結論として書いたのは，金田先生のシンポジウムのこの提言に大賛成で，「未来を創造したい」とすごく思います。保育を創造する，子どもとともに未来とか社会をつくっていき

たいと思います。そのときに底辺になるのが保育者という保育の現場にいる人たちと保護者との信頼関係で，それが入り口だと思います。

　２番目がいちばん主になることですが，子どもが保育の現場で生き生きしている，かわいくなっていく，それを保護者に見せつけて，親になってよかったと思わせる。子どもをかわいくさせるというのは保育者が得意なところですから，子どもが主体的に遊ぶ環境を考えながら保育を組み立てることが改めて求められると思います。

　それからもう一つ，親が子どもに還る，お母さんもお父さんも子どもだったんだね，子どもっぽかったねと子どもが感じる。そうするとなつきやすくなっていきますので，今もいくつかの現場でされていますが，保育参観ではなく「保育参加」，保育者みたいに親が一緒に遊んじゃうという，そんなことを入れ込んでいく横並びの関係が今後ますます求められていくのではないかと思います。

　きょうの皆さんのお話を受けとめつつ，未来を創造する可能性があるなと感じました。以上で終わらせていただきます。ありがとうございました。

第6回 シンポジウム　2009年10月

少子化対策急がば廻れ
― 家庭科と保育実践の結合が鍵 ―

- ■ 基調提案　次世代育成，子育て，今の親と未来の親が
　　　　　　手を繋ぐことの意義と「ふれ合い体験学習」
　　　　　　　　　　　　　　　　　　　　　　／金田　利子

- ■ 報告１　『家庭科の幼児とのふれ合い体験学習ガイドブック』
　　　　　　作成の意図と経過
　　　　　　　　　　　　　　　　　　　　　　／岡野　雅子

- ■ 報告２　現在・過去・未来の親が手を繋ぎ，地域に開く
　　　　　　家庭科保育の授業　　　　　　　　／金子　京子

■ 基調提案

次世代育成，子育て，今の親と未来の親が手を繋ぐことの意義と「ふれ合い体験学習」

金田利子（白梅学園大学教授）

子ども世代と親世代は，人間の歴史の循環関係にあります。全ての子どもはやがて親世代になり，その中から「親」が生まれます。子ども世代の中でも中高生は，近い将来親の世代になります。そして未来の親は今の中高生から育ちます。

中高生たちは，家庭科で「保育」を学び，"育てられている時代に育てること"を学んでいます。そして今の自分の位置を自覚すると共に，将来親になってもならなくても，親の持っている「幼い者を慈しみ育てようとする親性」を自らの中に育てています。それを家庭科では親性準備性の教育と呼んでいます。

これはすべての国民の児童育成への努力義務を謳った児童福祉法の第一条に応えるものと言えます。努力義務にどう応じればよいか，その能力の育成に公的に責任を持つ学校教育で取り上げている唯一の場は，家庭科の保育教育です。

乳幼児もやがて親世代になりますが，今は心身ともに親の手を最も必要としている時期です。育児を困難に思い，不安を重くしている親が増えてきています。そうした中で，今 保育園・幼稚園では子どもの保育のみでなく，入園児の親・家族援助はもちろん地域の子育て支援についても専門家としての役割が求められてきています。そしてどう関わっていいか苦慮しており，様々な課題を持つ親に，つい苦情がでてしまいます。

保育所・幼稚園は，親の援助も含めて広い意味での社会的保育の場です。これは児童育成の責任は保護者と共に国及び地方公共団体にあるという児童福祉法第二条に呼応しています。保護者負担とともに，国や地方自治体の責任（税金をそこにむける）で営まれている社会的保育機関の代表的なものが保育所と幼稚園です。その実質を担っているのが保育者たちです。その保育者を育成しているのが保育者養成機関です。

この家庭科の保育と社会的機関の保育という二つの場がまさに，今と未来の日本の子育てに責任を持っていると言えます。経済的にのみ少子化の問題が論じられる風潮には問題を感じますが，人類の未来を発展させる子どもを持つことを忌み嫌う社会は，不健全そのものだと言えます。しかし，政府も世論も上記の二つの場の結合には目をむけず，目先の対策ばかりになり，家庭科の縮小傾向も強まっています。

それぞれの場には政府も意図的に着眼しています。今日の資料・冊子に挙げておりますように，中学校・高等学校の学習指導要領には，乳幼児とふれあうことを実施していくように明記されています。幼稚園教育要領・保育所保育指針では，生涯にわたる人格形成の基礎としての人間関係の経験が大切にされています。にもかかわらず，二つの機関の結合については言及されていません。

今こそ，家庭科の必要性と保育者との，

また保育者養成機関との手つなぎの必要性を理論的・実践的根拠を持ってアピールすることが大切になってきています。それぞれがバラバラであっては，実質的な力にはなっていきません。「少子化対策，急がば回れ」とチラシに書かせていただいた意味はそこにあります。

　実際，将来親になることが予想される青年たちに，子育ての厳しさも喜びもともに含めて「科学とロマン」を伝えていく家庭科の保育教育での「乳幼児とのふれ合い体験学習」に目を向けてみませんか。中学・高校で保育をしっかり学んだ青年たちは，よい保育を見分ける力もついていきますので，その青年たちが親になったとき，保育者とともに子どもを育てる主体として力強い存在になります。そう言う青年たちが親になったなら，保育者たちにとっては鬼に金棒，互いにパートナーとしてよりよい保育を創造していくことが可能になります。よく保育者が漏らす「親とどうかかわったらいいの？」という悩みなどは不要になり，もっと積極的に専門家としての力をいっそう磨いていくことこそが課題になっていくでしょう。

　さて，今回のシンポジウムでは，こうした意義をもつ二つの保育の場の結合を実質的に試みてきた乳幼児と中・高生徒の「ふれ合い体験学習」についてとりあげることにしました。「ふれ合い体験学習」はかなり進められてきてはいますが，家庭科の時間削減の中でなかなか思うようには実行できない中高もあり，受け入れてはいるもののその意義が乳幼児の側に立ったとき，十分に見えてきていないという保育現場もあるというのも事実です。そこで，ここでは，二つの保育の結び手としての「ふれ合い体験学習」の意義を，実践を通して確かめ，さらに掘り下げ，発展させていくための理論からノウハウまで，実質的に深めていきたいと思います。

　報告者としましては，はじめに，日本学術振興会の科学研究費助成による研究グループ（岡野，伊藤，倉持，金田）が，中高や幼保の実践者の協力を得て『家庭科の幼児とのふれ合い体験学習ガイドブック』を作成したのですが，その代表者である信州大学教育学部の岡野雅子先生に，このガイドブックの内容と目指すものについてテーマに即してお話しいただきます。

　次に，まさに今の親（乳幼児の親）と未来の親（中高生），さらにその親（中高生の親）の三者をつないだ「ふれ合い体験学習」に基づいた家庭科の保育教育を，全ての子どもが学ぶ義務教育の場である中学校で実践してきた，さいたま市立大谷場中学校の金子京子先生に，その実践とそこから言えることについての報告をお願いしました。この繋がりは，世代間の循環関係にも発展していく可能性を孕んでいます。

　そして，乳幼児保育・教育の場からは，どちらかというと中学高校の方から呼びかけられて協力してきた機関が多い中で，乳幼児保育の方から中高生とのふれ合い体験学習を積極的に求めて実践してきた，出雲市立中央保育所・幼稚園長の佐野洋子先生に，そのとりくみとそこにこめた願い，そしてその成果と課題等についてお話いただくようお願いしました。

　最後にコメンテーターとして，三多摩公

立保育所連合会会長の小松崎春代先生に，次のような角度から実践紹介とコメントをお願いしました。

　提案報告としては先進的な取り組みをしている出雲市の実践を取り上げましたが，地元東京ではどうなっているのでしょうか。東京の中でも本学が立地する多摩地域（特に東久留米市の場合）における「ふれ合い体験学習」の状況を紹介していただきながら，全体の報告をふまえて「ふれ合い体験学習」について，乳幼児保育の側からどんな課題があるか，中学高校側にはどんなことを望みたいかなどコメントしてくださるようお願いしました。

　これらをもとに，これから豊かな交流が進み，次世代育成の方向を切り開いていけるよう，参会者とともに討論を深めたいと願っております。

　注）なお，以上のうち，以下の2報告は，それぞれの事情で掲載できませんでしたことをお断りいたします。
①出雲市立中央幼稚園長佐野洋子氏の話題提供につきましては，佐野氏が他の部署に異動されましたことから，公刊される書籍である本書への収録について，辞退のお申し出があったためです。
　②コメンテーターの小松崎春代氏（東京三多摩公立保育所連合会長）の報告につきましては，録音等記録不備のためです。記して深くお詫び申し上げます。

報告1

『家庭科の幼児とのふれ合い体験学習ガイドブック』作成の意図と経過
「ふれ合い体験学習」に関する研究グループ代表・岡野雅子（信州大学教授）

● はじめに

お手元にあります「ガイドブック」について，お話しさせていただきます。（本書巻末に全文掲載）

今日は，5つの柱に沿って①保育教育は時代の要請，②様々な「ふれ合い体験」への取り組み，③「ふれ合い体験学習」の意義，④「家庭科の幼児とのふれ合い体験学習ガイドブック」について，⑤「ふれ合い体験学習」の実際，と，こういう流れでお話させていただきます。

● 保育教育は時代の要請

まず，なぜ保育教育が必要であるのか。

子どもという存在は，次世代を担う人材です。子どもをどのように育てるかによって，その国なり地域なり民族なり，次なる時代の有り様が決まります。健全な次世代を育てるということは，大人すなわち先行世代，子どもから見ると先を歩いている先行世代の責務であります。そもそも大人であるということの条件には幾つかありますが，親性を身に付ける，つまり，次世代をしっかり育てるという資質を身に付けるということは，善き市民であることの要件の一つではないでしょうか。この辺りは金田先生も，「育てられている時代に育てることを学ぶ」という本の中で，国民教育であるということをご指摘になっていますが，そういうことであります。

中学生・高校生はすぐ親になるわけではないので，親性準備性と言ったりもいたしますが，要は健全な次世代を育む資質ですね，そういうものを親性というわけです。親性を身に付けるということは，大人の条件と言いますか，——ちなみに，大人の条件には他にも，納税とか，働いてしっかりと自分で生きていくとか，いろいろありますけれども——，親性を身に付けることも，その一つであるということです。

それで，かつては様々な世代が共に暮らす中で，人の一生のプロセスを日常的に観察できたのですが，今はそうはなっていません。したがって，学校教育で取り上げる必要があるということです。最近の子どもが育つ環境の変化は，子どもの数が少なくなって世代間が分断されています。特に人生の持ち時間が長くなって，私の少し前の調査（1997）では，現在の中・高生は，おじいさん・おばあさんとのふれ合いのほうが，赤ちゃんや幼児とのふれ合いよりも多い。つまり赤ちゃんや幼児とのふれ合いの機会が非常に少なくなっております。

それから，家族やクラスメート以外の人たちとのかかわりが大変希薄であります。そして，生活の中で一人一人であるという「個化」あるいは「パーソナル化」が進行しており，電話もテレビもお一人様仕様になってきています。すべて自分で完結してしまいます。自分の好きなように好きな時に，コンビニエンス・ライフはそういうことになっています。自分が欲しい時に欲しい物だけを買うというふうな，そういう生活スタイルの中で，人間関係の側面は，人間が生まれてから死ぬまでの人間発達のプロセスを間近に観察する機会が減ってきているということであります。

したがって学校教育で，系統的科学的に子どもが「育つ」こと，子どもを「育てる」こと。——子どもが「育つ」，こ

れは自動詞であります。子どもを「育てる」、これは他動詞なのです——、保育というのは、「育つ」と「育てる」の相互作用であって、両方が大事なのですが、子どもが育つこと、および子どもを育てることを学ぶことにより、親性あるいは親性準備性を身に付けるということが、重要な課題となったという時代を迎えております。

● 様々な「ふれ合い体験学習」の取り組み

　人間発達の初期、すなわち乳幼児期というのは家族の中で育つわけです。家族の中で家庭生活の中で育つということは、保育についての教育は家庭科の中で学ぶことがふさわしいのではないか、歴史的にも学校教育の中で保育を扱うことは家庭科がその役割を担ってきました。「ふれ合い体験学習」は、こちらのガイドブックにも書いてあるように、実際にはいろいろな形で行われております。家庭科のみならず、中学や高校で職場体験学習がありまして、高校の場合にはキャリア教育と言ったりもするようですが、そういう職場体験学習は、大体総合的学習の時間に位置付けられているようです。あるいは、ボランティア活動としてふれ合い体験を行なっている中学生や高校生もおります。

　しかし、教科として幼児との「ふれ合い体験学習」を行うのは家庭科だけであります。家庭科というのは、つまり教科であります。職場体験の場合には、職場としての幼稚園や保育所を選んで行くわけですね。行きたい人が行くということであり、他にも商店とかスーパーとかいろいろある中で、幼稚園や保育所に行きたい人が、そこを職場体験として選ぶわけです。しかし、家庭科の場合には、すべての生徒が対象であります。すべての生徒が対象ということは、家庭科の先生は子どもと付き合うのが苦手という生徒も連れていかなくてはならないということで、大変ご苦労があるわけです。しかしながら、そこにこそ善き市民を育てるという意義があります。だからこそ国民教育なのです。もともと子どもが好きとか子どもとふれ合う仕事に就きたいという生徒が職場体験に行くわけですが、教科としての家庭科は、全部の生徒が対象です。そこに意義があるということになります。平成20年告示の『中学校学習指導要領』では、幼児との「ふれ合い体験学習」はすべての生徒に履修させる事項となりました。平成21年告示の『高等学校学習指導要領』でも、幼児との「ふれ合い体験学習」への取り組みが強化されております。

● 「ふれ合い体験学習」の意義

　「ふれ合い体験学習」の意義でありますが、親性をあるいは親性準備性を身に付けること、これはもう一番の基本的なことになります。生徒はやがて大人となります。大人になって必ず親になるわけではないし、親となる人生を選ばないという人も多いかもしれません。けれども、先ほども申し上げたように、大人というのは次世代を育てる役割を担うわけです。その責任も担います。

　それを考えると、長いスパンで見たときに、「ふれ合い体験学習」を通して親性を育むということは、子育て支援と捉えることができる、つまり循環型の効果であります（図参照、本書203頁）。一般的に子育て支援というと、既に親になっている人を対象に支援するということなのですが、もっと長い視野で長期的に見ると、中学生・高校生の時期から未来の大人や親に、親性を身に付けさせる、ということが大きな子育て支援になる、基礎的な子育て支援になる、と言えると思われます。

●豊かな実りのためのガイドブック

「家庭科の幼児とのふれ合い体験学習　ガイドブック」についてですが，「中高生の幼児との『ふれ合い体験学習』についての実践構造の再検討」という研究課題で，平成18年度から今年度までの4年間，文部科学省の科学研究費補助金を受けた研究に取り組んでまいりました。その資料収集を実施する中で痛感したこととして，中学校・高等学校の先生方は，幼稚園や保育所の保育のことをあまりご存じではないようなのです。一方，幼稚園・保育所の保育者の先生方は，中学校・高等学校の教育のことをあまりご存じではなさそうだと感じました。

中・高生の「ふれ合い体験学習」というのは，片方だけが何か益をもらうというものではあり得ません。中・高生の生徒にとって，および保育園・幼稚園の幼児にとって，双方にとって実り多い保育体験学習，それを探るというためには，その双方の相互理解というものが必要だということを，大変強く感じました。初めはこのガイドブックを作るという計画はなかったのですが，畑を耕さないことには豊かな実りが得られないということで，当初の予定にはなかったこの「ふれ合い体験学習ガイドブック」を作ることにしたわけです。そういう裏話といいますか，経緯がございます。

●「ふれ合い体験学習」の実際

「ふれ合い体験学習」の実際ですが，こちらの具体的な進め方の辺りが，皆さま大変関心がお有りのところかと思います。このガイドブックの15ページ（本書210頁），これは一つの例でありまして，こういうふうにいくとも限らないのですけれども，それぞれの実情に応じて変化するとは思いますが，まず事前の連絡準備，そして中・高生の生徒および幼稚園・保育所の幼児への指導を行う必要があります。この事前の連絡準備が，家庭科の先生と保育園・幼稚園の先生の連携というところになりますし，生徒へのしっかりとした事前指導をすることによって「ふれ合い体験学習」が実り多いものになるということであります。

実際の「ふれ合い体験」は実はいろいろなパターンがあります。そのパターンは5ページ6ページ辺りをご覧いただきますと（本書200～201頁），中学生・高校生が幼稚園・保育所へ出向いていく，ふれ合いの形としては集団対集団，あるいは個人対個人。この辺りが現在かなり一般的に行われている「ふれ合い体験学習」ではないかと思います。幼児が中学校へ来て一緒に調理実習をするという例もあります。（本書201頁）

調理実習といっても簡単なものですね。これは，複数回やる中で2回目に取り入れられています。一緒に調理実習をする場合は乳幼児ではなくて幼児になると思いますが，1回目は中学生・高校生が園に行く，それから2回目，3回目になって幼児が中学校・高等学校へ来て，簡単な白玉団子か何かを作っている例のようです。そういう共通の経験によって，5歳児ってこんなに手が小さかったのかとか，5歳児でもこんなふうに上手に作れたと中学生が驚く。幼児の方は中学生のたくましさに気づいたりして，一緒の作業をすることでお互いに学び合うことができると思います。

あるいは，親子に高校に来てもらって子育ての話を聞く（本書201頁），これを複数回行う。つまりゲストですね。地域のゲストとして，最初は生後4カ月ごろ学校に来ていただく。それから3カ月たって生後7カ月，さ

らに3カ月たって生後10カ月にも来ていただく。そうすると、4カ月・7カ月・10カ月の間に、子どもの成長が大変に目覚ましいことが分ります。同じ子どもを何回か追うということで、その人間の発達初期の発達の目覚ましさ、そして、人間の発達初期には人とのかかわりがいかに重要か。母親なり保育者がどうやってかかわっているのか。赤ん坊は自分の状態を言葉によって説明できませんから、保育する側が赤ん坊に寄り添う、心を寄り添わせていろいろと察している。ああかな、こうかな、眠いのかなとか暑いのかな、とそういうところを見て学ぶことができます。

「ふれ合い体験学習」が終わったら、学校側は事後の連絡と生徒への指導を行わねばなりませんね。その後、次回に向けての振り返りを行います。この辺りのことについて、このガイドブックはいろいろな側面からふれています。

つまり「ふれ合い体験学習」の実際の進行については、中学生・高校生が幼稚園・保育所に行く、これが一般的で最も多い現在の形でありますが、幼児が中学校・高校へ来て、2回目のふれ合いとして、調理実習などを一緒に行う、あるいは、親と子、子どもは0・1・2歳ぐらい、3歳以上になると、幼稚園や保育所に行っているお子さんがほとんどですので、0歳1歳2歳をお持ちのお母さんとお子さんを学校に招待します。それで親と子のかかわり方を観察したり、子育ての話を親から聞きます。それから、子育て支援センターや育児サークルなどの親子が集まる場所へ行って、親の子どもへのかかわり方を観察したり、子育ての話を聞きます。

こういう辺りが実際のふれ合い場面ということになりますが、今は大体中学生・高校生が幼稚園・保育所に行っているわけですが、もっと様々なバリエーションを考えてもいいのではないかと思います。また皆さん方のご意見を、討論の時間にいただきたいと思います。私の持ち時間がそろそろ終わるころですので、これで終わりにいたします。

■ 報告2

現在・過去・未来の親が手を繋ぎ、地域に開く家庭科保育の授業

金子京子（さいたま市立大谷場中学校教諭）

●はじめに

よろしくお願いします。平成21年6月の末に家庭科教育学会で発表したものと同じ内容を発表させていただきます。ではこれから「中学技術家庭科の保育授業を地域に開くことの可能性」について発表します。

●研究の背景とねらい

現代は少子化による兄弟の数や、核家族化と地域社会との関係の希薄化などから、幼児とのかかわり方を学ぶ機会が少なくなってきているので、幼児理解をすることが難しくなってきています。その結果中学生においては、異年齢とのかかわり方を知らない生徒が多く、子育て中の保護者については、不安を抱く人も少なくない状態です。そこで、中学校家庭科の保育学習を、子育て中のおかあさん方に授業公開してみたら不安の解消につながるかもしれないと考えてみました。

ここでは地域の保護者を招き授業公開をしました。得られる効果として、次のようなこ

とが挙げられます。①中学生と保護者が共に幼児理解ができること，②保護者が授業を参観し，共に学ぼうとする姿を中学生が見ることで，その授業の内容がさらにリアリティーを持てることなること，③保護者が家庭科の授業を受ける生徒を参観することから，中学生理解を深めることができ，地域で共に生活する者同士のかかわりも生まれることにもなると考えました。

●研究の方法

研究の方法です。対象は，家庭科保育の授業を受けている，さいたま市にある公立中学校の3年生6クラス分の生徒と，その保育の授業を参観している保護者です。保護者は授業を受けている中学生の保護者11名と，地元の幼稚園に通う園児の保護者30名です。公開した授業内容は，昨年のシンポジウムでも報告した（本書118～120頁）「3・4・5歳の会話と，いざこざ」を題材にした1時間分の授業です。

表1は，公開した授業の指導計画と位置付けです。この表は，年少者と一緒にさつまいものおやつ作りをしよう，という昼休み2回分を加えた8時間分の題材の指導計画です。年少者と一緒にさつまいものおやつ作りをするために，当日も含め3回の交流をしました。その交流をスムーズに，より良い交流になるようにするための事前学習として位置付け，8時間分の中の一番初めの授業を公開しました。小題材名は「人との関わり方の発達を幼児の会話から学ぶパート1 「3・4・5歳の会話といざこざ」について」です。

公開した授業の流れです。年少者とかかわる際の理解を促進するために，まず3歳・4歳・5歳の遊びの中で用いられる会話の発達の違いを紹介しました。どうしてかというと，幼稚園に生徒を連れて行った時，何も帽子の色とか関係なく見ていると，誰が3歳児で4歳児で5歳児かというのは分からないと思う

表1

	題材（年少者と一緒にさつまいものおやつを作りましょう）	時間
小題材1	人との関わり方の発達を幼児の会話から学ぶ1 （3, 4, 5歳の会話といざこざについて）	1時間 （本時）
小題材2	おやつのメニューを考えてみよう	1時間
小題材3	事前調理	1時間
小題材4	対象児童と対面しよう	昼休み
小題材5	人との関わり方の発達を幼児の会話から学ぶ2 （仲間入りについて）	1時間
小題材6	対象児童と仲良く遊んでみよう（紙飛行機大会）	昼休み
小題材7	交流に向けての最終確認をしよう	1時間
小題材8	さつまいものおやつ作りを一緒に作ろう	1時間
小題材9	交流を終え体験の意味を確認しよう	2時間

のですね。それで,「帽子の色を分けてください」とお願いをします。実際には,3歳児・4歳児・5歳児と会話をすると,年齢ごと会話の特徴があります。そこで,そのことを紹介することにしました。

表2は「3・4・5歳の会話といざこざ」の授業の流れです。

表2

過程	学習内容・活動	学習のポイント
導入		
展開 まとめ	発問1「会話からわかる年齢ごとの特徴は何だろう」 1．3歳児の会話「ままごと」(シュミレーション) → 2．4歳児の会話「クイズ」(シミュレーション・ロールプレイ) → 3．4歳児と5歳児の砂場における「山対決」 　・おなじような経験はなかつただろうか → 発問2「すぐ山対決をさせなかつたのはなぜだろう」 発問3「先生の一言とは何と話したのでしょうか」 → 発問4「なぜ先生の一言で解決行動に至つたのか？」 4．授業を終えて学んだこと 5．自己評価・感想	「ごっこ遊び」 現実と虚構の世界の行き来 「いざこざ」 「声かけ」
終り	・次時の連絡	

　最初に,3歳児の会話です。「ごっこ遊び」の会話を使いました。「ごっこ遊び」は小学校の半ばくらいまで行われますが,3歳児のごっこ遊びの会話の特徴は,エピソードを読んでみても意味がわからないことが多いのです。生徒も親も,本当にカルチャーショックを受け,「なぜそれで会話が成立しているのか」と考えさせ,「役になりきって楽しんでいること」という答えを得ることで理解していきます。

　次に,今度は4歳児の特徴を知らせるために,「クイズ」というエピソードを使いました。この中のクイズは,4歳児と5歳児がお化け屋敷で遊んでいるエピソードなのですけれども,すごくしゃれた遊びで,4歳児の子がお化け屋敷を作り,段ボールの道を通る際にお化けが子供たちを怖がらせる中を最後の入り口まで来ます。すると,最後のところでクイズが出されるのです。クイズに当たると出られるという仕組みなのですけれども,4歳児のクイズの出し方は本当に変で,「頭がなくて,夜になって鳴くものなーんだ？」というあり得ない質問をするのです。出る子は,「こうもり」と,またあり得ない答えをするのに,「ピンポーン,出ていいよ」ということを言うのです。

　そのような,あり得ないクイズと答えを5歳児が見ていて,5歳児はしっかりとしたクイズを出すというエピソードです。このことから,4歳児はまだ現実と虚構の世界を行き来していて5歳児になると,当たり前の会話が一応成立するようになってくるので,小学校に入っても,授業を受けられることができることが理解されるようなことを説明しました。

第 1 部　家庭科の保育と保育者養成の保育をつなぐ　－シンポジウムの記録－

● いざこざのエピソード

　わたしが一番知ってほしかったのは次の内容で，「いざこざのエピソード」です。

　4歳児と5歳児が砂場で遊んでいました。いつも砂場というのは中学生にも人気で，そこには，いっぱい中学生もいるはずなのに，その日は4歳児と5歳児の間に1人しかいませんでした。なぜかなと思うと，4歳児と5歳児の山対決といういざこざをしていたのです。なぜか5歳児のほうが下手くそで，4歳児のほうが上手でした。5歳児の子が4歳児の子の山をねんじゅう崩していて，その砂を自分たちのほうに持ってきていました。

　わたしはそれを見ていて，（これはけんかが起こるな）と思ったので，そばを通った幼稚園の先生に，「あのう，先生，あそこでけんかが始まりそうですよ」ということを伝えたのです。そうしたら幼稚園の先生は，「あ，そうですか」ということで，どこかへ行ってしまったのですね。びっくりしてしまいました。わたしたち中学校の教員は，先手必勝で，いつも事が起こる前に防ぐということが身に付いているからです。でも園の先生がそうなのに，わたしがしゃしゃり出るのもおかしいと思い，（まあしょうがない，見ているしかない）と思って見ていました。それが何回か続いていて，ついに4歳児がきれて，いざこざが始まりました。グループとグループがやり合い，その間にいる中学生は1人立っていました。いざこざを中学生が止めてほしいと思ったのですが，止められません。今の中学生はかかわれないのかしらと思ってしまいました。

　（しょうがない，これはちょっとまずいな）と思い，止めに入ろうかと思った時に，さっきの幼稚園の先生がさっと来たのです。さっと来て，いざこざの中心人物である子の前に行ったのです。（先生見ていないようで，良く見ていたな）と思いました。その後の会話のやりとりが気になっていたので，聞こえるか聞こえないかの位置で，聞き取ることができました。驚いたことに一言しか言わないのです。先生はその子の前に行って，目の高さに座り，その男の子はちょっと怖そうな感じの男の子で，先生が来るとちょっとおとなしくなって，先生は一言だけ声をかけました。その子はどうするかなと思ったら，下を向いてしまって，ちょっと沈黙がありました。その後，顔をふっと上げると，手を挙げて「やめやめー，山対決やめやめー」と言ったのです。そうしたら，周りは4歳児と5歳児ですから，「うん！」と言いました。「山，一緒に大きな山，作ろうぜ！」と言うと，みんなが「うん！」と言って，今度は4歳児と5歳児は，大きな山を作り，道を作り，山の真ん中にトンネルを掘り，周りにお堀を作って，そこにお水を入れる。そのお水を入れる時に，そばに立っていた中学生を見つけ，「お兄ちゃん，水くんできて」と言いました。その中学生はやっとうれしそうに水を運ぶことになったというエピソードです。

　わたしは，親御さんにも生徒にも，この幼稚園の先生の「いざこざの時の園児へのかかわり方」を伝えたかったのです。授業では，「一言は何て言ったと思う？」と生徒に問いかけると，「やめなさい」「何があったの」「どうしたの」「こら！」と一般的な答えしかでてきません。先生が園児に伝えた言葉「○○ちゃんだったらどんな気持ち？」という考えさせるような言葉は想像もしていなかったと思います。また，いざこざが起こりそうな時に，（幼稚園の先生はすぐ止めないな，もどかしいな）と思ったことが私ばかりでなく，保護者や生徒もあったと思うのですが，嫌な体験を園児

に経験させるためには，必要なことなんだということも理解することができました。

このようなことから，この授業は親の準備である中学生だけでなく，子育て中の親や，中学校3年生の親にも見てもらいたいと思い実施してきました。その結果次のようなことがわかってきました。

● 分　析

分析方法です。授業後に中学生の保護者と幼稚園の保護者に輪になってもらい，授業を受けている中学生の様子と，授業についての感想を1人ずつ話してもらいました。子育て中の親は中学生の親の話に関心を持って聞いていました。その後，子育てをしている保護者に関する質問5つと中学生の授業に関する質問5つが印刷された用紙に答えてもらいました。

● 結果と考察　ー子育てをしている保護者，中学生の保護者の感想からー

結果と考察です。まず子育てをしている保護者に関する質問5つの答えからです。
1つめの質問です。「本日の授業内容について感想をお願いします。」については，子育て中の親と中学生の親共に，「もっと早い時期に学んでおきたい内容であった」と答えています。また2番目に「子ども目線に立つことの重要性」を感じていました。

子育てをしている親と中学生の親の感想に違いがあったのは次の部分です。子育てをしている親では，「授業参観を通して日々の自分の子育てを顧みていました」。また，「授業から学んだことを毎日の生活に生かそうとしていました。」中学生の親では，「幼児理解の学習ですが，現在の自分の子育てに生かそうとしていました」。子育て中の親は，今現在に関係ある内容なので，自分の子育てについての振り返りができていますが，中学生の親は，過ぎてしまっていることなので，それはできませんでした。

では，中学生の親にとって，この授業の意味はどのようなところにあるのかな，と思っていたら，幼児理解の学習なのですが，その中からしっかりと現在のお子さんとのかかわり方につながる部分を見つけだして，生かそうとしていたことにはびっくりしました。

● 中学生のイメージ

2つ目の質問として，「中学生が授業をしている様子について」です。子育てをしている親は「思ったより素直で，中学生のイメージが変化しました」「まじめに課題に向き合い，深く考えている様子がよかった」「鋭い意見も出て，はっとした」。中学生の親は，「まじめに自分のこととらえていて，すごい」「生徒の意見をより多く引き出し，こんなふうに感じているんだということがよくわかった」「国語や数学の授業の時とは違うと感じた」。両方共に，まじめに受けている印象を受けていました。

違いは，子育て中の親は中学生に日頃から接することが少ないため，中学生のイメージは，新聞やニュース等のメディアから得る情報や，自分の中学生の時のイメージですが，「そのイメージとは違っている」との答えが多かったということです。当然良いイメージへの変化となりました。

中学生の親は，授業参観で生徒の様子はわりとよく見ているものの，なかなかこのような部分の授業内容を見ることはなく，国語や数学の授業とは違うことを感じていたことに驚きました。どちらも家庭科の授業については，「私が受けた家庭科の授業とは違う」と

答えていたことも同じでした。

●中学生が本時から学んでいること
　それでは中学生が本時から学んでいることはどのようなことなのかを，プリントからまとめてみました。まず，「年齢ごとの言葉の発達から，遊びの変化や人とのかかわり方に変化が出ていることに気付いていたこと。」「園児は遊びを通して成長し，その遊びの中で行われる行為を園の先生はすかさず見つけ，園児の発達につなげていること」を理解していました。また，「園の先生の介入の仕方は，園児との信頼関係がなければ築くことはできず，成り立たない」ということについても理解していました。

●中学生が幼児の発達を通して学べること
　中学生が幼児の発達を通して学べることは，身近に幼児がいないことや，子育てをする親の教育力の低下から，幼児理解ができにくい状況ですが，本時の授業内容は，幼児理解の学習に効果を上げられていることが分かりました。携帯やネットを用いたかかわり方が多くなってきていて，相手理解や人とのかかわり方がぎこちなくなっていること，信頼関係を結ぶということはどういうことなのかを忘れがちになってきている人たちに，この学習を通して改めてそれらの大切さに気付くことに効果を上げることができていました。思春期に入り親との関係も難しくなってきていますが，改めてこの授業を通し，小さい頃の自分と親との関係を見つめ直すことにより，現在の親との関係を改めて客観視することができることにもつながっていました。

●おわりに
　まとめです。以上の結果から，中学校家庭科保育の授業を地域に開き，学習する可能性が豊かにあると言えることが分かりました。今後の課題としては，中学生や子育てをする親にとって，子育て支援につながる「知」の内容を明らかにしていくこと，子育て中の親に授業を開く「しくみ」の方法を考えることです。特に2番目の，このことについて，なかなか時間がなく大変だな，と思っていますので，何かありましたら，今日お話ししていただけるとありがたいな，と思っています。以上です。

第2部

保育と家庭科を考える

論文① 家庭科教育の変遷と「育児」「保育」の位置

松本　園子

● はじめに

「家庭科」は、戦後教育改革の中で新しく生まれた教科である。伝統的家族制度の温床であった日本の家庭を、民主的に変革することが「家庭科」の役割であり、子どもたちは家庭変革の担い手として期待されたのである。とはいえ、家庭科の主要な内容は、戦前期からの女子教育の裁縫・家事のそれを引き継ぎ、長らく、主として女子を対象とする科目であり続けた。

家庭科といえば多くの人にとって「被服」「調理」がまず思い浮かぶ内容であり、従来の家庭科の中で「保育」は影の薄い領域であった。近年そうした状況に変化がおきており、家庭科における保育領域、特に幼い子どもとのふれ合い体験が重視されていることについては、本書の第1部で様々な角度から述べられているところである。

家庭科は生活を対象とする教科であり、生活の実際の変化に伴い、教育内容が変化するのは必然である。例えば、衣服を作ることが家庭の仕事であり、すべての女性が裁縫技術を身につけなければならなかった時代には、学校における長時間の裁縫教育が必要であった。しかし、衣服を買うことが一般的になった現代では、家庭科被服の課題は、その購入と管理についての指導であり、作る技術の指導はウエイトが小さくなっている。

一方、子育てについては、その状況は変化しているが、衣、食のような機械化、商品化にはなじまない部分が多い。保育所が普及しても、家庭での子育てが無くなるわけではない。瓶詰離乳食など育児用品の商品化はすすんできたが、人が、時間をかけて、心をこめて、こどもとかかわり育てていく、という子育ての基本にかわりはない。

子どもを生み育てることは、家庭における女性の役割であるとして、戦前期の家事科の「育児」は必須であった。戦後の家庭科においても、育児あるいは「保育」[①]として、取り上げられてきた。大家族のなかで、地域社会の繋がりの中で子育てが行われた時代から、核家族において、母親がひとりで孤独な子育てを強いられた時代を経て、今日、父親の子育て参加、地域の子育て家庭支援の必要性が叫ばれるようになっている。こうした子育て実態を背景として、家庭科保育はどのようなものであったろうか。

本稿では、今日までの家庭科教育の変遷の中で、「保育」がどのように位置づけられてきたかについて検討する。

/第1章/
初期教育制度における
裁縫・家事 ── 明治期前半

1872（明治5）年の「学制」は、人民一般が必ず学ばなければならないものとして「小学校」を規定し、尋常小学、女児小学、村落小学、貧人小学、小学私塾、幼稚小学に区分した。尋常小学は、「下等小学」（6〜9歳）、「上等小学」（10〜13歳）にわけられた。男女共学の尋常小学とは別に挙げられた「女

児小学」は「尋常小学校教科ノ外ニ女子ノ手芸ヲ教フ」(学制26章)とあり，関口富左によれば，これは諸外国の制度にならうものであり，女子の就学督促の方策であったとともに，江戸時代以来の国民の男女観や慣習を考慮しての規程であったという[2]。当時の長崎県女児小学教則によれば，女児小学は下等小学卒業の女児に便宜教授するために設けるものであり，上等小学科を折衷し，これに裁縫をくわえるものとある[3]。現在でいえば小学校高学年以降の女児に裁縫教育を実施したもので，学校における家庭科教育の始まりと言えようか。

常見育男は学制期の「読本読方」という教科の読物教材として，家事関係の書物が使用されたことに注目しており，ここに家事科教育の起源があるとする。「女児上等小学校規則」において「読物」という教科があり，第5～第3級に『家政要旨』上，中，下巻，第1級に『小児養育談』等の教科書が配列されているという[4]。上等小学の第1級，すなわち，現在の中学2年後半にあたる段階で，「育児」がとりあげられたことがわかる。

学制期に読物の教材としてとりあげられた『小児養育談』は，石橋好一訳で出版されたものであり，原本は1866年米国で刊行された英国女性ワーレンの著作である[5]。ひとりの母親が，乳母や医師の助言をうけながら子育てをした経験談の体裁で，興味を持って学べるものであったろう。この書物は，東京女子師範学校等の家事科教科書としても使われている[6]。

1879 (明治12) 年，「教育令」が公布され，「学制」は廃止された。教育令における小学校は「普通ノ教育ヲ児童ニ授クル所」であり，「女子ノ為ニハ裁縫等ノ科ヲ設クヘシ」(第3条)とされた。また，6歳から14歳までの8年が学齢とされた(第13条)。1881年の「小学校教則綱領」(文部省達)では，小学校を初等，中等，高等に区分し，小学校中等科で女子のために裁縫等を設け，高等科では女子のために「家事経済ノ大意」を加えるとある。教則綱領付表によれば，小学校中等科～高等科(4年～8年)では女児に限り「裁縫」が毎週3時間課され，その時間は中等科では習字，作文，図画から毎週1時間をとってこれに充て，高等科では習字より1時間，経済より2時間をとって充てるとある。「家事経済」は高等科の最終年8年に毎週3時間おかれ，内容は衣服，洗濯，住居，什器，食物，割烹，理髪，出納等，とある。この時間は「経済」の三時間が充てられている[7]。小学校段階で男児向け，女児向けの教科が定められ，女子向け教科としての家事裁縫の内容がかたまっていった。

ここでの家事経済には"育児"の項目はみられない。しかし別に「読書」の時間の教材として育児について学ばせたようである。常見によれば，「女子高等小学校教則」の読物として，第2級(最終学年前半)に『保嬰新書』，第1級(同，後半)に『母親の心得』『子供教草』が教科書として配当されている[8]。

『保嬰新書』は，1876年高松凌雲訳で出版されている[9]。原本は1863年刊行のベルギー人医師セルウェス著で，懐妊から乳児期の子育てまでを取り上げている。この書は東京女子師範学校の教科書としても採用されている。『母親の心得』は，近藤鎮三訳で1875年に出版された[10]。原著はドイツ人医師クレンケの著書およびドイツ人ハルトマンの養生説である。

1886 (明治19) 年，小学校令が制定され，小学校は尋常小学校と高等小学校に分けられ，尋常小学校が義務教育とされた。学科

については，高等小学校において，女児に裁縫が課せられた。1890年に新たな小学校令が制定され，ここでは，尋常小学校の教科目として「女児ノ為ニハ裁縫ヲ加フルコトヲ得」（3条），高等小学校については「女児ノ為ニハ裁縫ヲ加フルモノトス」（4条）とされた。

以上，みてきたように，明治前半期の上等小学（学制），高等小学校（教育令以降）において，高学年女児の科目として「裁縫」が課された。この時期，別に「読書」という科目で，欧米の育児書（翻訳）から，"科学的"育児が学ばれたものと思われ，ここに家庭科保育の源流が認められる。

/第2章/
高等女学校における家事科育児
―― 明治期後半～大正期，昭和戦前期

1886（明治19）年中学校令が制定され，1891年の改正で，尋常中学校の一種として，女子を対象とする「高等女学校」が規定された。1895（明治28）年高等女学校規程が定められ，高等女学校は尋常小学校4年を卒業して入学する修業年限6年のものとされた。「高等女学校規程に関する説明」の付表の学科目によると，1学年から毎週5時間「裁縫」があり，5学年から「家事」がおかれ，そこでは5学年は衣食住，家事衛生，現在の高校1年にあたる6学年で，家計簿記，育児を学ばせた[11]。

1899（明治32）年独立法規として高等女学校令が公布され，高等女学校は12歳以上，高等小学校2年を卒業した者が入学し，修業年限4年と定められた。学科目は修身，国語，外国語，歴史，地理，数学，理科，家事，裁縫，習字，図画，音楽，体操，教育，漢文，手芸であり，「家事」は，「衣食住看護育児家計簿記其他一家ノ整理経済衛生等ニ関スル事項ヲ授ク」学科であった。育児を含む「家事」は，3，4学年に配当された[12]。なお，1907（明治40）年，小学校令が改正され，尋常小学校の修業年限は6年となった（1908年施行）。

高等女学校における「家事科育児」では，何が教えられていたのだろう。当時使われていた高等女学校家事科の教科書により，家事科育児の内容を推測してみたい。

まず，高等女学校開始間もないものとして，後閑菊野・佐方鎮子著『家事教科書』成美堂書店，1898（明治31）がある[13]。上巻（198頁）は，総論，衛生，経済，管理，衣服，食物，住居，について，下巻（141頁）は，婦人衛生，育児法，看病法について取り上げている。

下巻の「育児法」には70頁分が充てられており，構成は以下の通り

> 第一章　総論
> 第二章　初生児　1身体の組織　2感覚の発育　3沐浴　4被服
> 第三章　哺乳児　1哺乳法――生母の乳　乳母の乳　牛乳　2生歯期　3離乳期
> 第四章　乳歯期　1食物　2被服　3居処　4沐浴　5運動　6睡眠　7小児病　8言語　9説話　10玩具
> 第五章　家庭の訓練　1要旨　2誠実　3仁慈　4剛毅　5忍耐　6克己　7習慣　8朋友　9賞罰
> 第六章　学齢児　1就学期　2家庭と学校との関係

ここでは，詳細な検討はできないが，「育児法」の部分は，先にあげた欧米育児書を参照して執筆されたものと思われる。

次に，大正期の教科書として，塚本はま子『新式家事教本』（前編・後編）金港堂書籍株式会社，1917（大正6）をみると，総論，1～8章，全体が約600頁で，かなりのボリュームである。第七章「小児の養育」には130頁分が充てられ，まとまった育児書という印象である。構成は以下の通り。

> 第一節　母親
> 第二節　妊娠と出産
> 　一．妊娠の確定，二．妊婦の摂養，
> 　三．出産及び産婦の摂養
> 第三節　小児の養育
> 　一．初生児，二．離乳児，三．小児の食物，四．小児の衣服，五．嬰児の運動，六．嬰児の睡眠
> 第四節　小児の看護
> 　一．小児の特質，二．小児に多き病気，
> 　三、伝染性の小児病
> 第五節　小児の教育
> 　一．教育の目的，二．教育の場所，
> 　三．家庭教育の要素，四．家庭の教育的方法

昭和戦前期の教科書として，井上秀子『最新家事提要　修訂版』文光社，1934（昭和9）をみると，総論，第1～6編で構成され，約700頁である。

第5篇「育児」は126頁分，内容は以下の通りである。

> 第一章　婦人衛生
> 第二章　妊娠
> 第三章　胎児の発育
> 第四章　妊婦の摂生
> 第五章　分娩
> 　一．分娩の経過　二．分娩の準備
> 第六章　産褥と摂生
> 第七章　初生児の処置
> 第八章　初生児の取扱
> 　一．初生児の状態　二．初生児の保護
> 第九章　嬰児の養育
> 　一．人乳哺育　二．人工哺育　三．混合哺育　四．離乳　五．睡眠　六．涕泣　七．便通　八．嬰児養育上の注意
> 第十章　小児の発育
> 第十一章　小児の衣食住
> 　一．小児の衣服　二．食物　三．小児室
> 第十二章　小児の教育
> 　一．教育の方針　二．教育の手段
> 　三．教育の生理的基礎　四．教育の心理的基礎　五．言語　六．玩具
> 　七．絵本其の他の読物　八．童話
> 　九．徳性の涵養　十．宗教心の善導

以上の，明治後半～昭和戦前期における高等女学校家事科教科書の育児関係部分をみると，内容的に詳細，高度である。女学校を卒業し，結婚したおりに，妊娠・出産・育児の手引きとしても役立てることが想定されたのであろうか。良妻賢母教育を目的とした高等女学校において，家事科育児は特に「賢母」養成に直結するものであった。乳幼児が中心であるが，もう少し大きな子どもについての"家庭教育"にもふれている。

/第3章/
戦時体制下の家庭科教育

1937（昭和12）年7月に中国への侵略戦争がはじまり，1941年12月には米英との太平洋戦争に突入し，1945年8月の日本敗戦をもって戦争は終結した。この戦時体制下で，家庭科教育は"重視"され，とくに育

児分野は人的資源培養と銃後労働力確保の見地からこれまでにない国家的必要性を付与された。

　1941（昭和16）年，戦時教育体制確立のために小学校令が改正され，小学校は「国民学校」となった。国民学校には初等科（6年），高等科（2年）がおかれ，教科は国民科（修身，国語，国史，地理），理数科（算数，理科），体錬科（体操，武道），芸能科（音楽，習字，図画，工作，初等科女児については裁縫，高等科女児については家事及び裁縫）となった。家事裁縫が「芸能科」なる科目にくくられる科目設定となり，高等科における芸能科家事には「育児」が含まれた。高等女学校の入学資格は，国民学校初等科修了程度となった。

　1942（昭和17）年7月，文部省局長通牒として「高等女学校に於ける学科目の臨時取扱に関する件」が発せられた。それは以下のようなものであった⑭。（下線松本）

　　戦時下国民教育ノ拡充強化ノ要弥々緊切ニシテ，之ニ即応シ中等学校教育ニ於テ振作スベキ事項少シトセズ，<u>就中女子ニ対スル育児保護教育ノ拡充</u>，科学教育ノ振興，学校修練ノ強化，職業精神ノ涵養ノ如キハ，時局ニ鑑ミ一日モ遷延ヲ許サザルモノアリ，依テ此ノ際<u>外国語教育ノ刷新ヲ併セ行ヒ</u>，以テ時代ノ要請ニ応ゼンガ為，今般左記ニヨリ，高等女学校（中略）<u>ニ於ケル学科目ノ取リ扱ニツキ，臨時的措置ヲナス事ト相成リタルニ付テ</u>ハ，右趣旨ヲ御了解ノ上，之ガ実施ニ遺憾ナキヲ期セラレ度依命通牒ス

　　追而中学校ニ於ケル外国語教育ハ必ズシモ高等女学校ト同様ニ断ズベカラザルニ依リ，之ガ措置ニツイテハ一層慎重ナル考慮ノ下ニ研究ヲ遂ゲ，之ガ対策ヲ決定スル予定ナルニ付キ念ノ為申添フ
　　　　　　　　　記
　第一　実施の方法
　一．<u>学科目中家事（特に育児・保健）・理科・実業ノ教授ヲ重視シ</u>，学校修練組織ノ活動ヲ一層強化スルコト
　二．<u>外国語ヲ課スル学校ニ於テハ之ガ教授ヲ改善スルコト</u>
　三．<u>外国語ヲ履修セザルニ至リタル者ニ対シテハ，外国語ニ充テラレタル時間ニ於テ，主トシテ家事（特に育児保健）・理科・実業ヲ履修セシムルコト</u>

　高等女学校における外国語教育を刷新（つまり実施しないことにする）し，かわりに戦争遂行に必要とされる育児や看護の担い手として，女学校生徒を教育する，ということであった。

　1943（昭和18）年1月「中等学校令」が公布され，中学校，高等女学校，実業学校の三種が中等学校として同じ制度で統一された。3月に制定された「高等女学校規程」⑮によると，高等女学校は，「教科」および「修練」を課し，教科のうち基本教科は国民科，理数科，家政科，体錬科及び芸能科，増課教科は家政科，実業科，外国語科とされた。ここで制度的に外国語は必修からはずれ，前年の局長通牒よりさらに進んで，女生徒から外国語学習の機会を奪うこととなった。家事裁縫をあわせて「家政科」が設置され，その目的は

　「家政科ハ我ガ国ノ家ノ本義ヲ明ニシ皇国女子ノ任務ヲ自覚セシムルト共ニ家庭ニ於ケル実務ヲ習得セシメ勤労ノ習慣ヲ養ヒ主婦タリ母タルノ徳操ヲ涵養スルヲ以テ要旨トス」（第五条）

とあり、家政科の科目は「家政、育児、保健及被服」とされた。

人的資源確保の趣旨から「育児」「保健」が重視され、多くの実習時間が配当された。このため、幼児保育の実習のために保育室が設けられ幼稚園が付設されたという。[16]

この時期、高等女学校用家政科教科書として「中等被服一」「中等家事一」（中等学校教科書株式会社、昭和18年4月）が発行されたが、「中等家事一」[17]の構成は以下のようであった。なお、この教科書は、翌年ほとんど同じ内容で、文体が「ですます」に改められ文部省より国定教科書として発行されている。

　一．わが国の家と女子
　二．国の祭と家の祭
　三．敬老と仕へ方
　四．弟妹の世話
　五．家の清潔と整理
　六．食事と手伝
　七．調理用具の扱ひ方
　八．調理
　九．日常の経済
　一〇．家庭の和
　一一．隣同士

この教科書は、まず「一．わが国の家と女子」で「われわれ日本人は、家とは祖先から子孫へとつづくものであり、畏れ多くも皇室を御宗家と仰ぎ、皇国と一体のものであることを信じてゐる」と、皇室中心の家族的国家観を示し「今日のやうに、国の総力をあげて大きな戦争を戦ひ、家をあげて国に報いなければならないときには、家政の担当者としての女子の責務は一層重い」と述べる。そして、家のため、国のために働く母の手伝いを進んですることは、国のためであるとする。

手伝いのひとつが「四．弟妹の世話」であり、これが「育児」の部分である。前節でみた明治〜昭和戦前期の家事教科書の育児関係の記述が、将来の妻として、母としての知識を学ぶかなり高度な内容であるのに対しここでは戦時の現在の生活の中で、身近なこどもの世話をする方法を学ぶことが目的とされ、平易に記述されている。内容は、㈠乳児の生活と相手、㈡守りの注意、㈢よいしつけ、㈣幼児の遊ばせかた、である。

冒頭で「忙しい母を働きやすくしてあげるために、また弟妹を少しでもよい国民に育て上げるために、われわれは責任をもってその世話にあたらう。弟妹だけでなく、近所の子供もこの心がけで世話をしたい」と述べる。随所に「幼い子の怪我が、どんな所で、どんなことからおこりやすいか、家の内と外とで、それぞれよく研究せよ」といったワークが配置されている。国家主義をかざした戦時の教科書が、方法としては知識注入型ではなく実践的、研究的に学ばせるスタイルになっていることは興味深い。女学生の育児貢献が切実に必要とされた故といえようか。実際、各地の農繁期託児所で、女学生が勤労奉仕に駆り出されることも多かった。

/第4章/
戦後家庭科の出発と育児・保育

❶ 初期家庭科 ― 1947年版学習指導要領

戦争が終り、教育をめぐる状況は一変した。1947（昭和22）年3月、学校教育法が制定され、小学校、中学校、高等学校が新制度の学校としてスタートした。新しく「家庭科」という教科が設けられた。それは、戦前期の女子教育の裁縫・家事、家政科とは異なり、

男女共修科目となった。すなわち，小学校では「家庭科」が第5，6学年で男女共修の必須科目とされた。中学校では「職業科」の科目のひとつとして「家庭」が置かれ，大部分の女生徒が選び，男生徒も選ぶかもしれないものとして位置づけられた。1949年段階の「職業科」の履修状況調査から，男子の40％程度が家庭科を履修していたと推定されている[18]。高等学校では「家庭科」は選択科目であり，女子向き科目と捉えられてはいたが制度上男女の区別はなかった。

1947年，文部省から「学習指導要領　家庭科編（試案）昭和22年度」[19]が発表された。小，中，高校の家庭科全体をあつかったこの書は，「はじめのことば」で次のように，家庭科教育の目的を述べている。

> 家庭科すなわち家庭建設の教育は，各人が家庭の有能な一員となり，自分の能力にしたがって，家庭に，社会に貢献できるようにする全教育の一分野である。
> この教育は家庭内の仕事や，家族関係に中心を置き，各人が家庭建設に責任をとることができるようにするのである。
> 家庭における生活は各人の生活にとって，大きなまた重要な部分であるので，おのおのは家庭生活において，知的な，能率の高い一役をなすのでなければならない。このために，学校において，家庭建設に必要な要素を改善し，のばして行くような指導を与える必要がある。

❶　小学校

この学習指導要領「第二章　家庭科学習と児童・青年の発達」において，当時の子どもたちの生活に「子守り」仕事が存在することが次のように指摘されている。

> 子守は，これ又第1学年から始まる最も普遍的な家事手伝いの一つであるが，興味というよりはいやおうなしの重荷であることが多い。実際たいていの者は赤んぼうを喜ぶが，仕事としては必ずしも好きな部類に数えていないのである。このことは，子守りを課程にとり上げる場合，十分心得ておくべきことであり，できるだけかれらの興味から出発するように，また幼児の研究を通して人々に仕合わせを与える態度を学ばせることである。

戦前から多くの子どもが"いやおうなしの重荷"として子守りを担っていた[20]が，学校教育の題材として取り上げられることはなかった。しかし，生活経験主義教育[21]が打ち出された戦後家庭科学習指導要領において，5学年の単元「㈣家庭における子供の仕事」のひとつとして，「子守り」が取り上げられている。その内容は以下の通りである。

① 目　標
① 幼児を愛し育てることに興味と関心を持つ。
② 正しい守のし方を習得する。
③ 幼児への正しい手本として，自分の習慣を反省し発展させる。

② 2　指導の方法 ― 児童の活動
① いつもめんどうを見てやることのできる弟妹や近所の子供の性別・年令・性行等の調査。
② どんな守りをしているか，したことがあるかを話し合い，その楽しさとむずかしさとを発表し合う。
③ 守りをしていて困ったことはないか，又その原因はなんであったか，どう処置したかの話し合い。
④ 守りのよいし方，わるいし方の話し合い。

⑤ しかったことについての話し合い
　Ⓐどんな場合にしかったか
　Ⓑどんなしかり方をしたか
　Ⓒその効果
　Ⓓしからずに成功した例はないか。
　　(a) 注意をほかに移させる。
　　(b) 食べ物を与える。
　　(c) おもちゃを与える。
　　(d) おどす。
　　(e) だます。
　Ⓔそれらの是非
⑥ ほめ方の上手，下手についての話し合い
　Ⓐ同じ場合に同じことば。
　Ⓑ単純な，上手なほめことば。
⑦ 子守として，よい手本が大切であることに気がついたら，その種々の事例を挙げる。
　Ⓐ よい食べ方
　　(a) きげんよく。
　　(b) わき見をせず。
　　(c) 落ち着いて，ゆっくり食べる
　Ⓑよいことば遣い。
　Ⓒ他人や小動物などに対するよい態度
⑧ これからの継続的な観察についての方法の話し合い。

　③　指導結果の考察
① 子守に新しい興味を持つようになったかどうかについて，作文などにより考査する。
② 再生法・真偽法・訂正法等による子守についての知識，考え方の考査。

　小学生を対象として，育児・保育領域が登場したのは，これがはじめてである。戦前期の「裁縫・家事」における「育児」が実施されたのは高等小学校あるいは高等女学校であり，現在の中学，高校にあたる学業の最終段階におかれた。前節でふれた戦時を例外として，家事科育児は近い将来母親になる者への準備教育であった。しかし戦後家庭科では，男女を問わぬ10歳の子どもの現在の生活のなかでの，弟妹や近所の幼い子どもとの関わりのあり方がとりあげられたわけで，今日的視点からその意義を検討する必要があると思われる。ただし，この学習指導要領（試案）に示されたプランが，教育現場でどのように実施されたのか，実態はわからない。後述するように，その後の指導要領改訂で，小学校段階での育児・保育の内容は消滅してしまう。

2　中学校

　7学年（中学1年）の単元㈤は「幼い家族の世話（乳幼児の生活）」として，生活指導，おやつつくり，衣類の世話などを取り上げている。9学年（中学3年）では，単元㈥の「B乳幼児の病気とその手当」がおかれている。

3　高等学校

　新制高等学校は1948年度よりスタートした。教科は，国語（9単位），社会（10），体育（9），数学（5），理科（5）計38単位のみを必修とし，卒業要件85単位の多くを生徒の選択に委ねる選択教科制が特色であった。家庭科は選択科目であり，制度上男女に開かれた科目であった。
　『学習指導要領家庭編高等学校用（試案）昭和23年度』は，1947年版家庭科学習指導要領の高校段階のものであり，「家庭科」（10～12学年）の指導単元として，被服，食物，住居と家事経理，家庭衛生，家族関係と子供，が示されている。
　単元「家族関係と子供」の目標については以下のように示されている。
① 家族間の明るい気持ちよい関係を保つ
② 家族より進んで友人間，隣人間によい

関係を保つ
　③　結婚について正しい知識と理解を持つ
　④　妊娠・出産の正しい知識
　⑤　乳幼児の心身の発達についての観察力と知識
　⑥　乳幼児の世話ができ、特に授乳・離乳の正しい方法の理解
　⑦　乳幼児の心身異常に正しく手落ちのない手当をする能力
　⑧　幼児の性格・行動に賢い指導をする能力

　翌1949年、『学習指導要領家庭科編高等学校用　昭和24年度』が発行された。これは190頁の分厚いもので、家庭科の目的を「家庭生活の理解と価値認識が養われ、その結果、人々がますますよい家庭人となり、社会人となること」（まえがき）とうたい、これは「男女にひとしく必要なことであるが」といいつつ「特に女子はその将来の生活の要求にもとづき、いっそう深い理解と能力を身につける必要があるので、家庭生活の一般に関する学習を、少なくとも14単位必修させることが望ましい」としている。"望ましい"という表現ではあるが、家庭科女子のみ必修への回帰が始まっている。

　指導要領では、1　被服、2　家庭経済、3　家庭管理、4　家族、5　食物、6　衛生、7　育児、8　住居という8つの目録のそれぞれについて、「一般家庭」と「選択」にわけて単元が示されている。育児目録では、単元1　妊娠と分娩、単元2　小児の発達、単元3　乳児の栄養、単元4　乳幼児の世話、単元5　乳幼児のおもな病気とその予防・看護・手当があげられ、単元4が一般家庭、他が選択とされている。

　戦後高校家庭科の育児・保育領域は、戦前期高等女学校の家事科育児と同様に、将来の妊娠・出産・育児に備えての学習となっていた。制度的には男女に開かれたが、高校家庭科全体をみても、内容的には戦前を踏襲した女子向き教科の性格が強かった。とはいえ、学習指導要領（昭和23年版）に示された単元指導例をみると、事例研究や観察など多様な方法で学びを深めることが提案されており、指導方法としては新しいものがめざされたことがうかがえる。

❷　初期家庭科の修正 ── 1950年代

🔳　小学校

　1947年に成立した小学校家庭科は「家庭建設」のために男女とも学ぶべき教科とされたが、社会科など他教科との重複が多いこと、裁縫について子どもの発達段階にそぐわぬ程度の高い教材があることなど、その内容には問題が多く、出発早々廃止も取りざたされた。そうした中で、1950年6月、教育課程審議会が「小学校の教育課程をどのように改善すべきか」について答申し、家庭科については「家庭科を存置すべきか廃止すべきかにつき協議した結果……存置することにされたい」とした。そしてその教科内容は高度の技術や複雑な仕事を課することは適当ではなく、著しく他の教科と重複する指導目標や内容は改め、目標は「身のまわりの処理の仕方や、基本的な家庭技術を習得すること」を主眼におくこと、とした。[22]

　1947年版小学校家庭科学習指導要領はこの答申後も据え置かれたが、1951年、『小学校における家庭生活指導の手びき』がだされ、学習指導要領にかわるものとして位置づけられたようである。「手引き」は幼稚園から小学校6年生までの家庭生活を指導する内容等を述べたものであり、5・6年生の家庭科の内容も含まれている。

　そして、1956年『小学校学習指導要領家

庭科編』が出された[23]。1947年版『学習指導要領家庭科編』の小学校に関する部分を改訂したものであり，改訂の要点は第一に小学校家庭科の目標の明確化と第二に指導の内容を五つの分野に整理したことである。

指導内容の五分野とは，家族関係，生活管理，被服，食物，住居，である。保育領域関連は「家族関係」分野の中で，「家族としてのあり方」の指導の要点のひとつとして「老人や弟妹には思いやりの心をもって親切に世話ができる」が，あげられているにすぎない。その後今日まで，小学校学習指導要領の改訂が何回も行われているが，保育領域の復活はない。

2 中学校

1947年版学習指導要領における中学校「職業科」は，各分科目（農業，工業，商業，水産，家庭，職業指導）の分立傾向が強く，職業科としての統合は不十分なまま成立した。また，多くの家庭科関係者は，中学家庭科が職業科の一分科目であるという認識は薄かった[24]。こうした中で，1951年12月，文部省より『中学校学習指導要領 職業・家庭科編（試案）』[25]が刊行された。

ここでは，職業・家庭科の教育内容が1 仕事，2 技能，3 技術に関する知識・理解，4 家庭生活・職業生活についての社会的，経済的な知識・理解，の4項目から構成されている。「仕事」について，第1類（1 栽培，2 飼育，3 漁，4 食品加工），第2類（5 手技工作，6 機械操作，7 製図），第3類（8 文書事務，9 経営記帳，10 計算），第4類（11 調理，12 衛生保育）の4分類12項目にわけている（第2章）。教育計画の基準として，第一に全体として各生徒が12項目の仕事の技能および技術に関する知識・理解を学ぶと同時に，家庭生活・職業生活についての社会的，経済的な知識・理解を養うように計画すること，第1学年では各生徒が4分類，6項目以上，第2，3学年ではそれぞれ2分類以上，4項目以上，学ぶように計画すること等が示されている（第3章）。第4章では「教育計画の例」として，農村男子向き，都市工業地域男子向き，都市商業地域男子向き，漁村男子向き，農村女子向き，商業地域女子向き，の6種の課程案が示されている。例えば「農村男子向き課程」第1学年の単元構成をみると，4つの単元に4分類11項目の様々な課題が配置され，保育領域については，単元「家庭生活への協力」のなかで「乳幼児の世話（遊ばせ方）」を学び，家庭生活における保育の重要性，乳幼児の生活と発育について理解することとなっている。

1951年版学習指導要領は，「男子も『家庭科的内容』を履修し，女子も『職業科的内容』を履修するという実態」を生み出し，「実質的に『女子専用教科』としてあった中学校家庭科を男女に開かれた教科に変えようとした」ものであった。しかし，こうした「積極的側面は，これまで評価されることが少な」く，「この学習指導要領が出された直後から，職業科からも家庭科からも多くの批判が出された」という。[26]

1951年版への批判を背景に，1956年5月，『中学校学習指導要領 職業・家庭科編 昭和32年度改訂版』[27]がだされた。内容を厳選し，基礎的なものが身につくようにする等が改訂の留意点であり，6群，22分野の内容が示された。家庭科関係は第5群にまとめられ，食物・被服・住居・家族・家庭経営の6分野，家族分野は「保育・家族」「家庭看護」の2項目である。各生徒は第4群（漁業等）を除き各群について少なくとも35時

間学ぶとされ，男子も必ず家庭科を履修する基準が示された。ただ，この場合備考欄に○印のある項目を学ぶとされ，第5群で○印が付けられたのは食生活・調理，衣生活・住生活であったため，保育領域を男子が学ぶ機会は失われてしまったといえよう。

3 高等学校

高校家庭科は制度的には男女とも選択して学ぶ教科として成立した。女子の多くは家庭科を選択したが，当然ながら選択しない女子もあり，それを問題視する家庭科関係者により，高校家庭科女子必修化の運動がおこされた。1952年3月には，東京都高等学校家庭科教育研究会と全国家庭科教育協会により「高校家庭科に於ける家庭科（一般家庭5単位）を女子に必修教科とせられたい」との請願書が国会に提出された。請願書の理由には，家庭科を「在学3ヶ年間に於て全く履修しないで卒業する者が逐年増加の傾向」にあり，これは「女子教育上遺憾に堪えない」とある[28]。請願者側には，男女とも家庭科必修が望ましいが，現段階ではせめて女子のみでも必修に，との考えがあったという[29]が，これらが家庭科女子のみ必修制度化への動きをつくりだしていった。

1956年2月『高等学校学習指導要領家庭科編 昭和31年度改訂版』[30]が出された。ここでは「「家庭一般」4単位を女子の教養として履修させることが「望ましい」とされた。家庭一般は，1 被服，2 家庭経営，3 食物，4 保育・家族，で構成され，「保育・家族」の内容は，1 乳幼児の身心の発達とその生活および扱い方，2 乳児の栄養，3 育児法の改善，4 育児と結婚，5 結婚，6 衣食住その他に関する家族相互の調整，であった。

/第5章/
戦後期家庭科の変化と保育
― 1960年～80年代

前章でふれた1947年，1951年，1956年の学習指導要領は，文部省の著作物として出版されたものである。その後の学習指導要領は文部省（後，文部科学省）告示として官報に発表され，法的拘束力をもつようになった。科目ごとの詳細なものとしてではなく，小学校学習指導要領，中学校学習指導要領，高等学校学習指導要領としてまとめられ，各科目の内容は大綱化された。家庭科については，この段階から，男女共修原則がくずされ，中学校家庭科は男女別修，高等学校家庭科については女子のみ必修への方向転換が始まった。

これらの背景には，高度経済成長期の労働力政策，教育政策の転換があるが，ここでは学習指導要領における中学校，高等学校の家庭科の位置づけとそこでの保育領域の状況についてみておきたい。

1 中学校

1958（昭和33）年告示され1962年度より実施された「中学校学習指導要領」において，従来の「職業・家庭」は「技術・家庭」となった。そこでは「生活に必要な基礎的技術を習得させ，創造し生産する喜びを味わわせ，近代技術に関する理解を与え，生活に処する基本的な態度を養う」と，技術重視の目標が掲げられた。男女生徒が家庭について学び，その担い手になっていくという視点は失われ，「生徒の現在および将来の生活が男女によって異なる点のあることを考慮して，『各学年の目標および内容』を男子を対象とす

るものと女子を対象とするものとに分ける」として「A男子向き」「B女子向き」の目標,内容が学年毎に示されている。家庭科的内容は,男子向きでは全くとりあげられていない。

　保育領域は,女子向きの3学年に置かれて,幼児の生活を中心に,その衣食住について総合的に指導する,とある。

　1969（昭和44）年に告示され1972年度より実施された指導要領の「技術・家庭」でも,同様に男子向き,女子向きの目標と内容が示される。保育領域は,女子向きの3学年におかれ,幼児の心身の発達,幼児の遊びを中心とした生活,幼児の衣生活,幼児の食生活,保育と環境との関係,を指導するとあり,1958年告示よりは内容が詳しくなっている。

　1977（昭和52）年に告示され1981年度より実施された指導要領の「技術・家庭」では,男女別修がやや改められた。男子向き,女子向きに内容を示すことをやめ「地域や学校の実態及び生徒の必要並びに男女相互の理解と協力を図ることを十分考慮して」17領域のなかから7以上の領域を選択履修させるとあり（8節第3）,男子も被服,食物,住居,保育から一領域を履修することとなった。

2　高等学校

　1960(昭和35)年に告示され1963年度から学年進行で実施された「高等学校学習指導要領」では,「普通科においては,原則として,下記の教科・科目」を履修させる,とし教科「家庭」については「女子について『家庭一般』4単位,ただし,特別の事情がある場合には,2単位まで減ずることができる」（第1章第2節第1款）とされた。家庭科女子のみ必修が制度化されたわけである。

　ここでの保育領域は,目標に「保育における家庭環境と生活指導の重要性を理解し,乳幼児保育についての知識と技術を習得させるとともに,それらを基礎として正しい児童観を養う」ことをかかげ,内容「乳幼児の保育」は,ア　子どもの健全な成長と家庭,イ　乳幼児の心身の発達,ウ　乳幼児の食物と被服,エ　乳幼児の生活指導,オ　育児と結婚,とある。（第8節第2款第1）

　1970(昭和45)年に告示され,1973年度から学年進行で実施された指導要領では「『家庭一般』は,すべての女子に履修させるものとし,その単位数は,4単位を下らないようにすること」（第1章第1節第4款）と家庭科女子のみ必修がさらに強化された。

　保育領域の目標と内容は1960年指導要領と大差はない。

　1978(昭和53)年に告示され,1982年度から学年進行で実施された指導要領では,「家庭一般」をすべての女子に4単位,という規定はかわらないが,男子の選択履修の取扱いについての記述がある（2章8節第3款）。女子のみ必修についての国内外の批判に対応したものであろう。

/第6章/
家庭科男女共修化と乳幼児ふれ合い活動の重視 ― 1990年代～

　1989年告示の中学校,高等学校学習指導要領から,家庭科男女共修が復活した。この背景には,女子差別撤廃条約（1979.12国連採択）を契機とする内外の世論,特に家庭科男女共修をすすめる運動の力が大きい。その経過の詳細については他に譲る[31]。また,1998年告示の中学校,1999年告示の高等学校学習指導要領では,家庭科保育領域において幼稚園や保育所における幼児とのふれ合

い活動を取上げている。従来の保育領域は子どもの発達や保育のあり方を，教室で学ぶことが中心であったが，大きな変化である。1990年代にはいり，少子化が社会問題化したこと，それへの対策として1994年の「エンゼルプラン」[32]をはじめとして少子化対策が次々に展開されている状況を背景としている。

ここではこの時期以降の学習指導要領における家庭科と保育領域の扱いについてみておきたい。

❶ 男女共修の復活

▋ 中学校

1989（平成元）年告示，1993年度より実施の「中学校学習指導要領」における「技術・家庭」では，A 木材加工，B 電気，C 金属加工，D 機械，E 栽培，F 情報処理，G 家庭生活，H 食物，I 被服，J 住居，K 保育，の11領域が示され，男女を問わずこのうち7領域以上を履修させること，A，B，Hはすべての生徒に履修させること，とされ男女共修が復活された。

1998（平成10）年告示，2002年度実施の技術・家庭においては，（技術分野）A 技術とものづくり，B 情報とコンピュータ，（家庭分野）A 生活の自立と衣食住，B 家族と家庭生活，が示され，それぞれの分野の項目をすべての生徒に履修させることとし，男女が技術分野，家庭分野を偏りなく履修するよう，共修システムが強化された。そして「家族と家庭生活」の内容で「(5)幼児の生活と幼児との触れ合い」があげられ，「幼稚園や保育所等で幼児との触れ合いができるよう留意する」とある。

▋ 高等学校

1989（平成元）年告示，1994年度より実施の「高等学校学習指導要領」では，「家庭のうち『家庭一般』，『生活技術』及び『生活一般』のうちから1科目」をすべての生徒に履修させるものとした。（第1章第3款）3科目とも家庭科の各領域で構成されており，家庭科男女共修が復活した。単位数はそれぞれ同じ4単位であった。

「家庭一般」における保育領域は「(6)乳幼児の保育と親の役割」，「生活技術」における保育領域は「(2)子供の成長と親の役割」，「生活一般」における保育領域は「(2)子供の成長と親の役割」「(8)乳幼児の保育」である。

1999（平成11）年告示，2003年度より実施の指導要領では，「家庭基礎」（2単位），「家庭総合」（4単位），「生活技術」（4単位）のうち一科目が必修となった。2単位の「家庭基礎」を履修させる高校が多く，家庭科の縮小といえる。

保育関連領域は「家庭基礎」では「(1)人の一生と家族・福祉」「(2)家族の生活と健康」，「家庭総合」では「(1)人の一生と家族・家庭」「(2)子どもの発達と保育，福祉」，「生活技術」では「(1)人の一生と家族・家庭」である。それぞれの内容とその取り扱いをみると「家庭基礎」「生活技術」では「学校や地域の実態等に応じて，学校家庭クラブ活動等との関連を図り，乳幼児や高齢者との触れ合いや交流などの実践的な活動を取り入れるよう努める」，「家庭総合」では「子どもと適切にかかわることができるようにする」「幼稚園や保育所等の乳幼児，近隣の小学校の低学年の児童等との触れ合いや交流の機会をもつよう努める」と，それぞれ幼児との触れあい活動の導入にふれている。

❷ 現行学習指導要領における保育領域

❶ 中学校

2008（平成20）年告示，2012年度から実施された現行指導要領では（技術分野）の内容は，A 材料と加工，B エネルギー変換，C 生物育成，D 情報であり，（家庭分野）の内容は，A 家族・家庭と子どもの成長，B 食生活と自立，C 衣生活・住生活と自立，D 身近な消費生活と環境である。「家族・家庭と子どもの成長」の「(3)幼児の生活と家族」の指導事項として以下が挙げられている。

> ア　幼児の発達と生活の特徴を知り，子どもが育つ環境としての家族の役割について理解すること。
> イ　幼児の観察や遊び道具の製作などの活動を通じて，幼児の遊びの意義について理解すること。
> ウ　幼児と触れ合うなどの活動を通して，幼児への関心を深め，かかわり方を工夫できること。
> エ　家族又は幼児の生活に関心をもち，課題をもって家族関係又は幼児の生活について工夫し，計画を立てて実践できること。

そして「ウ」については，幼稚園や保育所等の幼児との触れ合いができるよう留意すること，とある。

❷ 高等学校

2009（平成21）年告示，2012年度実施の指導要領では，家庭の「家庭基礎」（2単位），「家庭総合」（4単位），「生活デザイン」（4単位）の3科目が示され，うち一科目必修である。各科目の保育関係領域は，以下のとおり。

- 「家庭基礎」

> 内容：(1)人の一生と家族／家庭及び福祉
> 　イ　子どもの発達と保育
> 　乳幼児の心身の発達と生活，親の役割と保育，子どもの育つ環境について理解させ，子どもを生み育てることの意義を考えさせるとともに，子どもの発達のために親や家族及び地域や社会の果たす役割について認識させる。

触れ合い活動については，内容の取り扱いについて，学校や地域の実態に応じて，学校家庭クラブ活動等との関連を図り，乳幼児や高齢者との触れ合いや交流などの実践的な活動を取り入れるように努めること，としている。

- 「家庭総合」

> 内容：(2)子どもや高齢者とのかかわりと福祉　ア　子どもの発達と保育・福祉
> 　子どもの発達と生活，子どもの福祉などについて理解させ，親の役割と保育の重要性や地域及び社会の果たす役割について認識させるとともに，子どもを生み育てることの意義や子どもとかかわることの重要性について考えさせる。

内容の取り扱い：内容の(2)のアについては，学校と地域の実態等に応じて，学校家庭クラブ活動等との関連を図り，幼稚園や保育所等の乳幼児，近隣の小学校の低学年の児童等との触れ合いや交流の機会をもつよう努めること。

- 「生活デザイン」

> 内容：(1)人の一生と家族・家庭及び福祉
> 　イ　子どもの発達と保育
> 　「家庭基礎」に同じ

● **おわりに**

　以上，戦前期については文部省の規則類にみられる家事教育の基準や代表的教科書をとりあげ，戦後今日までについては学習指導要領を中心として，日本の教育政策における「家事科」「家庭科」の位置づけとそこでの保育領域について検討してきた。これらの背景には，家庭科教育実践の発展や，家庭科男女共修をめぐる運動があるが，それについてはふれることができなかった。

　家庭科保育領域の主たる目的と内容は明治期の家事科育児以来，戦後も1980年代までは将来の母にむけての「母性教育」であった。しかし，1990年代以降の家庭科の保育領域は，男女共修により必然的に母性・父性あるいは「親性教育」に拡大された。これは，少子化が社会問題となり，国の少子化対策のひとつとして，父親の育児参加が推奨されるという状況に適合している。2000年以降は中学，高校の家庭科学習指導要領において幼児とのふれあい体験が勧められるようになった。

　幼児とのかかわりによる学習は，過去の家庭科教育においても取りくまれた。3章でふれたように，戦時中の高等女学校においては，育児の学習のための実習がおこなわれた。また，4章でふれたように，戦後初期の家庭科において，弟妹や近所の子どもなど身近な幼児とのかかわりが取り上げられた。また，幼稚園，保育所への訪問についても，学習方法として提示されている。これらの取り組みは，大部分の子どもたちの日常生活の中で幼いこどもとのふれあいがあることを前提に，その経験を題材とし，それを知識・技術的に高度化することを目的とするものであった。

　しかし，今日の子どもたちの状況はそれとは異なり，多くの子どもが家庭・地域の生活の中で幼い子どもとかかわる経験をほとんどもっていない。今日のふれ合い学習は"体験"そのものが第一の目的となり，そこからスタートする。

　子育ては父母と家族のみが担うものではなく，社会共同の仕事である。本書第1部のシンポジウムでしばしば言及されているように，家庭科保育領域の課題は，「親性準備性教育」すなわち，親になってもならなくても，すべての子どもに大人としての次世代育成能力を育てることにある。その学習方法として，幼児とのふれ合い体験は重要である。

　ふれ合い体験学習の意義を考えると，乳幼児との自然なかかわりをどの子にも保障するために，小学校段階からの取り組みが検討されてよいだろう。4章❶でふれたように，戦後最初の学習指導要領では，家の手伝いとして「子守り」が小学校家庭科の教材として提示された。これは保育領域と言ってよい内容であったが，その後の学習指導要領では小学校段階での保育領域は消えてしまった。消滅の理由は種々考えられる。しかし，当時とは子どもの生育環境が一変した現在，小学校家庭科において，幼いこどもとの実際のかかわりを何らかの形で導入する必要があるのではなかろうか。近年，少なからぬ保育所において，「縦割り保育」が実施され，その教育的効果が注目されている。小学校でも，低学年と高学年の交流がとりくまれている。こうした状況からみても，十分可能であると考える。

【注】

① 「保育」は，大きく分けて三つの異なる意味で使用されている。(1)明治期にわが国に幼稚園が誕生した時より，幼稚園における教育を「保育」と呼んだ。対象の特性による方法の違いから，小学校以降の教育と区別したものである。後に制度化された保育所も含め，乳幼児を対象とする，親以外の専門職による意図的働きかけを「保育」として，親による「育児」と区別する。現行学校教育法（22条）では幼稚園の目的を，児童福祉法（39条）では保育所の目的をそれぞれ「保育」と規定している。(2)幼稚園における幼児への働きかけを「幼児教育」と呼び，保育所における乳幼児への働きかけを「保育」とし，「保育」を保育所保育に特化する用法。子ども・子育て支援法（2012年8月成立）では，保育所における3歳未満児への働きかけ，および3歳以上児に対する，「教育」を除く部分を「保育」と規定している。(3)乳幼児を育てる営み全般を「保育」と呼ぶ用法。この場合は，親による育児も，保育所・幼稚園における保育も，「保育」とされる。

　家庭科教育においては「保育」は(3)の意味で使用されている。筆者（松本）は，通常，保育を(1)の意味で使用しており，家庭における育児とは区別しているが，本稿においては，家庭科における用法に従う。

② 関口富佐『女子教育における裁縫の教育史的研究』1980, 家政教育社, p.239
③ 関口, p.253 による
④ 常見育男『家庭科教育史（増補版）』1972, 光生館, p.130 ～ 131
⑤ 石橋好一訳『小児養育談』国立国会図書館蔵。原本は, How I Managed My Children from Infancy to Marriage(1849) Eliza Warren（Women's Education in the Nineteenth Century ／ The Mother :Education in the Home ／ Setsuko Kagawa（香川せつ子）編, 2004, Vol.6 所収）と思われる。
⑥ 常見, p.171
⑦ 文部省『学制百年史・資料編』1972, p.85 ～ 88
⑧ 常見, p.131
⑨ 石川良信閲・高松凌雲訳『保嬰新書』国立国会図書館蔵
⑩ 近藤鎮三訳『母親の心得』国立国会図書館蔵
⑪ 学制百年史・資料編　p.131 ～ 132
⑫ 関口, p.372
⑬ 『復刻家政学叢書3／家事教科書上・下』第一書房, 1982
⑭ 常見（1972）p.241 より引用。
⑮ 文部省『学制百年史・資料編』p.145
⑯ 常見（1972）p.262。戦時中の高等女学校における保育施設付設状況については不明であるが，埼玉県川口高女に設置された戦時保育所が戦後も継続されていた例がある（松本園子『戦後改革期の保育運動』新読書社, 2013, p.316）。
⑰ 『文部省著作家庭科教科書』17巻所収, 佐々木亨監修, 大空社, 1993
⑱ 朴木佳緒留・鈴木敏子編『資料からみる戦後家庭科のあゆみ』1990, 学術図書出版社 p.49
⑲ 国立教育研究所内戦後教育改革資料研究会編『文部省学習指導要領　15家庭科, 職業・家庭科編』1980, 日本図書センター　所収
⑳ 戦前期，貧家の子どもの多くが，児童労働として他家に子守りとして雇われた。そのために就学が困難な子どもを対象に「子守学校」も設置された。また，貧家でなくとも，家庭における弟妹の子守りは子どもの日常の生活であった。
㉑ 朴木・鈴木編（1990）p.24
㉒ 朴木・鈴木編（1990）p.37 ～ 42
㉓ 国立教育研究所内戦後教育改革資料研究会編（1980）所収
㉔ 朴木・鈴木編（1990）p.48 ～ 49
㉕ 国立教育研究所内戦後教育改革資料研究会編（1980）所収
㉖ 朴木・鈴木編（1990）p.73
㉗ 国立教育研究所内戦後教育改革資料研究会編（1980）所収
㉘ 朴木・鈴木編（1990）p.59
㉙ 同上　p.67
㉚ 国立教育研究所内戦後教育改革資料研究会編（1980）所収
㉛ 朴木・鈴木編（1990）第5章「家庭科男女共学への展開」他
㉜ 1994, 厚生省, 文部省, 労働省, 建設省4大臣合意「今後の子育て支援のための施策の基本的方向について」

/ コラム /

焼跡の異年齢交流から家庭科の保育園・幼稚園訪問実習への変遷

草野篤子

　戦前，戦中，戦後のしばらくの間，日本の各地では小さい子どもから中学生までの年齢の子供たちが一緒に鬼ごっこや缶けりなど，いわゆる「ギャング集団」を組織して地域での遊びの集団が成立していた。私が育った東京の山の手でもガキ大将が近所の3歳から15,6歳までの子どもを集め，他所の家の庭や空き地，路地を駆けまくって遊んでいた。特に印象に残っているのは中学生だったと思われる"ミッコちゃん"が小さな子どもにとってもやさしくして大人数による遊びが成立していたことである。

　かつて近隣に住む異年齢の子どもたちが年上の子どものリーダーシップの下で野原や路地裏，そして子どもたちの家にあがりこんで展開していたガキ大将による「ギャング集団」は現在ではほとんど見られない。

　家庭科，(生活)総合，学校行事，インターンシップなどといった形での異年齢の子どもたちの保育園や幼稚園訪問が現代社会の新しい異年齢の交流となっている。特に家庭科教育での園訪問は幼い子どもが好きか否かに関わらずクラス全員が自分たちより幼い年齢の子どもとの交流に関わる点が重要である。

　学校行事やインターンシップなどは通常いくつかの選択肢があって自分の興味・関心のある施設や商店，工場などを訪問することが多い。金田利子は保育の真髄の一つとして「育てられている時代に育てることを学ぶ」と述べている[1]。このことは，自分が小・中・高・大学生として親や学校，近隣，地域の中で自分自身が育てられている時に，幼児や自分自身より幼い年齢の子どもと一緒に遊んだり交流したりすることによって自分自身が育っていくことをいみじくも表している。

　実際，家庭科の園訪問のために手作りおもちゃを一生懸命作っている中高校生たちは，小さい子どもと何をして遊ぼうかとグループ討論したり，事前・事後の準備省察学習に勤しんだりしている。たとえば，小川裕子が「世代間交流効果」[2]の中で静岡県の家庭科における異年齢の保育交流について詳しく述べているが，家庭科における保育教育を熱心にやっている県とそうでない県との差異が著しい。熱心にやっている県の場合には，地元の国公私立大学の教育学部や家政学部に，保育を専門とする家庭科教員がいることが多い。

　少子高齢化が唱えられ始めてから久しいが，多くの若者たちが子育ての素晴らしさを理解するために家庭科の保育学習・保育実習は欠かせないものである。

【注】
[1]金田利子『育てられている時代に育てることを学ぶ』新読書社　2003
[2]小川裕子・林希美「家庭科保育学習との関連からみた静岡県『高校生保育・介護の体験実習体験事業』における『保育体験』の課題」草野篤子・金田利子・間野百子・柿沼幸雄編著『世代間交流効果』
　三学出版　p.99-114, 2009

論文② 家庭科教育における食領域の学びと保育との連携

林　薫

はじめに

　近年，子どもの食に関する問題について，様々な要因が報告されているが，直接的な原因の１つに，子ども自身の食に対する認識があると考えられる。特に乳幼児期の場合，食に対する認識は主として生活環境と食環境の中で形成されていく。その環境を構成するのは子どもと共に過ごす養育者や保育者であるため，その役割は極めて重要である。食べる事は，この世に生を受けた時から始まる生きるための営みであり，生きるための食べ方を生れてすぐに親から学ぶ。この食べることからの学びは，子どもの社会化と共に広がり，家庭，幼稚園・保育所，学校，そして社会の仕組みや自然の中で続いていく。このように人は様々な食の学びを経て，自分の中に食に対する認識を作っていく。さらに子どもの親となってからは子どもの食べる姿，またその成長を見る中で，親という立場から新たな食の視点が生まれる。この食の育ちは子から親へ，親から子へと循環していく。この食の育ちを一連の流れと捉えることで，保育から教育へ，教育から保育への循環が見えてくるのではないだろうか。

　そこで本稿では，まず上述した子どもの食に対する養育者の影響について，第１章で詳述する。その上で，初等・中等教育における食の学びと育ちの経験者であり，かつ近い将来の親世代でもあるという二つの側面を持つ存在としての大学生に着目し，第２章では大学入学までの食に関する学びの成果を振り返る。そして３章では，保育対象である乳幼児に将来影響を及ぼす存在，すなわち親性準備世代としての大学生の現状を踏まえ，保育・教育現場における食の学びの連続性について述べていく。

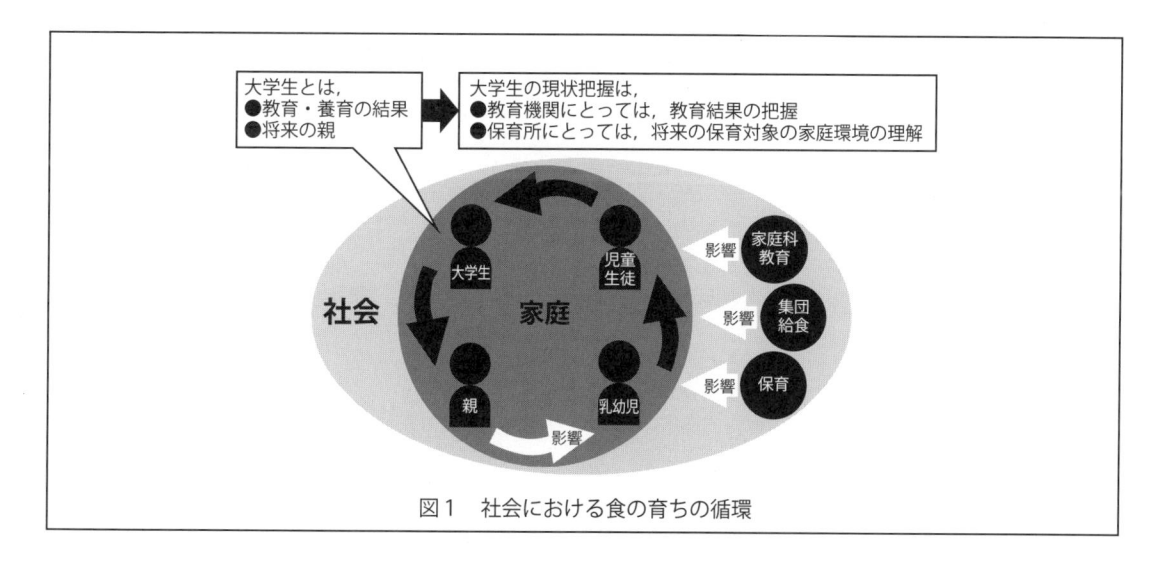

図１　社会における食の育ちの循環

/第1章/
子どもの食に対する親の影響

　昨今，子どもの朝食欠食が問題視されているが，その背景について見ていきたい。厚生労働省「平成17年乳幼児栄養調査」[1]は全国の4歳未満の子どもの家庭を対象に10年に1度実施している調査の最新版である。その調査結果によると，朝食について，欠食がみられる子どもは9.4%であり，「ほとんど食べない」子どもも2%みられる。朝食習慣と就寝時刻との関連をみると，欠食がみられる子どもの割合は，就寝時刻が「午後10時台」で13.8%，「11時台」で24.1%と，就寝時刻10時以降で欠食がみられる子どもの割合が高い結果となっている（図2）。

　また，親（母）の朝食習慣との関連をみると，欠食がみられる子どもの割合は，親が「毎日食べる」場合では6.0%だが，「週に4,5日食べる」場合では20.0%，「週に2,3日食べる」「ほとんど食べない」場合ではそれぞれ29.7%，29.8%と高い結果となっている（図3）。

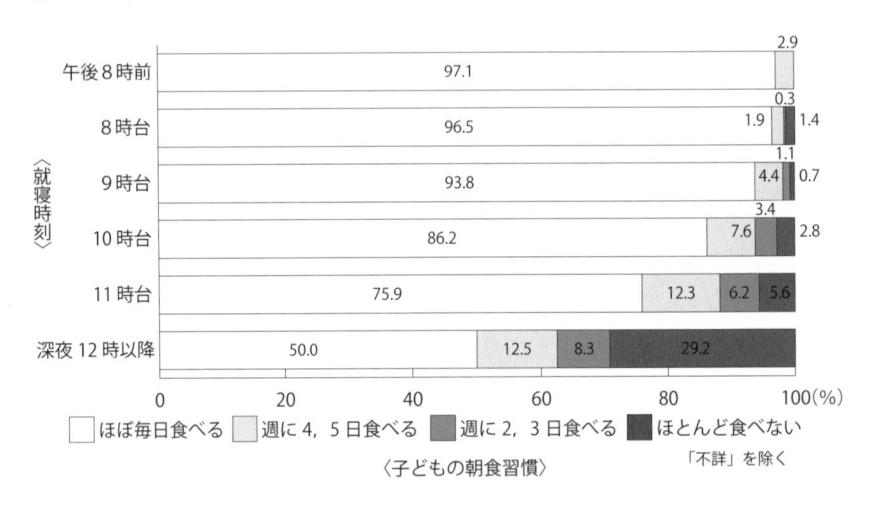

図2　子どもの朝食習慣と就寝時刻
（厚生労働省：平成17年度　乳幼児栄養調査）

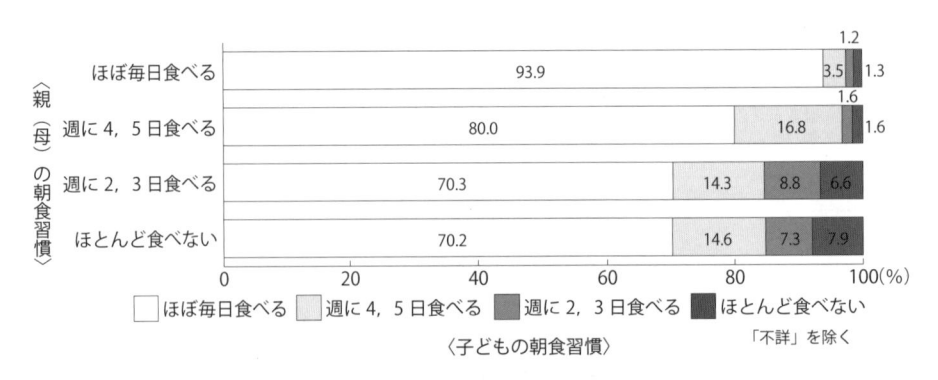

図3　子どもの朝食習慣と親（母）の朝食習慣
（厚生労働省：平成17年度　乳幼児栄養調査）

また同年の国民栄養調査[2]を見ると，子どもが朝食を誰と一緒に食べるかについて，「子どもだけで食べる」と回答した者の比率は，小中学生共に増加傾向であり，平成17年には小学生においても40％を超えていた（図4）。

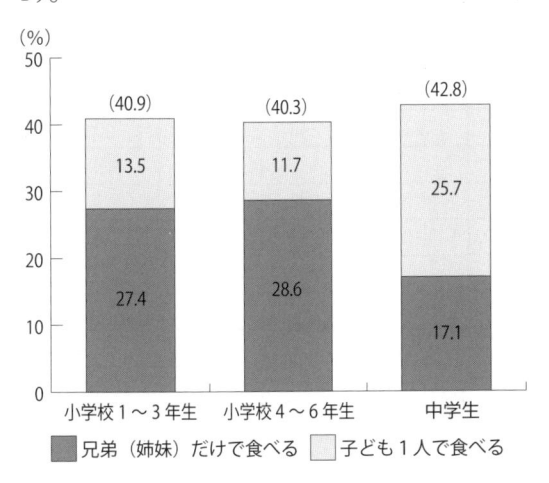

図4 朝食を子ども一人で食べる比率
（厚生労働省：平成17年度 国民栄養調査）

「子どもだけで食べる」者のうち，「子ども一人で食べる」者の比率は小学校1～3年生で13.5％，中学生で25.7％であった（図5）。

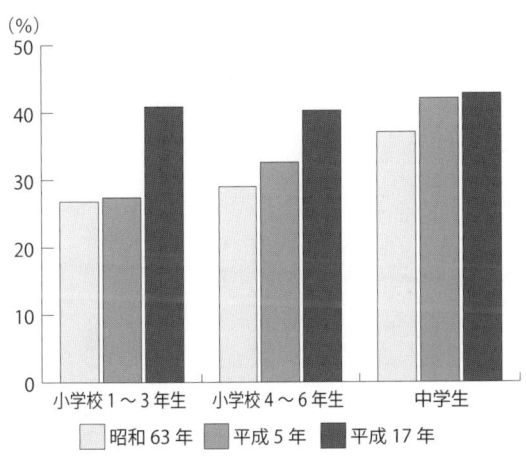

図5 朝食を子どもだけで食べる比率の年次推移
（厚生労働省：平成17年度 国民栄養調査）

次に，平成22年度国民栄養調査[3]の結果から「朝食の欠食率の平成15年～22の年次推移（1歳以上）」を見ると，女子の1～6歳を除き，男女すべての年齢において朝食を欠食する割合は増加している（表1）。

同じく平成22年度の国民栄養調査「朝食の欠食率」を見ると，男女ともに「20～29歳」の年齢層で朝食の欠食率が高く，次いで「30～39歳」が高いという結果になっている（図6）。

国民の中で20代，30代というのは，まさに子育て世代である。また総務省「平成23年社会生活本調査 生活時間に関する結果」[4]によると昭和61年から，男女ともに全ての曜日で20～24歳が最も遅く就寝しており，続いて25～29歳，30～34歳，35～39歳までのすべての年齢層の平均は24時を過ぎて就寝している。前述した乳幼児栄養調査の結果からも，子どもの朝食欠食は就寝時刻，親の朝食習慣との関連が明らかになっており，親になるまでの生活習慣，食習慣の形成をどのように支えていくのかが課題である。

表1　朝食の欠食率の年次推移（1歳以上）（平成15年～22年）
（厚生労働省：平成22年度　国民栄養調査）

		平成15年	16年	17年	18年	19年	20年	21年	22年
男性	総数	12.0	12.5	12.9	13.1	13.7	14.0	14.2	13.7
	1-6歳	4.8	4.8	5.9	5.8	6.3	5.7	5.8	5.5
	7-14歳	3.8	3.7	4.5	5.8	6.7	6.3	6.0	5.6
	15-19歳	14.2	15.7	15.9	15.6	15.5	15.8	16.2	14.5
	20-29歳	30.1	32.3	32.6	30.7	29.7	30.5	30.9	29.7
	30-39歳	24.5	25.3	25.2	26.7	26.9	29.0	28.0	27.0
	40-49歳	16.4	17.0	18.7	18.3	21.5	21.0	21.8	20.5
	50-59歳	10.5	10.8	11.8	12.2	13.3	13.1	13.8	13.7
	60-69歳	4.3	4.7	5.2	6.3	7.1	8.2	8.8	9.2
	70歳以上	2.7	2.9	2.6	2.8	3.4	4.3	4.6	4.2

		平成15年	16年	17年	18年	19年	20年	21年	22年
女性	総数	8.4	8.6	8.6	9.1	10.2	10.7	10.7	10.3
	1-6歳	4.8	4.7	5.6	6.4	6.8	5.6	4.6	4.4
	7-14歳	3.7	3.3	3.1	4.3	5.1	6.0	5.4	5.2
	15-19歳	13.0	12.6	11.3	11.7	11.6	10.5	11.4	14.0
	20-29歳	22.1	23.1	22.7	23.7	24.6	24.8	26.0	28.6
	30-39歳	13.3	14.3	14.6	15.1	17.3	18.7	18.3	15.1
	40-49歳	8.1	8.6	9.7	11.4	12.9	13.2	14.0	15.2
	50-59歳	7.4	8.1	8.4	8.6	10.3	11.2	11.5	10.4
	60-69歳	4.9	5.0	5.0	5.1	6.1	7.0	7.1	5.4
	70歳以上	3.1	3.2	2.6	2.9	3.7	4.6	4.9	4.6

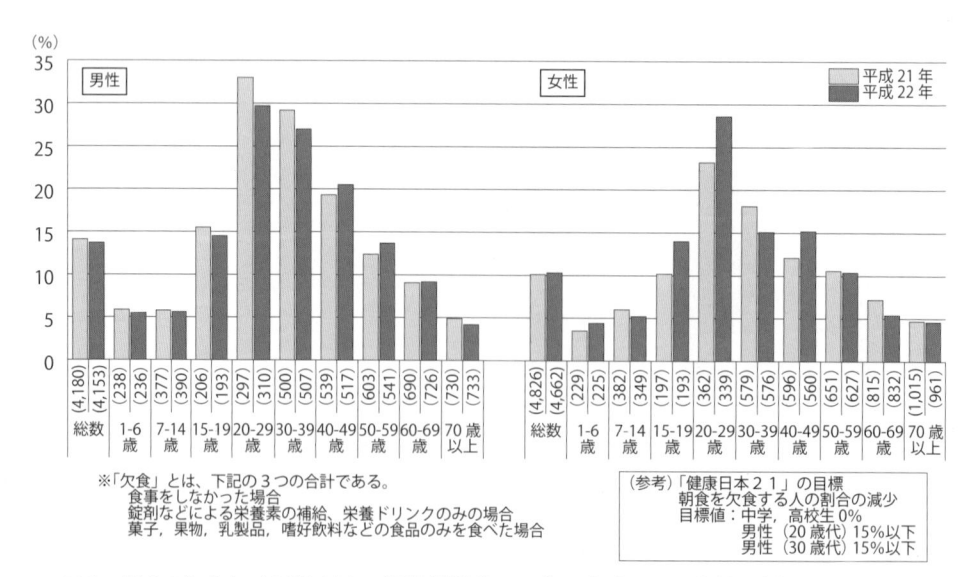

※「欠食」とは、下記の3つの合計である。
　食事をしなかった場合
　錠剤などによる栄養素の補給、栄養ドリンクのみの場合
　菓子，果物，乳製品，嗜好飲料などの食品のみを食べた場合

（参考）「健康日本２１」の目標
朝食を欠食する人の割合の減少
目標値：中学，高校生 0%
　　　　男性（20歳代）15%以下
　　　　男性（30歳代）15%以下

図6　朝食の欠食率（1歳以上）（厚生労働省：平成22年度　国民栄養調査）
※朝食の欠食率：調査を実施した日（特定の1日）における朝食を欠食した者の割合

第2章
親性準備としての学校教育における食教育

（1）家庭科教育からの学び
●大学生が小学生時代家庭科で学んだこと

現在，家庭科は小学校5年生から中学校，高等学校まで系統性をもった教科教育として行われている。近い将来に親世代となる現在の大学生が，小学生であった当時の家庭科について見ていきたい。まず「小学校学習指導要領　家庭」（文部省，平成元年）[5]では，家庭科の教科目標を次のように示している。

全体の目標を見ていくと以下の3つの構

【目　標】
　衣食住などに関する実践的な活動を通して，日常生活に必要な基礎的な知識と技能を習得させるとともに家庭生活についての理解を深め，家族の一員として家庭生活をよりよくしようとする実践的な態度を育てる。

【第5学年，6学年　目標及び内容】＊本論に関係する部分のみ抜粋
〔第5学年，6学年目標〕
(1) 布を用いた身の回りの簡単な物の製作や日常着の手入れができるようにするとともに，日常着の着方や選び方を理解し，被服を工夫して整えることができるようにする。
(2) 簡単な調理ができるようにするとともに，日常食の栄養的なとり方や会食の意義を理解し，食事を工夫して整えることができるようにする。
(3) 家庭における家族の生活を理解し，快適な住まい方や計画的な生活を工夫することができるようにするとともに，協力して家庭生活をよりよくしようとする態度を育てる。
〔第5学年内容〕
A 被　服
B 食　物
(1) 体に必要な栄養素とその働き及びそれらの栄養素を含む食品の種類が分かり，食品を組み合わせてとる必要があることを理解できるようにする。
(2) 野菜や卵を用いて簡単な調理ができるようにする。
　ア　調理に必要な材料の選び方や計量の仕方が分かること。
　イ　食品の洗い方，切り方，加熱の仕方，味の付け方及び盛り付け方が分かること。
　ウ　野菜を切ったりいためたりできること。また，卵をゆでたり焼いたりできること。
　エ　調理に必要な用具や食器の安全で衛生的な取扱い及び燃料やこんろの安全な取扱いができること。
(3) 簡単な間食を整え，食べ方やすすめ方を工夫し，団らんの場を楽しくすることができるようにする。
C 家族の生活と住居
(1) 家庭における家族の仕事や役割が分かり，家族の一員として家庭の仕事に協力できるようにする。
　ア　家族の仕事や役割が分かり，自分の立場や役割について考えること。
　イ　自分の分担する仕事を工夫してできること。
〔第6学年内容〕
A 被　服
B 食　物
(1) 栄養を考えた食物のとり方が分かり，1食分の献立を作ることができるようにする。
(2) 日常よく使用される食品を用いて簡単な調理ができるようにする。
　ア　米飯，みそ汁，じゃがいも料理，魚や肉の加工品を使った料理，サンドイッチ，飲み物などの調理ができること。
　イ　調理に必要な材料の分量が分かり，計画を立て手順よく調理ができること
　ウ　盛り付けや配膳（ぜん）を工夫し，望ましい食事の仕方が分かること。
(3) 家庭生活における会食の意義を理解し，計画を立てて楽しい会食ができるようにする。
C 家族の生活と住居
(1) 団らんや仕事など生活時間の有効な使い方を工夫し，家庭生活に協力できるようにする。

成になっていると考えられる。

【1】「衣食住などに関する実践的・体験的な活動を通して」
【2】「日常生活に必要な基礎的・基本的な知識及び技能を身に付ける」
【3】「家庭生活についての理解を深め，家族の一員として家庭生活をよりよくしようとする実践的な態度を育てる」

　まず【1】では，衣食住という家庭生活に焦点を当てる事，さらに実践的・体験的な活動を通して学習するという教科における学習方法の特性について示している。

　次に【2】では，衣食住を中心とした家庭生活を運営していくための，基本的な知識・技術を身につけるという，実践的な目標を掲げている。さらに，【2】で身につけた知識・技能を家庭生活の中で具体的に実行できる態度と心情を育てる事を目標としていると読み取れる。この目標は，家庭科教育が家庭生活を主体的に行う大人へとなってく為に，衣食住に関する基礎知識，技術を身につけ，実践に向けて家庭生活を大切に思う心情と態度を培おうとしていることを表していると考えられる。開講学年の5年生次から「家庭の中の一員である自分」の存在を意識させ，家族の一員として家庭生活の主体者となれるように，実践的かつ体験的な学習体系を目指していることがわかる。これは，家庭科教育を通して，将来の自分像を描き，育てられている側から育てる側へ，家庭を経営する側になっていくことを意識し始める事を目標としているのではないであろうか。

　さらに，6学年の内容B食物では，「(1)栄養を考えた食物のとり方が分かり，1食分の献立を作ることができるようにする。」としているが，こうした教育目標に対して，教育効果の不定着が見られる。

● **大学生の実態と意識──内閣府調査**

　例えば，内閣府が示す「大学生の食に関する実態や意識についてのインターネット調査（平成21年）」[6]によれば男女ともに料理をする頻度は，「週に1回程度」「週に1回未満～まったくしない」が約6割以上である。また朝食の欠食もどの学年においても「週4～5日食べない」「ほとんど食べない」と回答したものが約1～2割存在する。その欠食の理由の約6割が「もっと寝ていたいから」と回答している。しかし，伴侶となるべき者に対して，「料理ができなくても仕方がない」と考えているものは少数派であった。

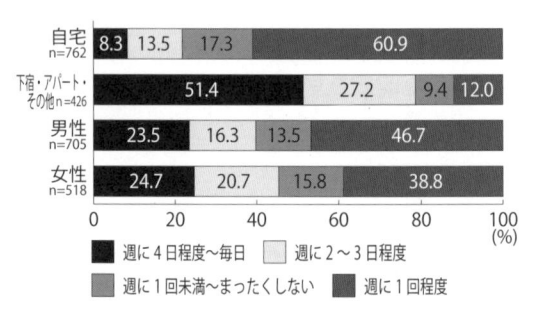

図7　大学生の1週間の料理をする頻度
（内閣府：平成21年　大学生の食に関する実態や意識についてのインターネット調査）

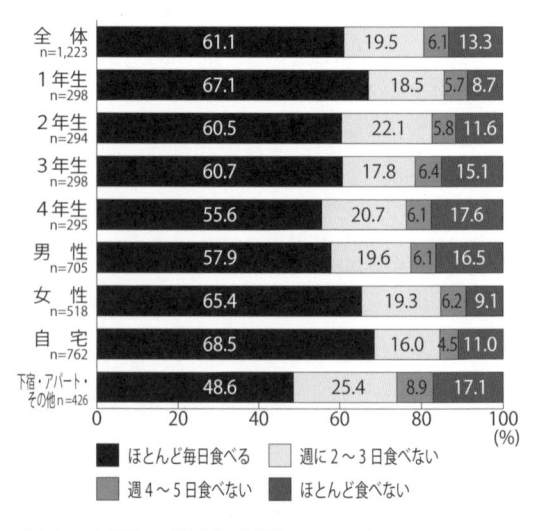

図8　大学生の朝食欠食状況
（内閣府：平成21年　大学生の食に関する実態や意識についてのインターネット調査）

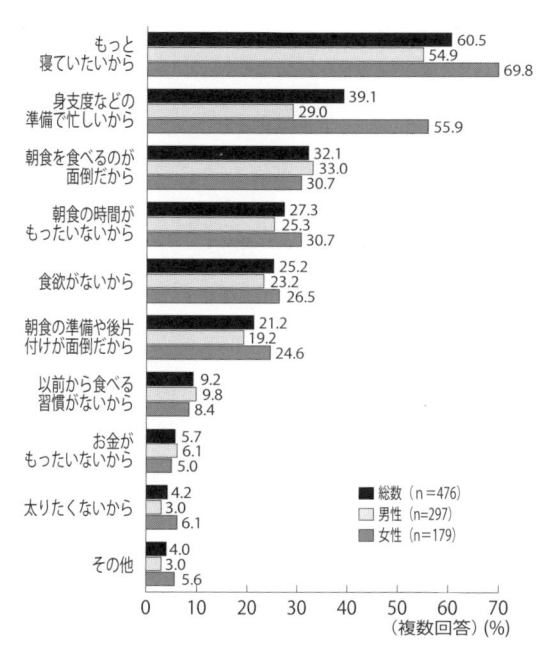

図9 大学生の朝食を食べない理由
（内閣府：平成21年　大学生の食に関する実態や意識についてのインターネット調査）

● 大学生の実態と意識——筆者調査

また筆者らは，2012年12月に保育士養成課程の大学生60名を対象に，「1週間の間に調理する頻度」「1回の調理時間」「調理能力」について調査した[7]。

「1週間の間に調理する頻度」は内閣府の結果と同様に，「週に1回未満・ほとんどしない」と回答した人が43.8％と最も多かった。次に「週に1回程度」33.3％，「週に2～3回程度」14.6％，「週に4回程度から毎日」8.3％と，調理を日常として行っているものは1割に満たない。さらに1回の調理にかける時間は，「15分以内」35.4％，「16分～30分」33.3％，「31分以上」6.3％となっており，調理をするにしても30分以内と回答しているものが全体の約7割となっていた。

次に，調理能力について「りんごの皮むき（家庭料理技能検定4級程度）」「魚の処理（家庭料理技能2級程度）」について質問した。「包丁でりんごの皮をむくことができるか」という質問に対しては，「できる」と回答したものが25.0％，「だいたいできる」と回答したものが56.3％，「できない」と回答したものが18.8％であった。包丁で野菜や果物を切る事は，小学校学習指導要領の5年次の目標となっており，2割弱が出来ないと回答していることに注目すべきであろう。

また，「魚一匹を処理（内臓を出したり切ったり）することができる」という質問に対して，「できる」と回答したものが18.8％，「だいたいできる」と回答したものが22.9％，「できない」と回答したものが58.3％となっており，約6割ができないと回答している。

「調理をすることをどう考えるか」という質問に対して，「好き」と回答したものは58.3％，「嫌い」と回答したものが0％，「どちらでもない」と回答したものが41.7％と，「嫌い」だと感じている者がいないという結果になった。以上のことから，調理をすることに対する気持ちの育ちは認められるが，その気持ちが実際の技術へと定着していないものと考えられる。「調理をする」という経験は楽しいものという記憶として残っているが，「調理をする」という行動にまで至っていない事が考えられる。

● 外食・中食の浸透

その理由の1つとして，外食・中食産業が家庭の中に浸透し，調理をしなければならない状況が薄くなっていると考えられる。図10[8]を見ると，外食産業の市場規模は，高度経済成長期以降，急速に拡大し，平成10（1998）年の29兆1千億円をピークに減少傾向で推移している。一方，中食産業は増加傾向で推移している。中食産業とは，持ち帰り弁当，惣菜，テイクアウト主体のファストフード店等の料理品小売業を中心としてい

る。家庭における総合的な調理体験の機会が減少し，大学入学までに十分に料理をする力が形成されていないことが考えられる。

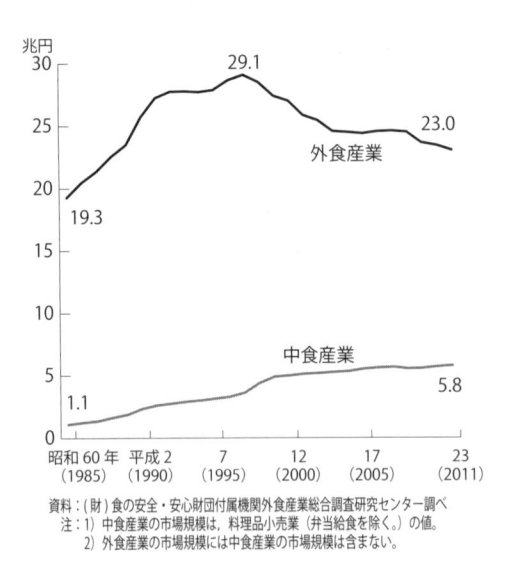

図10　外食・中食産業の市場規模の推移
（農林水産省：平成24年度 食料・農業・農村白書）

　また平成11年度の国民栄養調査[9]によると「適切な食品選択や食事の準備のために必要な知識，技術があるのか」の質問に対し，「まったくない」「あまりない」と回答するものが，20歳代及び30歳代の男性で7割，女性で約5割見られる。家庭科の授業時間数は平成10年告示の学習指導要領を境に，小学校が140時間から115時間へ，中学校では210時間〜245時間から175時間に減少しており，同時に調理実習の時間数も減少していることが推察される。今回は元年告示の学習指導要領に基づく学校教育を受けた子どもについて見ていったが，この時点でも技術面の定着が十分でないことが考えられる中，さらに授業時間数が減少していることは非常に残念なことである。

（2）学校給食からの学び
●学校給食の目標

　次に，学校給食における食の学びを見ていきたい。学校給食は1889年（明治22）山形県鶴岡町の私立忠愛小学校にて，貧困家庭を対象として行われたのが始まりとされている。当初の学校給食の目的は「貧困児救済」が大半をしめており，学校給食法も定められてはいなかった。戦争中，学校給食は途切れる形になるが，昭和21年にLARA（Licensed Agencies for Relief in Asia：アジア救援公認団体）より援助物資を受けて再開される。しかし，昭和25年，サンフランシスコ講和条約に伴って，学校給食の財源であったガリオア資金が打ち切られると，学校給食費が値上がりし，給食費未納者などが増加する。このような背景を受け，国庫補助による学級給食の継続や学校給食の法制化への要望が高まり，昭和29年に学校給食法が制定される[10]。

　当時，戦後の食料難の時であり，学校給食は児童・生徒の栄養改善を目的としていたが，時代の変化と共に飽食の時代へと進んでいく。このような変化の中で，肥満や生活習慣病の増加，孤食など新たな食の問題が生じてきた。こうした問題に対応するために，平成17年には食育基本法が成立し，平成20年には保育所保育指針，幼稚園教育要領，小学校学習指導要領において，食育の推進が明記され，幼，保，小，を含む国民全体として食育に取り組んでいく事が確認された。

　さらに学校給食も現状に即して改正されるべきことが指摘され，平成21年，学校給食法施行以来，初めての大幅な改定が行われた。この改正により学校給食は児童及び生徒の心身の健全な発達に資するだけでなく，「食に関する正しい理解と適切な判断力を養う上で重要な役割を果たすもの」[11]と位置付けられ

た。また学校給食法第二条，学校給食の目標は4項目から7項目へと増設された。改正前の学校給食法の第二条「学校給食の目標」を表2，改正後の「学校給食の目標」を表3に示す。

表2　学校給食法第二条「学校給食の目標」改正前

第二条　学校給食については，義務教育諸学校における教育の目的を実現するために，次の各号に掲げる目標の達成に努めなければならない。
一　日常生活における食事について，正しい理解と望ましい習慣を養うこと。
二　学校生活を豊かにし，明るい社交性を養うこと。
三　食生活の合理化，栄養の改善及び健康の増進を図ること。
四　食糧の生産，配分及び消費について，正しい理解に導くこと

表3　学校給食法第二条「学校給食の目標」改正後

第二条　学校給食を実施するに当たっては，義務教育諸学校における教育の目的を実現するために，次に掲げる目標が達成されるよう努めなければならない。
一　適切な栄養の摂取による健康の保持増進を図ること。
二　日常生活における食事について正しい理解を深め，健全な食生活を営むことができる判断力を培い，及び望ましい食習慣を養うこと。
三　学校生活を豊かにし，明るい社交性及び協同の精神を養うこと。
四　食生活が自然の恩恵の上に成り立つものであることについての理解を深め，生命及び自然を尊重する精神並びに環境の保全に寄与する態度を養うこと。
五　食生活が食にかかわる人々の様々な活動に支えられていることについての理解を深め，勤労を重んずる態度を養うこと。
六　我が国や各地域の優れた伝統的な食文化についての理解を深めること。
七　食料の生産，流通及び消費について，正しい理解に導くこと。

改正前後で比較すると，改正前の「三　食生活の合理化，栄養の改善及び健康の増進を図ること。」は時代の変化に即して改正され「一　適切な栄養の摂取による健康の保持増進を図ること」に，改正前の「一」，「二」，「四」は同様に改正後の「二」，「三」，「七」に改められたととらえられる。また改正により，「四　食生活が自然の恩恵の上に成り立つものであることについての理解を深め，生命及び自然を尊重する精神並びに環境の保全に寄与する態度を養うこと。」，「五　食生活が食にかかわる人々の様々な活動に支えられていることについての理解を深め，勤労を重んずる態度を養うこと。」，「六　我が国や各地域の優れた伝統的な食文化についての理解を深めること。」が新設されたことになる。特にこの新設部分を見ていくと，給食をただ単に食べる栄養摂取の場と考えるのではなく，給食を食べる中で，人間関係を含めた食の多面性に気付く事を目的としていると考えられる。

このように学校給食法も時代の流れともに改正され，目標を掲げて運営されているが，これまで学校給食を食べてきた子どもたちには，どのような食の学びがあったのだろうか。

●大学生は給食から何を学んだか

そこで，保育士養成校に在籍する2校の大学生217名を対象に，学校給食法第二条に掲げられている「学校給食の目標」の達成度について調査を行った。具体的には，学生自身が学校給食を振り返る中で，達成できた項目と達成できなかったと思われる項目について調査し，達成できなかった理由についても合わせて調査した。その結果，約7割以上が，「一　適切な栄養の摂取による健康の保持増進を図ること。」，「三　学校生活を豊かにし，明るい社交性及び協同の精神を養うこ

と。」を「達成できた」と回答している。

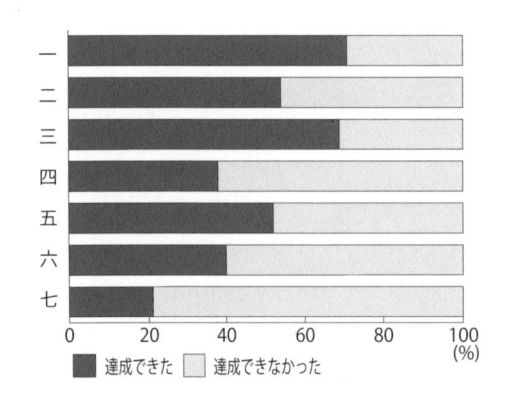

図11 大学生における「学校給食の目標」達成度

一方，「達成できた」と回答した学生が半数より下回っているのは「四　食生活が自然の恩恵の上に成り立つものであることについての理解を深め，生命及び自然を尊重する精神並びに環境の保全に寄与する態度を養うこと。」，「六　我が国や各地域の優れた伝統的な食文化についての理解を深めること。」「七　食料の生産，流通及び消費について，正しい理解を導くこと。」の3項目である。

また，「二　日常生活における食事について正しい理解を深め，健全な食生活を営むことができる判断力を培い，及び望ましい食習慣を養うこと。」，「五　食生活が食にかかわる人々の様々な活動に支えられていることについての理解を深め，勤労を重んずる態度を養うこと。」についても，約半数が「達成できなかった」と答えている。

特に「二　日常生活における食事について正しい理解を深め，健全な食生活を営むことができる判断力を培い，及び望ましい食習慣を養うこと。」については，この世代が学校給食を食べていた当時の学校給食法が掲げた目標「一　日常生活における食事について，正しい理解と望ましい習慣を養うこと。」と類似しているにもかかわらず，達成度は十分高くないとも考えられる。「望ましい食習慣」という実際の行動へと定着するまでには至っていないという自己認識がこの背景にあると考えれば，前項で触れたインターネット調査の結果と符合する。

また，「七　食料の生産，流通及び消費について，正しい理解を導くこと。」についても，改正前の「四　食料の生産，配分及び消費について，正しい理解に導くこと。」と類似しているにもかかわらず達成度が低い。この目標は学校給食だけで十分達成されるものではなく，家庭生活での買い物や調理の場面も含めて十分な学びの機会となると考えることもできる。ところが，加工食品の普及や孤食などの食環境の変化が，学びの機会を不足させているのではないだろうか。

/第3章/
親性準備世代の現状と保育者の役割

(1) 食教育不定着の背景と体験の重要性

第1章では，子どもの食生活は親の食習慣や生活習慣と関連性が高いことを見てきた。次に第2章では，親になる前の段階，親性準備世代の食の学びの経過と現状を家庭科教育と学校給食の側面から見てきたが，一部，教育効果の不定着が見られた。しかしながら，家庭科教育においては学びに対する気持ちの育ちや，学校給食においては継続して食べることにより食事についての理解を深めることなど，食の育ちの心情・意欲については，効果が認められた。そのため，補完すべきことは学びの定着を図ることであると考える。つまり現状は，義務教育期間に学んだことが親性準備世代のできることへと定着せず，家庭生活の主体者となった時に改めてのスタートとなっている。

この背景には，少子化や親の就労状況の多様化が進む中で，孤食などに見られるように，家族を含む人間関係が希薄化した生活・食環境へと傾きつつあることがあると考えられる。だからこそ，家庭科教育や学校給食の利点を最大限に生かし，「食」を通しての様々な体験を大切にしたい。食を通じた様々な体験を通して，自分らしく生きていく上での望ましい食習慣，人間同士のつながりや社会生活の在り方，自然との付き合い方などを学んでいく。人にとって食事はただ単に生命維持のためのエネルギーや栄養素摂取のためのものではない。人は人の中で育ち，さまざまなことを日々の生活の中で体験し，身につけながら成長を遂げていく。食事もその一つである。特に子どもにとっては，体と心の両面の育ちを支えつつ，生涯にわたって望ましい生活習慣・食習慣の基礎をつくる場となっている。家族や仲間とともにおいしさや楽しさを分かち合い，また食事の準備や調理などの共同作業を通じて知識・技術を習得しつつ，心を触れ合わせながら成長していくのである。こうした経験の積み重ねが，生涯にわたり健康で質の高い生活を送る基本としての「食を営む力」の育成につながるのである。最終的には，社会的自立をめざしながら，自分らしい食生活を営む力を身につけていくためには，環境づくりが鍵となるのではないだろうか。

（2）体験的食教育の定着を目指した連続性の構築

こうした食を通じての子ども同士の共同作業は，小学校高学年から始まる家庭科がスタートではない。多くの保育所，幼稚園が食育活動として乳幼児期から取り組んでいるが[12]，その取り組みが卒園後，途切れるのは残念なことである。

筆者らは平成21年度文部科学省戦略的研究基盤形成事業（「遊びと学びのコラボレーションによる地域交流活性化システムづくりに関する研究 - 大学附属幼稚園を拠点として -」）の助成を受け，乳幼児期からの「食育」と小学校低学年の「生活科教育」を媒体として就学前教育から小学校教育への円滑な移行の為の具体的な活動内容を実践・検証することを目的とした全国調査を行い，報告書としてまとめた[13]。

その結果，全国には食を媒体とした特色ある様々な実践事例が見られたが，子どもの主体的な活動の範囲に保育と小学校教育において温度差が感じられた。

例えば，保育の中では年長児は最年長者であり，食事の準備等においても自分たちでエプロン・帽子を身に着け，各テーブルにテーブルクロスを広げ，盛り付けから配膳まで子どもたちが運営する園も見られる。また，子ども自身が鎌を使って稲刈りをするような園も見られる。しかし，小学校入学により，幼稚園・保育園においては最年長者であった子どもは，小学校の最年少者になり，お世話する側からお世話される側へと一変する。もちろん，幼稚園・保育所から小学校へと施設が変化することにともない，教わることが多いのは事実であろうが，今まで保育所・幼稚園で積み重ねてきた主体的な食育活動が，一見すると最年少学年としての受身的な活動へ移行しているように見えるのである。このように就学前の食教育は，一部で連続性を欠いてしまっていると考えられる。

また，その学びを引き継ぐべき体験的な科目である家庭科が，小学校低中学年には設定されていない。低学年については上述の通り生活科を活用することも考えられるが，そう

したところで家庭科がスタートする5年生までには2年間の不連続が発生してしまう。

　現代社会で失われがちな日常生活での食体験を，幼保から学校教育への一貫性構築により補うことが，親性準備性への充実につながる。そのような教育を受けた世代が親になることによって，幼保はさらに充実した食教育に進むことができる。こうして，世代をまたいだ食教育効果の循環が実現できるのではないだろうか。

【注】
① 厚生労働省：「平成17年度乳幼児栄養調査概要」
② 厚生労働省：「平成17年度国民健康・栄養調査結果概要」
③ 厚生労働省：「平成22年度国民健康・栄養調査結果概要」
④ 総務省統計局：「平成23年社会生活基本調査」
⑤ 文部省：「小学校学習指導要領　家庭（平成元年3月）」
⑥ 内閣府：「平成21年　大学生の食に関する実態や意識についてのインターネット調査
⑦ 仁村瑛理，林薫：「幼少期の調理体験と大学生の食事づくり力の形成に関する研究」2012年度白梅学園大学卒業論文抄録集，2012，p.104
⑧ 農林水産省：「平成24年度 食料・農業・農村白書」第2章4節「食品産業の役割と動向」
⑨ 厚生労働省：「平成11年度国民健康・栄養調査結果概要」
⑩ 独立行政法人日本スポーツ復興センター：「学校給食の歴史」
⑪ 文部科学省：学校給食法（昭和29年法律第160号）
⑫ 酒井治子，林薫他：「子どもがかがやく食育実践のアプローチ」児童育成協会，2004
⑬ 林薫，栗原淳一，佐久間路子，無藤隆：文部科学省戦略的研究基盤形成事業「幼稚園と小学校の連携に関する調査研究」報告書，2011

おわりに

金田　利子

本書の成り立ち

　本書は，白梅学園大学において，2004年から6年間にわたって行ってきた，家庭科の保育と保育者養成の保育の連携の必然性とその意味を問うシンポジウムをもとにして，構成されたものである。

　そのシンポジウムは，27年間教員養成系大学で家庭科の保育教育に携わってきた筆者が，保育者養成の保育に携わることになり，両者の結節点を求めようとして始めたものある。この考えは，当時学長であった無藤隆氏の構想とも一致し，その呼びかけによって拍車がかかった。

　この狙いは，単に個人的関心事ではなく，今日の保育問題を解決するカギがあり，保育の未来を切り開くヒントがあるのではないかというところにあったが，この点に学長をはじめとして多く方々が理解を示され，協力をしてきてくださったことによって，この企画は可能になった。

　ちょうどその間4年間，岡野雅子氏を中心に，家庭科の保育教育を課題としてきた4人（岡野雅子，伊藤葉子，倉持清美，金田利子）の共同研究として，科学研究費補助金(基盤研究B　代表岡野雅子「中高生の幼児との触れ合い体験学習についての実践構造の再検討」)を受けることができ，シンポジウムのコーディネーターや基調提案への協力を頂くことができた。その研究の過程において協力者としてお力を貸していただいた，幼稚園・保育園，中高の教員の皆さんや，金田のつながりからの幼稚園・保育園，高校の教員，そして大学の研究者の皆さんに数多くご協力を頂くことができた。

　また，その科学研究費補助金による研究の協力者と共に，その研究過程で作った『家庭科の幼児とのふれ合い体験学習ガイドブック』も全文掲載することを許容いただくことができ，内容を一層豊かにすることが可能になった。

これからの保育と家庭科の展望―討論の継続として―

　ここで，シンポジウムの継続討論の一つとして，今後の保育と家庭科の関係の展望について少しだけ触れさせていただきたい。家庭科に対して昨今世の中の風は必ずしも暖かいものではなく，時間数も減少しかつ中学校・高等学校とも一校一人の教員が必ず配置されているとも限らない。しかし，家庭科は，憲法で保障する最低限度の文化生活を自ら担う，その実際的な能力の育成を学校教育で保障する唯一の教科であるといえる。言い換えれば家庭科は，生活者が市民として社会に参画しつつ，生活を営んでいく理論と実践力を身に付けていく教育であり，さまざまな教科で学んだことを生活者としての力に総合し，還元していく唯一の教科だと言える。

保育教育でいうならば，児童福祉法総則第1条1項で，「すべて，国民は，児童が心身ともに健やかに生まれ，且つ育成されるよう努めなければならない」と謳っている，「次世代育成の努力義務」を果たそうとするとき，その力の育成を公的に保障しているのが家庭科の保育教育になる。まさに家庭科の保育教育のみがこの力を，中学校までは義務教育としてすべての国民に保障していることになる。

　一方，社会的保育施設で働く保育者は，児童福祉法総則第2条「国及び地方公共団体は，児童の保護者とともに，児童を心身ともに健やかに育成する責任を負う。」を受けて具体的にその任にあたっている専門職の方々になる。ここに家庭科は総則の1条1項に保育は2条にと，両者は，双方が児童福祉法の総則に責任を持ちあっているという深い関係にある。

　さて，実際の保育運営の中で，今日，親の問題がよく取り上げられる。民間の幼稚園等では，入園希望者がいてこそ経営が成り立つ。そこで，英語・体操など様々な特別プログラムやきわめて派手な発表会などをする園でも，「本来はこういうことはどちらかかというとしたくないのですが親が求めているので」と，親の意向を理由にされているのをよく耳にする。これを聞くたびに，親は保育を見る目がないと決めつけられている（俗な言葉でいえば「バカにされている」）ような気持になり，未来の親候補の保育力を育てる家庭科の保育教育に関与しているものとしては，忸怩たる思いになる。親の園を選ぶ目は，現在の親の場合は，親同士の自らの学び合いやそれを支える社会教育の課題になるが，未来の親に，何がよい保育かを見る目（「審美眼」）を育てることは，家庭科の保育でこそなすべき課題だと言えるからである。

　保育の専門家ではなく市民としての保育能力には，この「審美眼」を持つという課題があると考える。その基本は，生活と発達の主体としての子どもの権利と，親の保育主体としての位置づけにあるのではないか。何が「子どもの人権を保障する」ことなのかを子どもの発達に即して子どもの立場に立って見極める力，また，「親を保育のパートナーとして」とらえているかどうか，言いかえれば，親としての意見を園の側が良し悪しを判断してしまうのでなく，議題として真面目にうけとめ，一緒に考えていく姿勢があるかどうかを見極める力にあると考えられる。この2点から学校教育課程にある子ども時代に，実際の，あるいはVTRなどを通した保育実践をテーマに討論していけば，審美眼が育つのではないかという仮説がたてられる。乳幼児は自分自身で園を選べない。もう少し大きくなってはいるが子どもには違いない（小・中・高生）時代に，どういう園がいいかと友達と討論し，自分で考え，自分の言葉でその理由が言える力を付けておけば，親になったときにもその考えの基本は保育を見る目の基礎になる。

　保育園の場合，社会福祉法人でなくても株式会社でも設置できるように規制緩和されてきている今日，選ぶ側の眼がしっかりしていなければ保育の質は下がっていく。そして，保育教育により，単に選ぶ利用者としてだけではなく，共に参画して参与していける主体としても，保育者と共に保育のもう片方のパートナー（＝親）という自覚をもった，建設

的な保育の担い手になっていくものと期待できる。

　こう考えてくると，保育の質の向上にさえ家庭科は意味を持つ。すなわち，親性準備性の中に触れ合いを通して子どもを知ることと共に，親だけでは子育てが不可能で社会的保育機関の活用が必須になってきている今日，その社会的保育を見る目を育てることもまたこれからの家庭科の課題となる。家庭科の保育教育が発展すれば保育の質がよくなっていく一助になることが展望できる。

　また，初めに無藤先生が書かれているよう，保育の場に小・中・高生が参加することで人間の発達過程の展望が開ける。そのことは，第6回シンポジウムの中学校での実践報告にあるように，観察した園の園児の保護者と中学生の保護者が一緒に中学校の保育観察の事後指導の授業に参加して理解しあう姿からも読み取れる。一般的にも，よりわかりやすく編集された保育・教育通信などでその状況を知ることのできた現在の保育・教育課程の各段階（保・幼・小・中・高）の親にとっても保育・教育を考える機会になるものと思われる。

　そうした中で，保育の場での体験は，触れ合い学習からさらに，良い保育とは何かを考える契機の場ともなる。保育教育が発展すれば未来の保育の質が向上し，保育の質がよくなれば，家庭科の保育教育の課題もさらに発展する。そして両者が連携して地域の子育て環境をよくしていくことにも貢献していける。ここに，保育と家庭科の手つなぎによって，地域の子育て環境を豊かにしていく展望が開ける。

　以上でこの本のシンポジウムの継続討論のような形で，保育の質の向上と家庭科との関係について，提案させていただいた。また，どんどんと続きが展開されることを切に期待して止まない。

　本書が，小中高生を受け入れてともに日本の保育を発展させようとしている日本の保育界の皆様の，そして，家庭科の保育教育，ひいては日本の家庭科教育の，言い換えれば，今日の保育者を育てる保育者養成の保育と明日の子育ての担い手（未来の親）に親性準備性を育てる家庭科の保育教育の連携に向けて，すこしでも参考になるならば，それはまさに私どもの本望である。

　最後に，もう一度ご尽力くださった皆様にお礼を申し上げておわりの言葉とさせていただきたい。

　　2014年3月

　　　　　　　　　　　　　　　　　　東日本大震災から3年目に思いをはせて。

家庭科の幼児とのふれ合い体験学習ガイドブック

目次

家庭科の幼児とのふれ合い体験学習とは	・・・ p.3・4
ふれ合い体験学習の内容	・・・ p.5・6
ふれ合い体験学習を始める（1）：事前準備	・・・ p.7・8
ふれ合い体験学習を始める（2）：安全指導等	・・・ p.9・10
ふれ合い体験学習の効果	・・・ p.11・12

資料編・・・・・・・・・・・・・・・・・・・・・・・・・・・

幼稚園・保育所(園)からの事前情報と園内の連携・協力	・・・ p.13・14
ふれ合い体験学習の流れ(事務手続き)	・・・ p.15
アピールのための配布資料	・・・ p.16
Q＆A	・・・ p.17
幼稚園・保育所(園)の先生へのインタビュー	・・・ p.18
職場体験としての幼児とのふれ合い体験	・・・ p.19
「幼稚園教育要領」「保育所保育指針」「中学校学習指導要領」 「高等学校学習指導要領」（抜粋）	・・・ p.20・21

★このガイドブック利用のためのヒント

今年，家庭科教員になったばかりのA先生の悩み

ふれ合い体験学習にチャレンジしたいけど、どのようにしたらいいのかわからない

生徒たちが、小さい子どもにけがをさせないか心配

■ ふれ合い体験学習のための基本的ステップ

・学校の中で、ふれ合い体験学習の必要性をアピールする	・・・ p.16
・必要な事務手続きをとる	・・・ p.15
・事前準備をする	・・・ p.7
・安全指導を実施する	・・・ p.13

★このガイドブックは，こんな疑問や要望にもこたえます

■たとえば，幼児とのふれ合い体験学習の経験のあるベテランの家庭科の先生でも…
・ふれ合い体験学習の目的をもっと明確にしたい ・・・ p.5・6
・ふれ合い体験学習の前後の指導をもっと工夫したい ・・・ p.9
・生徒たちにとっての効果を他の人に伝える資料が欲しい ・・・ p.11
・幼児たちにとって，どんな効果をもっているのか知りたい ・・・ p.12
・幼稚園や保育所の先生方がどのように考えているのか知りたい ・・・ p.18
・幼稚園や保育所の教育・保育に関する情報が欲しい ・・・ p.20・21
その他，こんな質問にも答えている
Q＆A：生徒たちの服装や礼儀・マナーなどについて，どのくらい指導が必要か？ ・・・ p.17

■たとえば，すでにふれ合い体験学習の受け入れ経験のある幼稚園・保育所の先生でも…
・職場体験とどう違うのか知りたい ・・・ p.3・4・19
・ふれ合い体験学習を受け入れるための前後の指導をもっと工夫したい ・・・ p.10
・中学・高校の生徒たちにとって，どんな効果があったのか知りたい ・・・ p.11
・幼児たちにとっての効果を確認したい ・・・ p.12
・他の幼稚園や保育所の先生方がどのように考えているのか知りたい ・・・ p.18
・中学・高校の家庭科の教育課程に関する情報が欲しい ・・・ p.21
その他，こんな質問にも答えている
Q＆A：そのときだけの単発の体験で終わってしまうのは残念，何とかならないか？ ・・・ p.17

今年，保育者になったばかりのB先生の悩み

家庭科の幼児との
ふれ合い体験学習って何？
他のふれ合い体験と
どう違うの？

子どもたちが
興奮しないか、
心配だな

■基本ステップ
・家庭科のふれ合い体験学習の学校の中での位置づけを理解する ・・・ p.3
・ふれ合い体験学習の前後の保育学習の流れを理解する ・・・ p.4
・事前および事後指導の重要性を理解する ・・・ p.8
・同僚との打ち合わせを実施する ・・・ p.14

家庭科の幼児とのふれ合い体験学習とは

■他の体験学習との関連性

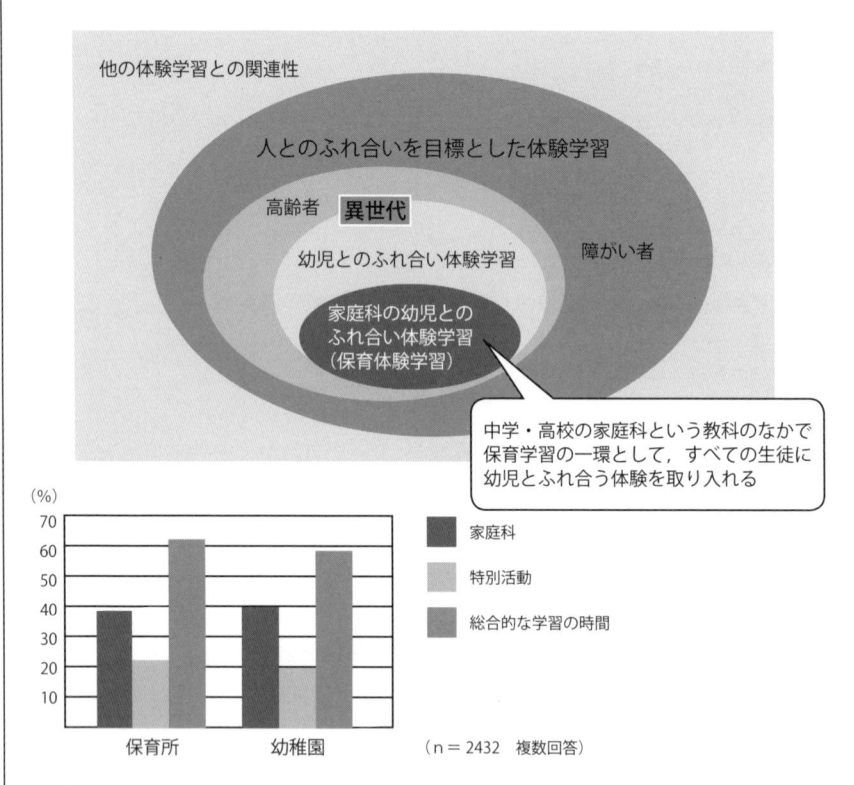

他の体験学習との関連性
- 人とのふれ合いを目標とした体験学習
  - 高齢者
  - **異世代**
  - 障がい者
  - 幼児とのふれ合い体験学習
    - 家庭科の幼児との ふれ合い体験学習（保育体験学習）

> 中学・高校の家庭科という教科のなかで保育学習の一環として，すべての生徒に幼児とふれ合う体験を取り入れる

『乳幼児とのふれ合いを実施した教科』　乳幼児と年長児童の交流状況調査（2006年3月）より作図
文部科学省生涯学習政策局男女共同参画課
厚生労働省雇用均等・児童家庭局育成環境課

（n＝2432　複数回答）

凡例：家庭科／特別活動／総合的な学習の時間
横軸：保育所，幼稚園

■家庭科の幼児とのふれ合い体験学習の特徴

必修科目において実施することの意義
・家庭科は戦後から現在まで，学校教育のなかで必修科目として保育に関する教育を担ってきた唯一の科目である
・学習への意欲を高め，幼児の発達と生活を具体的に学ぶために，各校で一人しかいない場合が多い家庭科教師たちが工夫し，努力しながらふれ合い体験学習を積み重ねてきた
・職場体験（p.19参照）は，保育関係の職種に興味をもつ生徒に限られた体験であるのに対し，保育を学ぶすべての生徒を対象とすることに意議があり，同時に家庭科教師の苦労がある

学習指導要領のなかで明示
・1998年告示の中・高校家庭科学習指導要領において，男女共学が実現し，幼児とのふれ合い体験学習の取り組みの必要性が文言として明記された
・2008年告示の中学校学習指導要領・2009年告示の高等学校学習指導要領（p.21，22参照）で，幼児とのふれ合い体験学習の取り組みへの強化が盛り込まれ，中学校では必修化された

■幼児とのふれ合い体験学習プログラムづくり

```
保育学習                               保育学習
乳幼児の心身の発達    → ふれ合い体験学習 →   乳幼児と環境
乳幼児の生活                            児童福祉
```

おもちゃや絵本の制作
劇の披露のための準備

関わり方の学びを高める準備

```
乳幼児に関する知識 → 実際の乳幼児との →  知識に裏付けられた
                 ふれ合い体験学習     乳幼児との
                                   関わり方の学び
```

学校では…

これまで、意欲的な家庭科の先生の努力でふれ合い体験が積み重ねられてきたのがわかった

学校の現状を率直に話してわかってもらい、協力してもらうことが大切

全員を連れていくのは大変、特に子どもへの興味が低い生徒が心配

最近は家庭科の時間数が減ってしまって、おもちゃを作る時間がないのが悩み

園では…

家庭科でしか保育を学ぶ機会がないのか！それなら一緒に努力し合わないといけないな。

色んな生徒がくるし、それぞれ目的が違うから、混乱してしまう

おもちゃを持ってこなくなったのは授業時間数が減ったからなのか

ふれ合い体験学習の内容

■中学・高校生が幼稚園・保育所(園)へ行く

園庭でダンス 　　　　　　　　　園庭でドッジボール

集団対集団で関わる場面

園内で劇の披露 　　　　　　　　手作り絵本の読み聞かせ

砂場で遊ぶ 　　　　　　　　　　フラフープを教える

個対個で関わる場面

食事をする 　　　　　　　　　　ままごとをする

■乳幼児が中学・高校へ来る

幼児が中学校に来て，一緒に調理実習をする体験

親子(乳児)が高校に来て，子育ての話を聞く体験

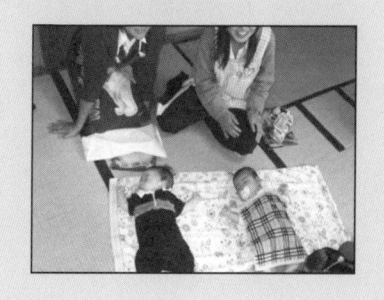

■ふれ合い体験学習のさまざまな形態
・多くの場合は，中学・高校生が幼稚園や保育所に行くが，(乳)幼児が中学・高校に来る場合もある
・数時間，一緒に遊ぶという形態の体験が多いが，他の活動を通して，ふれ合う体験もある
・1回だけではなく，2回以上の積み重ねは大きな効果を生む

■ふれ合い体験学習の内容
・送り手側と受け手側の要望を調整して内容が決まる
・中学・高校側か主導する活動(例：手作りの絵本の読み聞かせの時間をとってもらうなど)は，生徒たちが主体性を発揮でき，幼児は近い将来の姿を具体的に知る体験となる
・園側か主導する活動(例：リズムの練習を手伝ってもらうなど)は，幼児が主体性を発揮でき，生徒にとっては幼児の世界に入っていく体験となる

■体験のなかでの関わり方
・ある活動の中でも，集団対集団で関わる場面もあるし，個対個で関わる場面もあり，それぞれ得るものが違ってくる
・遊びだけではなく，他の活動(調理実習など)を取り入れたり，他の対象(乳幼児の家族や地域の人々)を巻き込むことで，教育的効果をレベルアップできる

ふれあい体験学習を始める(1)事前準備

■学校側

■体験の場を決める
- 教育委員会や保育課を通じて
- 保護者を通じて(保護者が園関係者の場合)
- 児童館や保健センター,子育て支援施設,子育てサークルなど

■連絡方法
- 事前に教師が園などに出かけて子ども達の様子を観察したり保育者と顔見知りになるなど,時間をかけて連絡を取り合う
- 初年度はハードルを高くせず,現場との開拓に主眼をおくつもりで
- 学校と園では時程が異なるため,連絡が取りにくい。確実に連絡可能な方法を打ち合わせておく

■学校内部への連絡
- 学校長や他教科の教員に家庭科におけるふれ合い体験の内容を理解してもらい,協力を得る

■打ち合わせ連絡事項
- 目的と意義・実施時期
- 実施時間・人数・事前学習内容
- 当日の服装,持ち物,注意事項
- 当日の連絡体制・園での体験内容
★依頼文章にしで提出しておくと間違えがない

私の学校では家庭科教員が一人しかいなくて…孤独なチャレンジをしている気がする…

人数が多すぎて、園に依頼するのに気が引ける

新任の家庭科教員A先生

生徒にとって期待できる効果などを伝えてる

中堅の家庭科教員

職員会議などで意義を話し、様々な人に協力してもらえるようにしている

全員連れて行くことの意義を話すと、わかってくれた

経験豊富な家庭科教員

■園 側

■次世代育成の視点を持って取り組むこと
- 園児や生徒にとって即効的な効果を期待するのではなく，長期的な展望に立ってふれ合い体験を考える。下の図に示すような循環型の効果が期待できる

■乳幼児にとっての中学・高校生とのふれ合いの意義を，保護者や職員間で共通理解すること
- 少子化や核家族化に伴い様々な世代と関わる経験が不足している現状で，貴重な体験になる

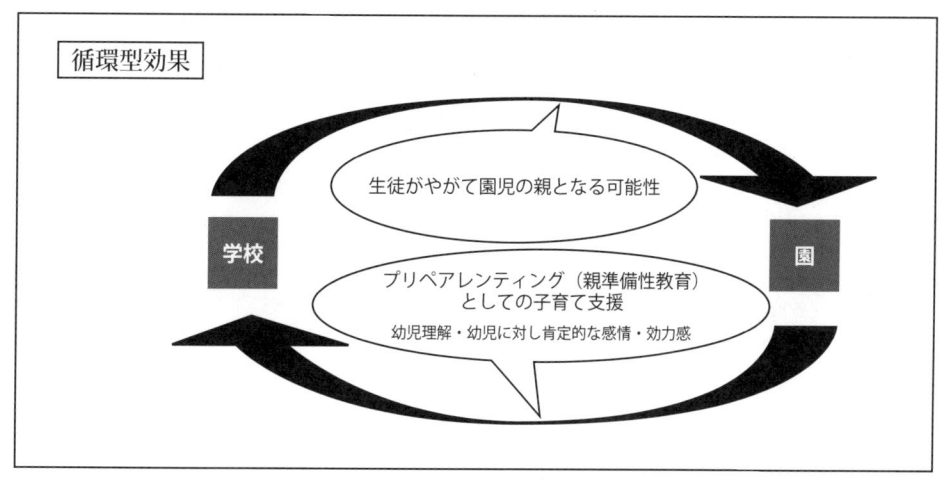

循環型効果

学校 ⇔ 園

- 生徒がやがて園児の親となる可能性
- プリペアレンティング（親準備性教育）としての子育て支援
  幼児理解・幼児に対し肯定的な感情・効力感

新任の保育者B先生:
「打ち上げ花火的に終わらせないために、どんなことができるのか」

経験豊富な家庭科教員:
「体育祭に園児を呼んだりして、色々な場面で交流している」
「私の園では、ふれ合い体験の様子を保護者に伝えている」

経験豊富な保育者:
「保護者にとって中学生・高校生を理解する良い機会になっている」
「子どもを育てる見通しにもなっている」

ふれ合い体験学習を始める(2)安全指導等

■学校側

■往復時の生徒の安全確保
- 引率及び緊急時の連絡体制を整える
- 園までの道順の安全確認

■園での安全確保
- 乳幼児に風邪などをうつさないために，訪問前に生徒の体調を確認する
- 園での関わり方の確認

■生徒に関して園側へ個別伝達
- 気になる生徒に関しては，事前に個別伝達をしておくと園側でも配慮してくれる

■保険に加入する
- 園での物損などに備えて保険に加入する

■生徒への指導
- 周囲をよく見て，園児や遊具にぶつからないようにする
- 乳幼児のペースにあわせる
- 何かあったら必ずすぐに教員や保育者に連絡する
- 体調が悪い時は申し出る
- 園児のプライバシーを守る

■園への確認
- 園庭や遊具の扱い方で気をつける点を尋ねる
- 園の危険な場所を確認する
- 幼児への関わり方で配慮する点
 （肩車は？などを聞く）

話しかけてもなかなか応えてくれない子には？

手をつないで離そうとしない園児には？

すぐ叩いてくる子には？

幼児への関わり方は難しい

幼児の行動とその時の気持ちについて、考えさせている

中堅の家庭科教員

幼児にとって生徒は憧れの存在なのよ

中堅の保育者

■園　側

■いろいろな生徒がいることを理解する
・保育者を目指している，子どもが好きだという生徒ばかりではない。生徒はふれ合い体験をきっかけとして，乳幼児への理解を深めようとしている。これから成長・発達していく生徒を，温かい目で見ていこう

■ある程度の活動場面を設定する
・大勢の生徒を受け入れるために，関わり方がよく分かっていない生徒のために，ある程度は活動を設定したほうが好ましい　遊ぶ場面だけでなく，食事場面や製作場面でも構わない

■乳幼児が興奮してしまうことに寛容になる
・中学・高校生が来ると日常とは違う生活になり，興奮することもあるが，いつまでも続くことはない

■乳幼児に関する個別伝達
・気になる園児については学校側に個別伝達しておく。対応する生徒を配慮してくれるだろう

■保育者間の確認：生徒について次の点を理解しておこう	■学校への連絡
・生徒も子ども達から悪口を言われたら傷つく ・生徒は園児から乱暴なことをされた時にどのように対応すればよいかわからない ・生徒達は幼児とふれ合う機会はほとんどない ・生徒は不安な気持ちで園に来ている ★事前に園児達に生徒達との関わり方について注意すべき点を伝えておこう	・園側のルール ・遊具などの使い方 ・配慮が必要な園児について

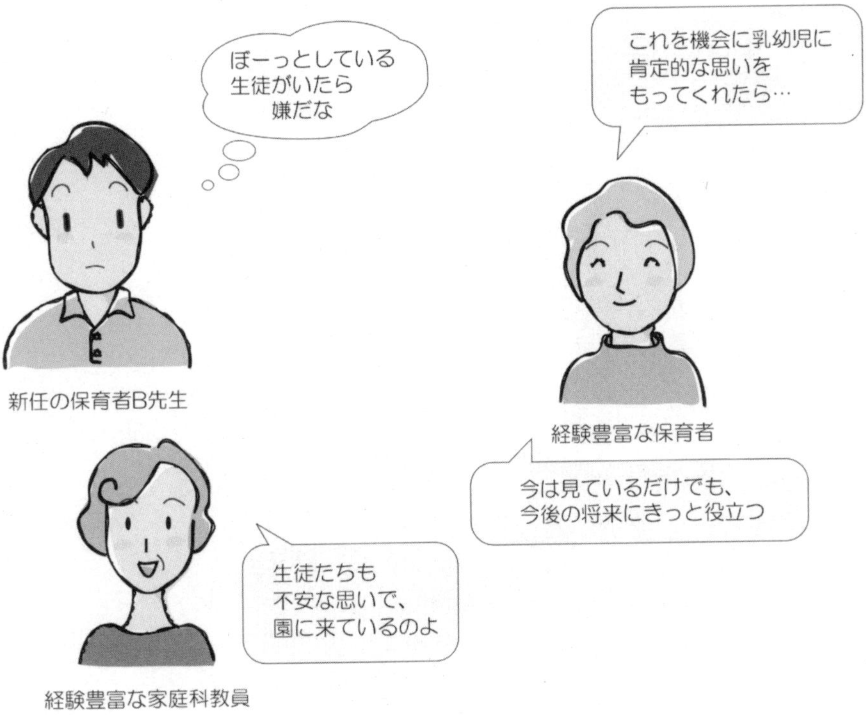

ぼーっとしている生徒がいたら嫌だな

新任の保育者B先生

これを機会に乳幼児に肯定的な思いをもってくれたら…

経験豊富な保育者

今は見ているだけでも，今後の将来にきっと役立つ

生徒たちも不安な思いで，園に来ているのよ

経験豊富な家庭科教員

ふれ合い体験学習の効果

■学校(生徒・教師・地域)側
■乳幼児理解・発達理解
- にくたらしいけどかわいい
- あれ！あんなことしてるけどどうして…
- 行進するとき，あげたほうの足と同じ手をあげている
- 1歳になったばかりの子が，滑り台を頭からすべっている

■これが発達の姿
- 今度行ったら私たちと同じように行進し，同じように足からすべっていた。
- すごい!!無理にやらせたらいけないんだね。

■親理解――親子とのふれあい実践から見えた子育ての苦労と喜び
- 親は子どものことをよく考え，子どもは親に一番見ていてほしいと思っている
- 親は子どもが何かできたとき，とても嬉しそう
- 子どもの思いを代弁しているとき，親は強いなと思う

■自分理解・これからの自分
- 自己肯定感…自分も幼児から慕われ，遊び上手だということがわかった
- 自分もこんな時(乳幼児期)があった(育ってきた自分を振り返る)
- やがて育てる立場に立ったとき，どんな親になりたいか考えた
- 仕事も，子育てもと将来への夢が膨らんだ

新任の家庭科教員A先生
- 学校で見ている姿と違う生徒の姿に出会えた
- 全体として生徒を見る目を広げることが出来た！
- 生徒を一層肯定的に捉えられるようになった
- 地域において他の教育機関と連携することの大切さを知った

中堅の家庭科教員
- 生徒が自分を生涯の中に位置づけられたようだ
- どう連携したらいいのか手だてがわかった
- 年上の自覚ができ，振舞い方などが変わった

■園 (園児・保育者・保護者・地域) 側

■幼児期前期の姿
- 1歳児：中高生に「だあれ？」「どうぞ」と関心を寄せる。「これなあに？」と尋ねないことから，人と物との区別をしていることがわかる
- 2歳児：散歩で出会った人の髪型を見てこの間の中学生を思い出し，「似てるね～」と反応する。つまり，「今ここにみえないもの」をイメージの世界で共有して語り合う姿が見られる。中高生とのかかわりが，記憶の力や人間関係を広げる役割をしている

■幼児期後期の姿
- 幼児にとって中高生を理解する (身体の大きさ，足の速さ，力持ち etc) 場面となる
- 自分の将来を見通す機会となる場面である
- 「あこがれ」から成長することを肯定的に捉える場面である
- 一対一で遊べて，充足できる場面である
- 幼児たちは，いつもと異なる側面を出せる
- 自分たちの遊びを発展させる機会がある
- 「あこがれ」が「成長・発達」への弾みになる

■地域へのひろがり
- 乳幼児が親に連れられてスーパーなどで中高生に会うと「あっ！おにいちゃん，おねえちゃん」というように，中高生に呼びかける姿が見られる。中高生がそれに応えて，親子と話す姿も見られ，地域の育児・子育て環境を豊かにしている。

今の中学・高校生は、何を考えているか分からないから「怖い」と思ったことがあるけど‥

子どもと遊ぶ時はみんなとても素直で生き生きとしていて、これが本当の姿なのね

我が子もあんなに大きくなるんだな～

親やきょうだいとも違う年齢の人と遊んでもらい、子どもの世界が広がったわ

幼児の親

これまでは、中学・高校生とのふれ合いを、受け手としてだけ考えていた

これからは、中学・高校生との交流を積極的に保育の中に位置づけて、取り組んでいきたい

新任の保育者B先生

幼稚園・保育所(園)からの事前情報と園内の連携・協力

■幼稚園・保育所(園)からの事前情報と園内の連携・協力の必要性

中学・高校生の園参観をより有意義なものにするために事前に保育者が中学・高校生に対してオリエンテーションの場を設けることが大切です。しかし現実問題としてその時間を持つことはなかなか難しいため,一年間の園の生活ビデオを見せたり,幼児の実態や参観にあたっての心得を記入した下記の資料を配布したりするといいでしょう。

■『幼稚園・保育所(園)の子どもって…！？』(中学生向け)

園を参観するにあたって,中学生の皆さんにいくつかの注意事項をお伝えしたいと思います。

●「一緒に遊ぼうよ」

幼児にとっては中学生と遊べる貴重な機会です。
つたない工作を見せにくる子,手をつないでくる子,「私のお母さんね……」と自分のことを話し始める子等いろいろな形で,遊びたい気持ちを表現してくることでしょう。工作を見せに来た子には「わあ,素敵な紙飛行機ね。飛ばして見せて」,手をつないで甘えてきた子には「一緒にお散歩しようか。お友達は何して遊んでるのかな。見に行ってみようよ」等と,その子の気持ちをくんで対応してあげてください。

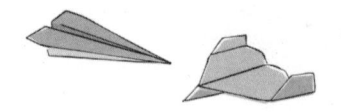

●「叩いたり,飛びついてきたり…やりきれないよ！」

何でも受け入れてくれる,お兄さんお姉さんが来たとなれば,喜びのあまり,はしゃぎ過ぎてしまう子がいると思います。うれしさを乱暴な行動で表してくる子もいるはずです。
ある程度は,幼児の行為を受け入れることも必要ですが,度が過ぎているようだったら,「お姉さんだって,叩かれたら痛いのよ」と丁寧に話して聞かせてあげましょう。
また,幼児は,気持ちが高ぶっている時に怪我をしやすくなりますので,くれぐれも注意してください。特に園庭で遊ぶ時は,すべり台等の高い所ではふざけたり,必要以上に追いかけ回したりしないようにしてください。

●「何も話してくれないよ」

年上の人に慣れていない子の中には,せっかく話しかけても何も答えてくれない子がいるはずです。でも,その子も心の中では話しかけられたことを嬉しく思っているはずです。ただ,その気持ちを上手に表現する方法がわからないだけなのです。
「本を読んであげるね」「一緒に砂場で遊ぼうよ」等と,具体的に何をして遊ぶか,言葉に出して誘ってあげてください。にっこり優しく話しかけられれば,誰でも嬉しいものです。
その他,疑問に思うことがあれば,近くにいる園の先生にたずねてみるといいでしょう。実りある参観になることを願っています。

> 参観の前の，園内での保育者同士の打ち合わせは欠かすことができません。その際，下記のプリントの確認事項をもとに，保育者全員が共通理解したり，中学・高校教員との打ち合わせをする必要があります。

■幼児とのふれ合い体験学習のプログラムづくり

(1) 日時，幼児と中学・高校生の人数，クラスの確認を！
- 中学・高校の場合，家庭科教員の授業時間が限られており，家庭科は原則的には決まった曜日しか活動日として設定できないことも多くあります。また，幼児の人数に対し，中学生との人数のバランスも悪いことが多いため，入念な日程調整が必要となります

(2) 園の一日の流れの確認を！
- 中学・高校生が幼稚園を訪問する時間は，どんな保育場面なのかを各学級ごとに確認する必要があります。思い思いに好きな遊びをしている時間，学級での活動に取り組んでいる時間や，お弁当や片付け等の生活場面等，どんな時間帯なのかを把握し，中学・高校の教員に伝えましょう。

(3) 活動内容を確認しましょう！
- どんな活動をするのか，具体的に打ち合わせておきましょう。特に安全面に関しては，活動の性質上，無理はさせないような計画(肩車の禁止，お弁当交換の禁止等)が必要です。また，園庭や遊戯室，共有スペースの使用に関しては，事前に報告しあうのを忘れずに，大人数の中学・高校生が来る時は，中学・高校生の動線，靴や傘置き場等の計画も立てる必要があります。

(4) 価値ある体験とするために中学・高校生の参加のスタンスを明確に！
- 幼児と中学・高校生相互にとって価値ある体験となるために中学・高校生がどのようなスタンスで保育に参加するのかを明確にしましょう。

△観察者：クラスでの活動場面で，保育者がお話を読み聞かせたり，みんなで歌ったりしているところを参観する。
○保育補助者：クラスでの活動場面で，風車作り，折り紙の製作遊びの補助者として参加する。あるいは既成の紙芝居や絵本を読み聞かせる。
○生活の補助者：朝や帰りの身支度，片付け等，子どもの基本的生活習慣の状態を観察することは，遊び同様大切である。見守り，励ましながら補助者，観察者として関わる。または，お弁当を一緒に食べる。(特に着替え場面に関しては，園内で充分に共通理解を図って行う。)
◎遊びの仲間：思い思いに好きな遊びに取り組んでいるところに中学生が遊びの仲間として参加する。
(△～◎：活動への参加の程度を示す)

等が挙げられます。園の時程も加味し，打ち合わせの段階で中学生の参加のスタンスを決定しておきましょう。

(5) 個人の情報を交換する
- 学級や個人の実態を事前に伝え合い，活動当日に特に配慮すべき点があれば共通理解しておきましょう。

ふれ合い体験学習　事務手続きの流れ

	中学校・高校	受け入れ先の幼稚園・保育所(園)
できれば4月中に	学校長へふれ合い体験学習の実施にむけて学習指導計画、教科の意向を伝える	地域との連携をふまえた指導方針の共通理解
	家庭科担当者から、ふれ合い体験学習生徒の受け入れについて受け入れ先，施設長へ依頼の電話を入れる →	検討(日程調整，活動の概要の理解等) ↓ 内諾
	← 内諾	
	内諾を得たことを学校長へ報告する	日程の調整 活動内容の確認 注意事項等
内諾後すみやかに	校内への連絡，該当学年への連絡，協力の依頼	園内での保育者同士の打ち合わせ 共通理解（担当クラス，活動内容，活動時間等）
遅くとも実習1ケ月前に	職員会議にてふれ合い体験学習の詳細連絡，共通理解	
職員会議後なるべく早い時期に	ふれ合い体験学習の依頼文書を提出 →	具体的な実施に関する打ち合わせ
	ふれ合い体験学習の実施	
実習後なるべく早い時期に	生徒の感想文・今年度の反省・来年度に向けての課題 →	
		← 来年度へむけて意見交換

★このサンプルは，学校事情に合わせてお使い下さい

■ふれ合い体験学習に関する説明用資料

子育て準備性教育

乳幼児とのふれ合い学習にはかけがえのない大きな効果があります

親性を育む
少子化の時代に育つ生徒は乳幼児とのふれあう機会がほとんどありません。
乳幼児とふれ合うことで，子どもの可愛さ，小ささを実感することができます。

親への感謝の気持ちを育む
思春期の生徒たちにとって，子どもの成長を感じることは，自己を振り返るきっかけとなり，アイデンティティーの確立に役立ちます。

子育て準備性教育

- 小さな手だなぁ 小さくて壊れそう
- ミルクを飲まなくて大変だったのよ
- 子どもって純粋で一生懸命なんだなぁ
- 木から落ちて怪我した時は大変だったなぁ

コミュニケーション能力を高める
乳幼児とのふれ合いの第一歩は笑顔です。子どもは笑顔を引き出す達人です。

子どもとの接し方を学ぶ
「子どもとの接し方がわからない」という不安が少子化を加速させています。幼稚園教諭や保育士の子どもへの対応はよい見本となります。

クラスメイトや自分を理解する
クラスメイトの学校では見ることが出来ない一面を見て，理解が深まります。それと同時にモデノング効果でお互いの顔を見ながら自然に学びあうことが出来ます。

- 何かあったの？
- あのね…

問題解決能力を高める
子ども達とのふれ合いは，予期しないことの連続です。その中でどのように行動するか，主体的に意思決定をする訓練となります。

教育的に守られた中で，すべての生徒が体験することが大切です

人との関わりが苦手な生徒もいます。教師が教育的な支援をし，見守りながらふれ合い体験を実施することが意義深いことです。
一見こんな生徒も…実は色々なことを感じています。
- 観察をしてばかりの生徒（内気）
- 子どもの前で話せない（苦手，緊張）

園側から，遊びを通してコミュニケーション出来るように，遊具を出したりして支援をします。

★中学校学習指導要領は，幼児とのふれ合い体験の機会を必修化しています。
★高等学校学習指導要領は，幼児とのふれ合い体験の機会を強化しています。

Q & A

Q1 幼稚校や保育所（園）へ生徒を連れて行った際，生徒たちの服装や礼儀・マナー，言葉遣い，座り方から挨拶の仕方まで，園から大分ご注意をいただいてしまいました。
やはり，学校でもっと指導が必要だったのでしょうか。（中学・高校教員から）

「現場で注意を受けたら，素直に受け止めるように指導することが大切」 **A1**

　そうですね。幼児にとって，年長者の言動は良くも悪くもモデルとなっています。まして，子どもたちが憧れる存在であるお兄さんやお姉さんであれば尚更なのです。中学生・高校生のなかにはその場限りと感じる人もいるかもしれませんが，子どもたちには，その日そのときが非常に貴重ですし，帰ったあともその日体験したことは，子どもたちのなかに残っていきます。私たちも，完璧を求めているわけではありませんが，どんな態度が期待されているのかは知っていて欲しいですし，もしも，現場で保育者に注意を受けるような言葉や態度があれば，素直に受けとめていただきたいと願っています。但し，配慮が必要な生徒さんに関しては，共通理解して協力することが大切です。（保育者より）

Q2 前任校で近所の幼稚園と授業を通じて交流を行った経験があったので，そのときの経験をもとに今度は保育所に訪問の依頼を行い，訪問時間や用意する活動を計画していたところ，どれもこれも支障が出てきて大変でした。
幼稚園と保育所とでは事情がそんなに違うものなのでしょうか。（中学・高校教員から）

「幼稚園と保育所の1日の生活の流れの違いを理解し，工夫が必要」 **A2**

　まず，幼稚園と保育所では，一日の生活の流れが当然異なっております。幼稚園と違って保育園には幅広い年齢の子どもたちが生活していますし，保育時間も長く，おやつや食事・午睡・着替えなどの生活場面も多くあります。乳児については，特に衛生面に留意しなければならないなど，年齢による配慮点の違いも多くあります。しかし，幼稚園だから，保育園だからということでなく，園長とは事前の打ち合わせを丁寧に行っていただければと思います。子どもたちもやがては中学・高校生になるわけですので，保育者も園長からの指示で受け身に受けとめるのではなく，生徒さんへの理解を心がけたいと思っています。活動は，必ずしも，見せたり演じたりするものを持参しなければならないということではなく，直接子どもたちと触れ合う機会が大事かと思いますので，お互いによく考え，工夫していきたいものだと思います。（保育者より）

Q3 目的意識が低く，受け身な態度の生徒さんを見たり，せっかく苦労して大勢の生徒さんを受け入れてもそのときだけの単発の体験で終わってしまってはと残念に思います。
何とかならないでしょうか。（保育者から）

「生徒だけではなく，幼児にとっての意義も前向きに受けとめることが重要」 **A3**

　興味のある生徒が伺う職場体験と違って，家庭科の授業におけるふれ合い体験学習にはさまざまな姿勢や構えの生徒たちがおります。特に気になる生徒については事前に個別のご連絡をさせていただくなど教師の配慮も必要かと考えていますが，たとえ単発であっても生徒の多くは，乳幼児との出会いとふれ合いによりそれぞれにいろいろなことを感じ，考えさせられているようです。やりっ放しで終わりにせず，体験したことを振り返ることを体験後の授業でしっかりと行い，また，園へもお伝えし，今後の関係へつなげていきたいと思っています。逆に園のお子さんにとっても中学生・高校生との体験が，意義あるものと前向きに見て下さることを願っております。（中学・高校教員より）

附属資料／家庭科の幼児とのふれ合い体験学習ガイドブック　213

幼稚園・保育所(園)先生へのインタビュー

X先生(公立保育所園長)

■いま，中学・高校生にふれ合いの場を提供することは，「将来の『親』」を育てることにつながる

- 保育学習のふれ合い体験をどうとらえているか

　長い間，保育学習での体験を受け入れてきた。小さい子たちの純真さっていうか，ぴたっと気持ちのなかに入ってくるところ，子どもってこんなに心が触れ合えるものなのかということを中学生全員に多感な時期に体験してほしい

- 家庭科の保育学習でクラス全員がくると，いわゆるやる気のない生徒もいることについては，どのように考えるか

　私はそういう子でも，というよりそういう子こそ，来て，そんなにうまく遊べなくてもいいから，子どもってこんな風に元気に走っているのか，こんな風に生活しているのかを見るだけでもいいと思っている。この施設を使って小さな子とふれ合いのチャンスを保障するのは使命だと思っている

- 職業体験が増え，家庭科のふれ合い体験学習が減ってきている学校の実状をどう捉えるか

　保育所では，中学・高校の教育制度や環境の変化というのはわからない。今日のように教えていただければ，教育が刻々と変わってきていることを学べる。それは，ある意味で5年前と今の保護者の方たちの変化を知ることにつながる。それから，中学生や高校生の様子を知ることも大事である。彼らが，10数年後には親となって再び出会うことになるからである。同時に彼らに出来ることをするということは，将来の親になる人を育てることになる

Y先生(私立幼稚園園長)

■教育はみんなでやるものだと思っている

- 中学生がくると子どもが興奮しすぎるという意見もあるが，それについてどのように考えるか

　小さい子の生活は興奮の連続である。興奮するということは，それだけ満足度も高いということだともとらえられる。満足度が高いと次の活動にすんなり移っていける場合もあるし，人の話をよく聞けることにもつながる。満足度が高いということをいい意味で，次のことにつなげていきたい

- 家庭科の保育学習でクラス全員をつれていくと，何もしないで立っているだけの生徒もいるが，そのことについてどう思うか

　中学生は教師ではないので，中学生を中学生としてあるがままにとらえて，それぞれが伸びる場であってほしい。いろんな生徒がいていいと思う。何もしないで立っている子も，それなりに子どもに対する観察・理解は深まっているのではないか。教育はみんなでやるものだと思っている。中学生も，そして小さい子もいろんな人と関わっていってほしいと思っている。今は関わることが少ないので，地域全体でそのような機会を増やす心がけが大切だと思う

幼児の教育106(2)日本幼稚園協会より抜粋

18

職場体験としての幼児とのふれ合い体験

■義務教育の目標として……
　平成19年12月に施行された改正学校教育法では，「十．職業についての基礎的な知識と技能，勤労を重んじる態度及び個性に応じて将来の進路を選択する能力を養うこと」が義務教育の目標の一つに掲げられました。また，平成20年3月に公示された中学校学習指導要領においても，望ましい勤労観・職業観の形成を図るため，職場体験を充実することが示されました。

■そもそも職場体験とは……
　生徒が事業所などの職場で働くことを通じて，職業や仕事の実際について体験したり，働く人々と接したりする学習活動です。

■職場体験の必要性とは……
　職場体験には，生徒が直接働く人と接することにより，また，実際的な知識や技術・技能に触れさせることを通して，学ぶことの意義や働くことの意義を理解し，生きることの尊さを実感させることが求められています。

■学校における職場体験の位置づけ
　今，学校教育に求められている力とは，生涯にわたり実生活を主体的に生きていくための力であり，キャリア教育が求められる意味もここにあります。このような中で職場体験は小学校での街探検，職場見学等から，高校でのインターンシップ等へと体験活動を系統的につなげていく意味において，重要な役割をもっています。

小学校 職場見学等	中学校 職場見学等	高等学校 インターンシップ等
各教科・道徳・特別活動・総合的な学習の時間		各教科・特別活動・総合的な学習の時間

　現在，職場体験は，全国の公立中学校の約90％の学校が実施しており（平成16年度国立教育政策研究所生徒指導研究センター），ほとんどの学校では，教育課程上，特別活動，総合的な学習の時間に位置づけ実施しています。

■職場体験としてのふれ合い体験の成果とは……
　職業体験の中でも，幼児とのふれ合いを通して，中学・高校生は幼児への関心を高め，イメージを変化させていることがわかります。特に全体の43％の中学校で旧体験活動をしている（国立教育政策研究所生徒指導研究センター調査・平成17年3月）ことから一時間弱の家庭科の保育学習よりも長い時間の体験が可能となっています。さらに，幼児だけではないさまざまな人とのふれ合いのなかで，挨拶の大切さや話し方などのコミュニケーションの意義を学び，自分を振り返り，自分の生き方を考える機会となっていることも成果として挙げられています。

■職場体験としてのふれ合い体験の課題とは……
　将来，幼児とかかわる職業を希望する生徒が体験する活動であるため，家庭科の保育学習で実施されるふれ合い体験のようにすべての生徒が幼児とかかわる機会にはならないということです。また，職場体験後の生徒の報告書は，職業や自分の将来についての内容が多く，当然ではありますが，幼児の心や体の発達についての気づきには，あまりつながらない傾向があります。

「幼稚園教育要領」(平成 20 年 3 月告示 文部科学省)

第1章 総則 幼稚園教育の基本：幼児期における教育は，生涯にわたる人格形成の基礎を培う重要なものであり，幼稚園教育は，学校教育法第 22 条に規定する目的を達成するため，幼児期の特性を踏まえ，環境を通して行うものであることを基本とする。このため，教師は幼児との信頼関係を十分に築き，幼児と共によりよい教育環境を創造するように努めるものとする。

1. 幼児は安定した情緒の下で自己を十分に発揮することにより発達に必要な体験を得ていくものであることを考慮して幼児の主体的な活動を促し，幼児期にふさわしい生活が展開されるようにすること。

2. 幼児の自発的活動としての遊びは，心身の調和のとれた発達の基礎を培う重要な学習であることを考慮して，遊びを通しての指導を中心として第 2 章に示すねらいが総合的に達成されるようにすること。

3. 幼児の発達は，心身の諸側面が相互に関連し合い，多様な経過をたどって成し遂げられていくものであること，また，幼児の生活経験がそれぞれ異なることなどを考慮して，幼児一人一人の特性に応じ，発達の課題に即した指導を行うようにすること。

その際，教師は，幼児の主体的な活動が確保されるよう幼児一人一人の行動の理解と予想に基づき，計画的に環境を構成しなければならない。この場合において，教師は，幼児と人やものとのかかわりが重要であることを踏まえ，物的・空間的環境を構成しなければならない。また，教師は，幼児一人一人の活動の場面に応じて，様々な役割を果たし，その活動を豊かにしなければならない。(以下略)

第2章 ねらいおよび内容：この章に示すねらいは，幼稚園修了までに育つことが期待される生きる力の基礎となる心情，意欲，態度などであり，内容は，ねらいを達成するために指導する事項である。これらを幼児の発達の側面から，心身の健康に関する領域「健康」，人とのかかわりに関する領域「人間関係」，身近な環境とのかかわりに関する領域「環境」，言葉の獲得に関する領域「言葉」及び感性と表現に関する領域「表現」としてまとめ，示したものである。(以下略)

「保育所保育指針」(平成 20 年 3 月告示 厚生労働省)

第 1 章総則 1. 趣旨 (略)

2. 保育所の役割 (1)保育所は，児童福祉法第 39 条の規定に基づき，保育に欠ける子どもの保育を行い，その健全な心身の発達を図ることを目的とする児童福祉施設であり，入所する子どもの最善の利益を考慮し，その福祉を積極的に増進することに最もふさわしい生活の場でなければならない。(2)保育所は，その目的を達成するために保育に関する専門性を有する職員が，家庭との緊密な連携の下に，子どもの状況や発達過程を踏まえ，保育所における環境を通して，養護及び教育を一体的に行うことを特性としている。(3)保育所は，入所する子どもを保育するとともに，家庭や地域の様々な社会資源との連携を図りながら，入所する子どもの保護者に対する支援及び地域の子育て家庭に対する支援等を行う役割を担うものである。(4)保育所における保育士は，児童福祉法第 18 条の 4 の規定を踏まえ，保育所の役割及び機能が適切に発揮されるように，倫理観に裏付けられた専門的知識，技術及び判断をもって，子どもを保育するとともに子どもの保護者に対する保育に関する指導を行うものである。

3. 保育の原理 ア保育所は，子どもが生涯にわたる人間形成にとって極めて重要な時期に，その生活時間の大半を過ごす場である。このため，保育所の保育は，子どもが現在を最も良く生き，望ましい未来をつくり出す力の基礎を培うために次の目標を目指して行わなければならない。(ｱ)十分に養護の行き届いた環境の下に，くつろいだ雰囲気の中で子どもの様々な欲求を満たし，生命の保持及び情緒の安定を図ること。(ｲ)健康，安全など生活に必要な基本的な習慣や態度を養い，心身の健康の基礎を培うこと。(ｳ)人との関わりの中で，人に対する愛情と信頼感，そして人権を大切にする心を育てるとともに，自主，自立及び協調の態度を養い，道徳性の芽生えを培うこと。(ｴ)生命，自然及び社会の事象についての興味や関心を育て，それらに対する豊かな心情や思考力の芽生えを培うこと。(ｵ)生活の中で，言葉への興味や関心を育て，

話したり，聞いたり，相手の話を理解しようとするなど，言葉の豊かさを養うこと。(カ)様々な体験を通して，豊かな感性や表現力を育み，創造性の芽生えを培うこと。イ保育所は，入所する子どもの保護者に対し，その意向を受け止め，子どもと保護者の安定した関係に配慮し，保育所の特性や保育士等の専門性を生かして，その援助にあたらなければならない。（以下略）

「中学校学習指導要領」（平成20年3月告示　文部科学省）

[技術・家庭] 家庭分野
1. 目標：衣食住などに関する実践的体験的な学習活動を通して，生活の自立に必要な基礎的・基本的な知識及び技術を習得するとともに，家庭の機能について理解を深め，これからの生活を展望して，課題をもって生活をよりよくしようとする能力と態度を育てる。
2. 内容： A 家族・家庭と子どもの成長 (1)自分の成長と家族について，次の事項を指導する．ア自分の成長と家族や家庭生活とのかかわりについて考えること。(2)家庭と家族関係について，次の事項を指導する。ア家庭や家族の基本的な機能と，家庭生活と地域とのかかわりについて理解すること。イこれからの自分と家族とのかかわりに関心をもち，家族関係をよりよくする方法を考えること。(3)幼児の生活と家族について，次の事項を指導する。ア幼児の発達と生活の特徴を知り，子どもが育つ環境としての家族の役割について理解すること。イ幼児の観察や遊び道具の製作などの活動を通して，幼児の遊びの意義について理解すること。ウ幼児と触れ合うなどの活動を通して，幼児への関心を深め，かかわり方を工夫できること。エ家族又は幼児の生活に関心をもち，課題をもって家族関係又は幼児の生活について工夫し，計画を立てて実践できること。B食生活と自立（略），C衣生活・住生活と自立（略），D身近な消費生活と環境（略）

「高等学校学習指導要領」（平成21年3月告示　文部科学省）

家庭　目標：人間の生涯にわたる発達と生活の営みを総合的にとらえ，家族・家庭の意義，家族・家庭と社会とのかかわりについて理解させるとともに，生活に必要な知識と技術を取得させ，男女が協力して主体的に家庭や地域の生活を創造する能力と実践的な態度を育てる。

[家庭基礎] 目標（略）内容：(1)人の一生と家族・家庭及び福祉，ア青年期の自立と家族・家庭，イ子どもの発達と保育：乳幼児の心身の発達と生活，親の役割と保育，子どもの育つ環境について理解させ，子どもを生み育てることの意義を考えさせるとともに，子どもの発達のために親や家族及び地域や社会の果たす役割について認識させる。ウ高齢期の生活，エ共生社会と福祉，(2) 生活の自立及び消費と環境（略）(3)ホームプロジェクトと学校家庭クラブ活動（略）

[家庭総合] 目標（略）内容：(1)人の一生と家族・家庭（略）(2)子どもや高齢者とのかかわりと福祉：ア子どもの発達と保育・福祉　子どもの発達と生活，子どもの福祉などについて理解させ，親の役割と保育の重要性や地域及び社会の果たす役割について認識させるとともに，子どもを生み育てることの意義や子どもとかかわることの重要性について考えさせる。イ高齢期の生活と福祉，ウ共生社会における家庭や地域(3)生活における経済の計画と消費（略）(4)生活の科学と環境（略）(5)生涯の生活設計（略）(6)ホームプロジェクトと学校家庭クラブ活動（略）

[生活デザイン] 目標（略）内容：(1)人の一生と家族・家庭及び福祉ア青年期の自立と家族・家庭，イ子どもの発達と保育：乳幼児の心身の発達と生活，親の役割と保育，子どもの育つ環境について理解させ，子どもを生み育てることの意義を考えさせるとともに，子どもの発達のために親や家族及び地域や社会の果たす役割を認識させる。ウ高齢期の生活，エ共生社会と福祉，オ子どもとの触れ合い：子どもとの触れ合いを通して，子どもの生活と遊び，子どもの発達と環境とのかかわりなどについて理解させ，子どもと適切にかかわることができるようにする。カ高齢者とのコミュニケーション(2)消費や環境に配慮したライフスタイルの確立（略）(3)食生活の設計と創造（略）(4)衣生活の設計と創造（略）(5)住生活の設計と創造（略）(6)ホームプロジェクトと学校家庭クラブ活動（略）

家庭科の幼児とのふれ合い体験学習ガイドブック

平成21年5月発行
著作・発行：岡野雅子（信州大学）・伊藤葉子（千葉大学）・倉持清美（東京学芸大学）・金田利子（白梅学園大学）
研究協力者：阿部睦子（東京学芸大学附属竹早中学校）・井口眞美（淑徳短期大学）・石島恵美子（千葉県立鎌ヶ谷高等学校）
　　　　　　鎌野育代（千葉大学教育学部附属中学校）・講神初子（前小金井市立小金井保育園）
　　　　　　高田真由美（埼玉県立川越女子高等学校）・矢萩恭子（田園調布学園大学）(50音順)
装丁：佐藤友三
イラスト：佐藤和代
発行者代表：岡野雅子（信州大学教育学部）
〒380-8544　長野市西長野6－ロ
　　　　　　信州大学教育学部生活科学教育講座
　　　　　　Tel：026-238-4183
　　　　　　e-mail：okanom @ shinshu-u.ac.jp
※本冊子の制作にあたり、科学研究費補助金「課題番号　18330186「中・高生の幼児とのふれ合い体験学習についての実践構造の再検討」）を受けた

■ 編　集（50音順）

　　金田利子（東京国際福祉専門学校）
　　草野篤子（元白梅学園大学）
　　林　　薫（白梅学園大学）
　　松本園子（白梅学園大学）

■ 著　者（執筆順）

　　無藤　隆（白梅学園大学）／金田利子／
　　羽野みき子（全国家庭科教育協会）／大内玲子（大田区立六郷中学校）／
　　牧野カツコ（宇都宮共和大学）／河野富江（元新小岩幼稚園）／
　　小林美貴子（元こぶし保育園）／鎌野育代（千葉市立大椎中学校）／
　　望月一枝（日本女子大学通信大学院）／伊藤葉子（千葉大学）／
　　岡野雅子（東京福祉大学）／安部富士男（安部幼稚園）／
　　牧　裕子（あかねの虹保育園）／岩塚美鈴（本巣市立本巣小学校）／
　　小清水貴子（静岡大学）／倉持清美（東京学芸大学）／
　　阿部睦子（東京学芸大学附属高等学校）／井口眞美（実践女子大学）／
　　石島恵美子（茨城大学）／大山美和子（白梅保育園）／
　　伊藤亮子（元こぐま保育園）／金子京子（さいたま市立本太中学校）／
　　荒井智子（神奈川県立総合教育センター）／松永輝義（あんず幼稚園）／
　　市原悟子（アトム共同保育園）／鈴木敏子（元横浜国立大学）／
　　土谷みち子（関東学院大学）／
　　松本園子／草野篤子／林　　薫

保育と家庭科　－あたたかい子育て社会をつくるために－
2014年6月1日　第1版第1刷発行

●編集	金田利子／草野篤子／林　薫／松本園子
●発行者	長渡　晃
●発行所	有限会社　ななみ書房
	〒252-0317　神奈川県相模原市南区御園1-18-57
	TEL　042-740-0773
	http://773books.jp
●絵・デザイン	磯部錦司・内海　亨
●印刷・製本	協友印刷株式会社

©2014　T.Kaneda,A.Kusano,K.Hayashi,S.Matsumoto
ISBN978-4-903355-39-9
Printed in Japan

定価は表紙に記載してあります／乱丁本・落丁本はお取替えいたします